데일 카네기가
만난 **링컨**

지혜의 샘 시리즈 ㊴

데일 카네기가 만난 **링컨**

초판 1쇄 발행 | 2013년 08월 10일

지은이 | 데일 카네기
옮긴이 | 권오열

발행인 | 김선희 · 대 표 | 김종대
펴낸곳 | 도서출판 매월당
책임편집 | 박옥훈
디자인 | 윤정선
마케터 | 양진철

등록번호 | 388-2006-000018호
등록일 | 2005년 4월 7일
주소 | 경기도 부천시 소사구 송내동 뉴서울아파트 109동 1601호
전화 | 032-666-1130
팩스 | 032-215-1130

ISBN 978-89-98702-06-9 (13320)

· 잘못된 책은 바꿔드립니다.
· 책값은 뒤표지에 있습니다.

지혜의 샘 시리즈 39

데일 카네기가 만난 링컨

데일 카네기 지음 | 권오열 옮김

지은이 머리말

이 책을 어떻게, 왜 썼는가

몇 년 전 어느 봄날, 나는 런던의 다이사르트 호텔에서 아침 식사를 하며 평상시처럼 미국 관련 기사를 찾아 <모닝포스트> 지를 뒤적였다. 대체로 그런 기사는 찾기 어려웠지만, 그날 아침 나는 참 운 좋게도 뜻밖의 대어를 낚았다.

지금은 작고했지만 '하원의 아버지'라 불렸던 T. P. 오코너는 그 당시 <모닝포스트> 지에 '인간과 기억 *Men and Memories*'이라는 제목의 칼럼을 기고하고 있었다. 그날 아침과 그 뒤 며칠 동안 '테이 페이즈 *Tay Pay's*' 칼럼 란은 에이브러햄 링컨의 이야기를 다루었다. 그 칼럼은 링컨의 정치 활동뿐만 아니라 그가 겪은 슬픔, 반복된 실패, 가난, 앤 러틀리지에 대한 애절한 사랑, 메리 토드와의 비극적인 결혼 등 사적인 삶의 단면까지 다루고 있었다.

이 시리즈 기사는 놀랍고도 매우 흥미로웠다. 나는 내 인생의 처음 20년을 링컨의 고향에서 멀지 않은 중서부에서 보냈다. 게다가 나는 늘 미국의 역사에 큰 관심을 가지고 있었기 때문에 당연히 내가 링컨의 삶에 대해 잘 알고 있다고 자부했었다. 하지만 사실은 그렇지 않다는 것을 이내 깨달았다. 사실 나는 미국인임에도 영국 런던에 와서 한 아일랜드인이 영국 신문에 쓴 일련의 기사를 읽고 나서야 링컨의 삶에 대한 이야기가 인류의 모든 기록 중에서 가장 매력적인 이야기에 속한다는 사실을 알게 되었다.

이 통탄할 만한 무지는 나에게만 해당되는 사항이었을까? 나는 궁금했다. 하지만 오래지 않아 이 의문은 풀렸다. 나는 곧 여러 미국인과 이 주제를 놓고 이야기를 나누었으며, 그들도 나와 크게 다를 바 없음을 발견했기 때문이다. 즉, 그들이 링컨에 대해 아는 것이라곤 그저 그가 통나무집에서 태어났다는 것, 책을 빌리려고 수 마일을 걸어 다녔고, 밤이면 난로 앞 마룻바닥에 누워 책을 읽었다는 것, 울타리를 만들 나무를 쪼개고, 변호사가 되었으며, 우스갯소리를 잘하고, 인간의 다리는 땅에 닿을 정도면 된다고 말했으며, '정직한 에이브'라고 불렸고, 더글러스 판사와 논쟁을 벌였으며, 미국의 대통령이 되었다는 것, 또 실크 모자를 즐겨 썼고, 노예를 해방시켰으며, 게티즈버그에서 연설했고, 장군들에게 위스키를 보내주기 위해 그랜트 장군이 어떤 위스키를 마시는지 알고 싶어 했으며, 워싱턴의 한 극장에서 부스의 총에 암살당했다는 것 정도가 고작이었다.

<모닝포스트> 지의 시리즈 기사에 자극받은 나는 대영박물관 도서관에 가서 링컨에 관한 책들을 살펴보았다. 책을 읽을수록 더욱 강한 흥미를 느꼈고, 마침내 나는 직접 링컨에 대한 책을 써보기로 결심했다.

하지만 나는 나 자신이 학자와 역사가들을 위한 학술적인 논문을 쓸 만한 열망이나 기질, 교육, 또는 능력이 없다는 사실을 잘 알고 있었다. 게다가 그런 종류의 책은 이미 우수한 저서들이 꽤 많이 출판되었기 때문에 또 한 권의 책이 나와야 할 필요성을 느끼지 못했다. 그러나 나는 링컨에 관한 여러 저작을 접한 후에 요즘의 바쁘고 분주한 평범한 독자들이 읽을 만한, 링컨의 일생에서 가장 흥미로운 측면들을 간결하게 정리한 짧은 전기가 필요하다고 느꼈다. 그래서 나는 이런 책을 쓰기로 했다.

나는 유럽에서 집필을 시작하여 그곳에서 1년간 일에 매달린 후에 뉴욕으로 옮겨 2년간 작업을 이어갔다. 하지만 나는 그동안 썼던 글들을 전부 찢어 쓰레기통에 던져버리고는 일리노이 주로 자리를 옮겨 링컨 자신이 꿈꾸고 땀 흘렸던 바로 그 땅에서 그에 대한 글을 써내려갔다. 여러 달 동안 나는 링컨이 땅을 측량하고 울타리를 세우며 돼지를 시장에 내보내는데 힘을 보탰던 조상들의 후손과 함께 생활했다. 그리고 오래된 책들과 편지, 연설문, 반쯤 잊힌 신문들과 곰팡내 나는 법원 기록을 들춰보며 링컨을 이해하려 했다.

나는 피터즈버그라는 작은 마을에서 여름을 보냈다. 내가 거기 머문 것은 그곳이 링컨이 그의 인생에서 가장 행복한 시절을 보내고 또 성격 형성에 가장 큰 영향을 준 뉴 세일럼의 복원된 마을에서 겨우 1.6킬로미터 정도 떨어진 곳이었기 때문이다. 거기서 그는 방앗간과 식료품점을 운영하고 법률을 공부했으며 대장장이로 일하고 닭싸움과 경마 경기의 심판을 봤으며 사랑에 빠지고 가슴이 찢어지는 아픔을 겪었다.

뉴 세일럼은 가장 번성했을 때도 주민이 100명을 넘은 적이 없었으며, 그 기간도 고작 10년 정도에 불과했다. 링컨이 떠난 직후에 마을은 버려졌고 박쥐와 제비들이 썩어가는 오두막을 접수하여 새 주인으로 들어앉았으며, 소들은 반세기 넘게 그 일대에서 방목되었다.

그러던 차에 일리노이 주는 몇 년 전 이 지역을 확보하여 국립공원으로 만들고 100년 전에 그곳에 서 있던 통나무집들을 복원했다. 그래서 한때 사람의 발길이 끊겼던 뉴 세일럼은 지금 링컨이 살았던 당시와 상당히 흡사해 보인다.

링컨이 공부하고 일하고 사랑을 나누던 모습을 묵묵히 지켜보던 흰 껍질의 떡갈나무들은 지금도 변함없이 제 자리를 지키고 서 있다. 매일 아침 나는 자동차에 타자기를 싣고 피터즈버그에서 그곳으로 달려갔고, 이 책의 절반을 그 떡갈나무 아래에서 썼다. 그곳은 글쓰기에 더할 나위 없이 아름다운 곳이었다. 앞쪽으로는 생거먼 강이 굽이쳐 흘렀고 주변의 숲과 건초 밭에서는 메추라기들이 재주껏 목청을 돋우었다. 또 나무들 사이로는 큰어치와 노랑텃멧새, 그리고 피리새들이 아주 잠깐 자태를 뽐내고는 이내 퇴장했다. 나는 그곳에서 링컨을 느꼈다.

나는 여름밤에 그곳을 자주 찾았는데, 그럴 때면 생거먼 강변의 숲에서는 쏙독새들이 재잘댔고, 달빛을 받은 러틀리지 선술집이 하늘을 배경으로 도드라졌다. 나는 100년 전의 바로 이런 밤에 젊은 에이브 링컨과 앤 러틀리지가 달빛에 감싸인 채 팔짱을 끼고 바로 이 땅을 걸으며 밤새들의 노래에 귀 기울이고 결코 실현되지 못할 황홀한 꿈을 꾸었을 모습을 상상하며 상념에 젖었다. 그리고 링컨이 이곳 뉴 세일럼에서 그 어느 때보다도 인생 최고의 행복을 맛보았으리라고 확신했다.

링컨의 연인이 사망한 상황을 다루는 장을 쓰게 되었을 때, 나는 자동차에 작은 접이식 테이블과 타자기를 싣고 시골길과 돼지우리와 목초지를 지나 앤 러틀리지가 잠들어 있는 조용하고 외진 곳에 이르렀다. 그곳은 완전히 버려진 곳이 되어 잡초에 뒤덮여 있었다. 나는 잡초와 덤불과 덩굴을 잘라내고서야 그녀의 무덤에 이를 수 있었다. 그리고 링컨이 눈물을 뿌렸던 그 자리에서 그가 겪은 슬픔의 이야기가 기록되었다.

이 책의 많은 장들이 스프링필드에서 쓰였다. 그중 몇 장은 링컨이 16년 동안 불행한 시절을 보낸 오래된 고향집 거실에서, 몇 장은 그가 첫 번째 취임식 연설문을 작성한 책상에서, 그리고 다른 몇 장은 그가 메리 토드에게 구애하고 서로 다투던 곳에서 썼다.

- 데일 카네기

인간 링컨을 만나다

한국의 평균 독자에게 '링컨' 하면 뭐가 떠오를까? 그 유명한 게티즈버그 연설을 하고 노예를 해방시켰으며 암살자의 총탄에 생을 마감한 대통령이라는 것 정도 아닐까? 옮긴이 역시 이 책을 접하기 전까지는 이 범주에서 크게 벗어나지 못했다. 구체적으로 링컨이 왜 위대하고, 왜 미국인들에게 가장 많은 사랑과 존경을 받는지 감감하고 막연했다. 그러다 이 책을 읽은 후 링컨과 관련하여 인내, 관용, 진정성이라는 세 단어를 떠올리게 되었다.

여기서 카네기는 링컨의 정치 역량이나 전시의 전략보다는 그가 겪은 슬픔과 절망, 가난, 거듭된 실패, 사랑, 불행한 결혼생활 등 그의 사적인 삶과 성격에 더 초점을 맞춘다. 그 외에 일련의 우연과 행운을 통해 무명의 상태에서 대통령 후보로 지명된 것, 유머, 문학 취향,

또 재임 중에 가장 많은 비판과 멸시를 받은 사람이었다는 사실도 알려준다. 따라서 이 책은 역사적이고 학술적인 전기에 속한다고 볼 수는 없을 것 같다. 다시 말해 역사 교과서에는 없는 링컨을 이야기한다.

저자는 역경과 시련을 극복하고 깊은 슬픔과 좌절 속에서도 꿋꿋이 버티며 묵묵히 전진한 한 매력적인 인간의 여러 가지 인간적 측면에 조명을 들이댄다. 링컨은 어머니를 일찍 여의고 무식한 아버지 밑에서 극심한 가난에 허덕였다. 성인이 된 후 결혼생활과 사업에서 실패한 것은 물론 선거에서도 주 하원의원 선거에서 낙선한 것을 시작으로 대통령에 당선되기 전까지 11번의 선거 가운데 승리한 것은 단 두 번뿐이었다. 의원으로 활동할 때도 14년 동안, 실패한 잡화점 사업에서 생긴 빚을 갚아나가야 했다. 또 애인의 죽음과 자식들의 죽음 등 그가 가는 곳마다 비극이 따라다녔으니 그의 몸에서 '우울함이 뚝뚝 떨어져 내릴' 만도 했다. 어떻게 한 사람이 이렇게 많이 좌절하고 실패할 수 있을까?

그러나 이 모든 불행과 비극에도 링컨은 버티고 인내하며 앞으로 나아갔다. 진정한 성공의 척도는 고통을 견디는 능력이라는 생각이 들게 할 정도다. 그의 실패와 승리는 그를 더욱 인간적으로 보이게 한다. 링컨은 위대한 대통령이었을 뿐 아니라 위대한 인간이었으며, 이 책은 대통령 링컨만이 아니라 인간 링컨을 이해하고 사랑하고 존경하게 한다.

그리고 링컨은 참 가슴이 큰 사람이었다. 결혼생활 내내 아내의 괴팍한 성정과 바가지를 묵묵히 받아준 것 외에도, 자신을 모욕하고 명령을 어기며 오만방자하기 이를 데 없는 각료와 장군들을 그 넓은 가슴으로 감싸 안았다. 어떻게 아랫사람들이 자기 상관에게 이렇듯 무례할 수 있을까? 그리고 윗사람은 그토록 안하무인격인 아랫사람들에게 어쩌면 그렇게 관대할 수 있을까?

링컨은 노골적으로 자신을 무시하고 모욕한 맥클렐런에게 다시 군대의 지휘를 맡겼고, 명령을 거부하며 남군에 대한 공격을 주저한 미드 장군에게도 강하게 질책하는 편지를 썼지만 발송하지는 않았다. 링컨은 누가 미우면 그를 비난하는 편지를 쓴 후 불에 태워버리는 습관이 있었다고 한다. 이것은 그가 분노와 증오를 삭이는 방법이었다. 미드 장군에게 쓴 편지는 미처 태우지 못한 편지였던 셈이다.

체이스 재무장관도 링컨을 멸시하고 경멸하며 툭하면 사직서를 제출하는 쇼를 벌였다. 그래도 대통령은 그때마다 직접 그를 찾아가 한껏 치켜세우며 다시 일을 맡아달라고 설득했다. 항상 자신이 주도하기를 원하고 대통령의 권위에 도전한 체이스였지만, 링컨은 "내가 알고 있는 모든 대단한 인물들 중에서 가장 뛰어난 인물보다 1.5배 정도는 더 뛰어난 사람이 바로 체이스"라고 말하며, 그를 미국 대법원장에 임명함으로써 자신의 정치 인생에서 가장 아름답고 관대한 결정을 내렸다.

육군장관 스탠턴은 어떤가? 그는 링컨이 대통령이 되기 전부터 대통령이 된 후에도 그를 '긴팔원숭이'니 '고릴라'니 하면서 숱하게 참기 어려운 굴욕을 안겼다. 그럼에도 링컨은 육군성을 지휘할 인물로는 스탠턴이 최적임자라 판단하고는 자신의 모든 자존심을 내려놓고 그를 육군장관에 임명했다.

링컨은 나라의 미래가 자신의 선택에 달려 있음을 알고 있었다. 그래서 능력 있고 나라에 보탬이 되고 자신에게 꼭 필요한 인재라 생각되면 비록 적이라 해도 대의를 위해 개인적인 감정을 내려놓고 그를 품어 안았다. 그는 "적은 죽인다고 해도 없어지지 않으며, 복수를 하면 할수록 더 많은 적이 생기는 법이고, 적을 완전히 없애는 방법은 적을 친구로 만드는 길 밖에 없음"을 알고 그대로 실천했다. 분명 링컨은 바다 같은 가슴과 그리스도 같은 심성을 지닌, 관용의 화신과도 같은 인물이었다.

마지막으로, 링컨의 행동과 태도에서 느낄 수 있는 것은 진심과 진정성이다. 그에게는 어려서부터 고통 받는 생명에 대한 연민의 마음이 붙박여 있었던 듯하다. 링컨은 학교 다닐 때 친구들이 거북이를 잡아 등 위에 불붙은 석탄을 올려놓는 것을 보고 그 잔인한 놀이에 충격을 받아 동물에 대한 자비를 호소하는 내용의 에세이까지 썼다. 변호사로 일할 때는 가난한 고객들에게 차마 수임료를 많이 청구하지 못했고, 수임료가 너무 많다고 생각되면 일부를 되돌려주기도 했으며, 아예 수임료를 받지 않고 변호를 해준 적도 있었다.

대통령이 된 후에는 남북전쟁 중에 총살형을 선고받은 남자들의 어머니와 애인과 아내들이 그에게 달려와 울면서 사면을 간청하면 아무리 힘들어도 항상 그들의 이야기를 듣고 대개는 그들의 청을 들어주었다. 링컨은 여자가 우는 모습을 견디지 못했고, 과부와 고아의 울부짖음에 늘 괴로워했다. 특히 뉴올리언스에서 처음으로 '사슬에 묶인 채 채찍질 당하는 검둥이들'과 노예 경매장에서 그들이 짐승처럼 거래되는 것을 보았을 때, 그는 노예제의 진정한 공포를 체감하고 '참을 수 없는 증오'를 느꼈다.

물론 링컨이 진정으로 노예해방을 원한 것은 아니고

공장이 많은 북부에 필요한 노동력을 공급하기 위해 흑인들을 해방시켰다는 지적도 있고, 노예해방을 선언한 것도 북군의 패색이 짙어지자 전쟁의 대의명분을 선점하기 위한 임시조치였다는 해석도 있다. 실제로 링컨은 노예해방보다는 분열된 미합중국의 통합을 우선시했다. 그래서 연방을 지키는데 도움이 되면 노예제를 고수하겠다고 밝히기도 했다. 그러나 때를 기다리며 신중하게 움직였을 뿐, 링컨은 청년 시절부터 일관되게 노예제를 도덕적인 죄악으로 여기며 깊이 혐오했다. 인간을 소유하고 사고파는 야만적인 행위는 그의 타고난 정의감과 도저히 융합할 수 없었던 것이다. 그러니까 링컨은 단순히 정치적 경제적 필요에 의해 노예해방을 지지한 것이 아니었다. 노예해방은 그의 진심이었고 개인적 신앙이었으며 그 자체가 목표였다.

이 과정에서 정치적 술수도 부리고 회유와 매수도 불사하며 전쟁 중에 비상대권을 갖고 반역자를 영장 없이 투옥하는 등 거의 독재자처럼 행동하기도 했지만, 본래 정치의 세계가 인간의 추악한 본성과 욕망이 뒤엉켜 한바탕 진흙탕 싸움을 벌이는 곳이 아니던가? 이기적이고 불완전한 인간들 틈에서 모종의 수단을 통해 목적을 이루는 것이 정치 현실인 것은 그때나 지금이나 다를 바가 없다. 문제는 이 진흙탕 속에서 피어나 그것을 정화할 연꽃, 즉 숭고한 이상과 꿈이 존재하고 그 과정을 인도할 진정성 있는 리더가 존재하느냐이다.

링컨은 자신의 큰 꿈을 위해 정치의 진흙탕 속에 기꺼이 몸을 던지고 그 안에서 뒹굴며 노예해방이라는 연꽃을 피워냄으로써 인류의 역사를 정화시키고 진보시켰다. 어떻게 진창 속에 뒹굴면서 티 없이 맑고 깨끗하기를 바랄 수 있을까? 완전무결한 인간이란 없으며, 정치인에게 선택은 불가피한 과정이다. 중요한 것은 그 숭고한 이상에 진정성이 있었느냐, 또 그 결과가 나라에 이익이 되고 역사 발전에 기여했는가의 여부일 것이다. 그는 정적을 감싸 안았고 승전한 후에도 남부에 보복하지 않았다. 이렇게 미국은 링컨의 진정성과 헌신을 밑거름으로 그 이후 눈부신 발전의 토대를 쌓았고, 결국 초강대국으로 발돋움하기에 이른다.

위대한 인물들은 존경은 받아도 사랑까지 받기는 쉽지 않을 것 같은데, 이제 미국인들이 왜 링컨을 존경을 넘어 사랑까지 하는지 알 듯하다. 미국인들은(혹은 그를 잘 아는 외국인들도) 링컨을 생각하면 가슴 한쪽이 아리는 슬픔을 느낄 것 같다. 이 책에서 우리는 사랑하던 애인을 잃고 악처와 결혼한 뒤 집에 가기 싫어 온 세상이 잠든 뒤에도 머리를 푹 숙인 채 우울하고 음침한 표정으로 인적 드문 거리를 홀로 배회하는 한 남자의 초상을 발견하게 된다. 또 결혼과 함께 앞으로 평생 다시는 행복을 맛보지 못할 것을 예감한 한 사내의 한없이 슬프고 우수에 찬 표정, 그리고 애인과 함께했던 짧은 시간을 빼면 평생 단 하루도 행복해 본 적이 없고 시와 유머를 사랑했던 한 남자를 만나게 된다.

그의 가슴을 열어보면 도마 위에 난 칼자국 같은 무수한 상처 자국을 발견할 것 같다. 이렇듯 링컨 개인은 행복하게 웃지 못하고 불행과 비극으로 점철된 삶을 살았지만, 그 대신 수많은 사람들이 그를 통해 자유와 행복을 얻었다. 역사의 제단에는 희생 제물이 필요한 건가?

링컨을 한 마디로 평가하라면, 실패와 좌절과 비극 속에서도 주저앉지 않고 계속 전진하며 시대의 소명을 감당한 인물이라는 말로 요약할 수 있을 듯하다. 그는 자신의 운명을 예감한 채 슬픔과 절망을 끌어안고 완강하게 버티며 묵묵히 자기 길을 가다가 암살자의 총탄에 쓰러짐으로써 '영웅, 성자, 순교자'의 삶을 완성했다. 무엇보다 그는 참 인간적이고 매력적인 사람이었다.

- 권오열

차 례

지은판 머리말 _ 이 책을 어떻게, 왜 썼는가 4
옮긴이 머리말 _ 인간 링컨을 만나다 10

제1장 불행을 딛고 일어서다
1. 링컨의 직계 조상 이야기 22
2. 가난과 가슴 아픈 어머니의 죽음 35
3. 거의 받지 못한 정규 교육 46
4. 발전하는 청년, 그의 러브 스토리 57
5. 앤 러틀리지의 죽음 71
6. 변호사 개업과 메리 토드와의 약혼 86
7. 메리 토드와의 결혼 98
8. 불행 행진곡 111

제2장 수많은 좌절을 딛고 대통령이 된 링컨
1. 불행한 결혼생활의 시작 120
2. 아내와의 경제적인 갈등 134
3. 비참한 생활과 끝없는 인내 141
4. 정치 세계의 가혹한 경험 151
5. 상원의원 선거의 낙선 160
6. 운명적인 대결과 패배 173

7. 공화당 대통령 후보로 뽑힌 행운의 주인공 190
8. 대통령에 당선된 링컨 198
9. 백악관 입성과 남북전쟁의 조짐 208

 비극적인 남북전쟁과 노예해방
1. 남북전쟁의 시작 216
2. 비겁한 북군 사령관 맥클렐런 223
3. 불운의 연속 230
4. 내각의 불화를 끌어안은 관대한 대통령 240
5. 노예해방령 선언과 후폭풍 254
6. 위대한 게티즈버그 연설 266
7. 그랜트 장군과 북군의 희소식 277
8. 대통령 재선에서의 승리 291
9. 북군의 승리와 종전 304
10. 23년 동안 조용히 견딘 가정의 불행 309
11. 부스, 링컨을 저격하다 318

모든 이의 가슴에 묻힌 위대한 대통령 링컨
1. 온 국민의 애도 속에 마지막 길을 떠나다 334
2. 암살자 부스의 최후 339
3. 부스의 죽음을 둘러싼 의혹의 시선들 353
4. 메리 링컨의 불행한 여생 362
5. 링컨과의 영원한 작별 377

제1장

불행을 딛고 일어서다

❶ 링컨의 직계 조상 이야기

켄터키 주의 해로즈버그 – 당시에는 해러드 항구라 불렸다. – 에 앤 맥긴티라는 이름의 여인이 살고 있었다. 오래된 기록에 따르면 앤과 그녀의 남편이 최초로 켄터키 주에 돼지와 오리와 물레를 들여왔다고 한다. 또 그 험하고 척박한 황야에서 최초로 버터를 만든 것도 바로 그녀였다고 전해진다. 그러나 그녀의 진정한 명성은 방직 기술을 통해 경제적 기적을 일구어냈다는 데서 비롯된다. 미지의 땅이던 인디언 구역에서는 목화를 재배할 수도 구입할 수도 없었고, 양들은 얼룩이리의 먹이가 되었다. 그래서 옷을 만들어 입을 만한 재료를 구하는 일이 거의 불가능했다. 그러던 차에 앤 맥긴티가 창의력을 발휘하여 풍부하고 값싼 두 재료, 즉 쐐기풀 보푸라기와 버팔로 털을 이용해 실을 잣고 '맥긴티 표 옷감'을 만들어내는 법을 발견했다.

그것은 실로 엄청난 발견이었다. 주부들은 새로운 기

술을 배우기 위해 240킬로미터나 되는 앤의 오두막을 찾아왔다. 그들은 실을 잣고 천을 짜며 수다를 떨었다. 하지만 그녀들의 수다는 결코 쐐기풀 보푸라기와 버팔로 털에 대한 것으로 한정되지 않았다. 대화는 이런저런 소문에 대한 것으로 방향을 트는 경우가 많았고, 앤 맥긴티의 오두막은 곧 그 지역의 스캔들 정보센터가 되었다.

그 당시 간통은 중범죄에 속했으나, 남자가 서자를 두는 것은 경범죄로 간주되어 가볍게 처벌했다. 사실 앤의 집에 모이는 여인들은 부정한 과거를 지닌 여자의 잘못을 들추어내서 그것을 대배심에 고해바침으로써 더할 수 없는 만족과 희열을 느끼고 있었다. 해로드 항구의 사계四季 법원(과거에 계절별로 연 4회 열려 가벼운 사건들을 다루던 법정-옮긴이) 기록에는 앤 맥긴티가 제공한 정보를 근거로 간통죄로 고발당한 불행한 여자들의 슬픈 이야기가 심심치 않게 등장한다. 1783년 봄에 해로즈버그에서 진행된 재판 17건 중 8건이 간통죄와 관련된 것이었다. 이 사건들 중 하나가 1789년 11월 24일 대배심이 고발한 '루시 행크스의 간통 사건'이었다. 이것이 루시의 첫 번째 범죄는 아니었다. 최초의 범죄는 그보다 여러 해 전 버지니아에서 일어났다.

그것은 아주 오래전 일이었고, 당시의 기록도 충분하지 않았다. 그저 몇 가지 단편적인 사실만 존재할 뿐 그와 관련된 정황은 찾을 수 없었다. 그러나 이 사실들과 다른 자료들을 근거로 실제 일어났을 법한 이야기를 재구성해 보았다. 어쨌든 기본 사항들은 확실히 밝혀졌기 때문이다.

버지니아에 있는 행크스 가족의 집은 한쪽에는 래퍼해넉 강과 반대쪽은 포토맥 강이 흐르는 좁고 긴 땅에 자리 잡고 있었다. 이곳에는 워싱턴, 리, 카터, 폰틀로이와 같은 유서 깊은 가문과 코담배를 피우고 실크 반바지를 입는 상류층 가문들도 살고 있었다. 이 귀족들은 일요일이면 교회에 나와 예배에 참석했고 행크스 가족처럼 가난하고 무식한 사람들도 그들과 같은 교회에 다녔다.

1781년 11월 둘째 주 일요일, 루시 행크스도 평소처럼 주일 예배에 참석했다. 이때 워싱턴 장군이 자신의 손님으로 라파예트 장군을 교회에 데려오는 바람에 신도들은 잔뜩 기대와 호기심에 들떠 있었다. 겨우 한 달 전에 워싱턴 장군이 요크타운에서 콘월리스 경의 군대를 포로로 잡는데 힘을 보탠 이 유명한 프랑스인을 보기 위해 모든 사람들이 목을 길게 빼고 기다렸다. 그날 아침 마지막 찬송을 부르고 축복기도가 끝난 후 신도들은 한 줄로 서서 그 두 전쟁 영웅들과 악수를 나누었다.

그러나 라파예트 장군의 관심은 군사전략과 국가 업무에만 한정되지 않았다. 그는 젊고 아름다운 여인들에게도 깊은 관심을 갖고 있었다. 그리고 매력적인 여성을 소개받을 때는 키스로 찬사를 표하는 것이 그의 습관이었다. 그날 아침에 그는 교회 앞에서 일곱 명의 여성에게 키스했고, 이것은 목사님이 우렁차게 낭송한 누가복음 3장의 말씀보다 더 많은 화젯거리가 되었다. 그에게 키스를 받은 행운의 여성 일곱 명 중에는 루시 행크스도 끼어 있었다. 이 키스는 라파예트 장군이 우리를 위해 싸운 모든 전투만큼이나, 혹은 어쩌면 그 이상으로 미국의 미래를 바꾸는데 큰 역할을 한 일련의 사건들을 촉발시켰다.

그날 아침 예배에 참석한 신도 중에 미혼 남자가 한 명 있었는데, 그는 부유한 귀족 가문 출신으로 오래전부터 행크스 가족을 자기 가문과는 비교도 할 수 없는 무지하고 가난에 찌든 하층민 정도로 알고 있었다. 물론 이것은 그저 그의 상상이었는지도 모르지만, 그날 아침에 그는 라파예트 장군이 다른 여성들보다 루시 행크스

제1장 불행을 딛고 일어서다

에게 조금 더 애정과 열정을 담아 키스했다고 느꼈다.

  농장주이기도 했던 이 청년은 천재적인 군사전략가이자 아름다운 여성을 보는 눈이 남달랐던 라파예트 장군을 존경하고 있었다. 그래서 그는 루시 행크스를 두고 공상의 나래를 펴기 시작했다. 그는 세계에서 가장 유명한 미인 중에는 루시만큼이나 가난한 환경에서 성장했고, 그보다 더 열악한 환경 출신인 미인들도 있다는 사실로 생각을 넓혀갔다. 넬슨 제독의 연인이었던 해밀턴 부인이 그랬고, 가난한 양재사의 사생아로 태어난 마담 뒤바리가 그랬다. 뒤바리 자신은 일자무식에 가까웠지만, 루이 15세의 후광을 등에 업고 프랑스를 거의 쥐락펴락했다. 이런 역사적 선례들은 그에게 마음의 위안을 주었을 뿐만 아니라 자신의 욕망에 품위의 옷을 덧입혀주었다.

  그날은 일요일이었다. 그는 다음 날인 월요일에도 이 문제를 하루 종일 곱씹었고, 급기야 화요일 아침에는 행크스 가족이 사는 지저분한 오두막으로 말을 달려 루시를 자기 농장의 하녀로 고용했다. 그는 이미 많은 노예를 거느리고 있었기 때문에 또 다른 하녀가 필요하지는 않았다. 그런데도 그는 루시를 고용해 가벼운 집안일을 맡겼고 다른 노예들과 어울리지 못하게 했다.

당시에 버지니아의 부유층들은 자녀들을 영국으로 유학시키는 것이 관례였다. 루시를 고용한 청년도 옥스퍼드에 다녔고, 미국에 돌아올 때는 그가 아끼는 많은 책들도 함께 가져왔다. 어느 날 그는 서재로 들어서다가 루시가 손에 걸레를 든 채 자리에 앉아서 역사책의 삽화들을 유심히 들여다보는 것을 발견했다.

그 장면은 하녀에게는 어울리지 않는 모습이었다. 하지만 그는 루시를 나무라는 대신 서재 문을 닫고는 자리에 앉아 그녀에게 그림 밑의 설명을 읽어주고 그것이 무슨 의미인지도 말해 주었다. 루시는 굉장한 흥미를 느끼며 귀를 기울였고, 급기야 자기도 읽고 쓰는 법을 배우고 싶다고 고백하여 청년을 깜짝 놀라게 했다.

1781년 당시에 하녀가 글을 배운다는 것이 얼마나 대단한 일이었는지 지금은 이해하기 어려울 것이다. 그때 버지니아에는 무상교육을 하는 학교가 전혀 없었고, 지주들 중에서도 증서에 자기 이름을 서명할 수 있는 사람은 절반도 되지 않았다. 그리고 사실상 모든 여성들은 땅을 양도할 때 십자표 같은 어떤 기호로 서명을 대신했다.

이런 환경에서 감히 하녀가 읽고 쓰는 법을 배우고 싶다는 욕망을 드러낸 것이다. 버지니아에서 가장 깨인 사람이라 해도 그것은 혁명까지는 아니지만 위험한 생각이라고 말했을 것이다. 그러나 루시의 주인은 이 생각에 흥미를 느끼고, 자발적으로 그의 가정교사가 되었다. 그날 저녁 식사를 마친 후에 그는 루시를 서재로 불러들여 알파벳 글자를 가르치기 시작했다. 며칠 뒤에는 깃펜을 잡은 루시의 손에 자신의 손을 포개고는 글자 쓰는 법을 보여주었다. 그 뒤로도 그는 오랫동안 그녀를 가르쳤다. 그것도 아주 잘 가르쳤다.

그녀가 직접 쓴 필체의 견본이 하나 남아 있는데, 이를 통해 그녀가 대담하고 자신감 넘치는 장식체로 글을 썼다는 사실을 알 수 있다. 그녀의 필체에서는 힘과 개성이 느껴진다. 루시는 '승인(approbation)'이라는 어려운 말을 사용했을 뿐만 아니라, 철자도 정확하게 썼다. 조지 워싱턴 같은 사람들도 철자법이 항상 완벽하지는 않았던 시절에 이것은 결코 작지 않은 성취였.

저녁에 읽기와 철자법 교육이 끝나면 루시와 그녀의 가정교사는 서재에 나란히 앉아 난로의 일렁이는 불길을 쳐다보거나 숲의 가장자리 위로 떠오르는 달을 바라보았다. 그녀는 주인과 사랑에 빠졌고 그를 믿었다. 하지만 너무 많이 믿어버렸다. 그리고 불안한 몇 주가 이어졌다. 그녀는 먹을 수도 없었고 거의 잠을 잘 수도 없었다. 루시는 자신의 핼쑥해진 얼굴을 걱정했다. 자기 자신에게조차 이 진실을 더 이상 부정할 수 없게 되자 루시는 주인에게 고백해 버렸다. 아주 잠깐 그는 루시와의 결혼을 고려했다. 그러나 그것은 말 그대로 잠시 동안이었다. 그의 가문, 친구, 사회적 지위, 온갖 복잡한 문제, 불쾌한 상황 등을 생각하면 도저히 안 될 일이었다. 게다가 그는 그녀에게 싫증을 느끼기 시작하던 참이었다. 결국 그는 그녀에게 돈을 쥐어주고는 집에서 내보냈다.

몇 달이 지나 그녀의 배가 점점 불러오자 사람들은 그녀를 손가락질하며 접촉을 피했다. 어느 일요일 아침 루시는 대담하게도 자신의 아기를 교회에 데려옴으로써 한바탕 큰 소동을 불러일으켰다. 점잖은 여신도들은 분노하며 식식댔고 한 여성은 예배당에서 일어나 "저 매춘부를 쫓아내라."고 외쳤다.

그것으로 충분했다. 루시의 아버지는 더 이상 자신의 딸이 모욕당하는 꼴을 두고 볼 수 없었다. 그래서 행크스 가족은 얼마 안 되는 세간을 마차에 싣고는 와일더니스 로드를 지나 컴벌랜드 골짜기를 거쳐 켄터키 주의 해로드 항구에 정착했다. 그곳에는 그들을 아는 사람이 아무도 없었기 때문에 그들은 루시 아이의 아버지가 누구인지에 대해 그럴듯하게 거짓말을 둘러댈 수 있었다.

그러나 해로드 항구에서도 루시는 버지니아에서만큼이나 뭇 남성의 눈에 예쁘고 매력적인 여성으로 비쳤다. 그녀는 남자들의 구애를 받았고 다시 사랑에 빠졌다. 이번에는 나쁜 길로 빠지기가 좀 더 쉬웠다. 결국 누군가가 이 사실을 알아냈고, 그가 이 일을 혼자만 마음에 담아둘 리는 없었다. 급기야 소문은 앤 맥긴티의 오두막에까지 이르렀다. 그리고 이미 말했듯이 대배심은 루시를 간통 혐의로 기소했다. 하지만 보안관은 루시가 법의 심판을 받을 만한 일을 할 여성은 아니라고 여겼다. 그래서 소환장을 호주머니에 쑤셔 넣고는 루시를 내버려둔 채 사슴 사냥을 떠났다.

그때가 11월이었고, 법정은 3월에 다시 열렸다. 그때 한 여성이 루시에 대한 더 많은 소문과 비방을 들고 나타났고, 그 부정한 계집을 법정에 세워 그녀와 관련된 온갖 혐의에 답할 것을 요구했다. 그래서 다시 소환장이 발부되었다. 하지만 당당하고 괄괄한 루시는 소환장을 찢어버리고는 그것을 가져온 사람의 얼굴에 던져버렸다. 5월에 다시 법정이 열렸고, 그때는 틀림없이 루시도 강제 소환되었을 것이다. 그런데 이 대목에서 한 대단한 청년이 등장했다.

그의 이름은 헨리 스패로우였다. 그는 마을을 찾아와 자기 말을 루시의 오두막 앞에 매고는 집 안으로 들어갔다. 그리고 아마 이렇게 말했을 것이다.

"루시, 난 저 여자들이 당신에 대해 뭐라고 떠들든 전혀 신경 쓰지 않소. 난 당신을 사랑하고 당신이 내 아내가 되어주기를 바라오."

어쨌든 그는 루시에게 청혼했다. 그러나 그녀는 당장 결혼할 의사가 없었다. 스패로우가 마지못해 억지로 결혼했다는 소문이 돌게 하고 싶지 않았다. 그래서 루시는 완강하지만 간곡하게 말했다.

"우리 1년만 기다려요, 헨리. 그 기간 동안 나는 내가 정숙한 삶을 살 수 있다는 걸 모두에게 증명해 보이고 싶어요. 만약 그때도 나에 대한 당신의 마음이 변치 않는다면, 당신을 기꺼이 받아들이겠어요."

1790년 4월 26일, 헨리 스패로우는 결혼 허가증을 받았고, 소환장에 대한 이야기도 사그라들었다. 그리고 거의 1년 뒤에 그들은 결혼했다.

일이 이렇게 되자 앤 맥긴티 오두막의 여인들은 머리를 흔들어대며 이 결혼이 오래 가지 못할 거라느니, 루시가 제 버릇 개 못 줄 거라느니 하며 입방아를 찧어댔다. 이런 이야기는 헨리 스패로우를 포함한 모든 사람들의 귀에 들어갔다. 그는 루시를 보호하기 위해 서부로 가서 더 좋은 환경에서 새롭게 시작해 보자고 제안했다. 하지만 루시는 이런 관습적인 도피 방법을 거부했다. 그녀는 자신은 나쁜 여자가 아니라면서 머리를 꼿꼿이 세웠다. 그녀는 도망치지 않을 작정이었다. 그래서 계속 해로드 항구에 머물며 끝까지 싸우기로 했다.

그리고 루시는 그렇게 했다. 그녀는 8명의 자녀를 키워냈고, 한때 자신의 이름이 음탕한 농담의 대명사로 사용되던 지역에서 명예를 회복했다. 나중에 루시의 두 아들은 목사가 되었고, 그녀의 사생아 딸이 낳은 아들이자 루시의 손자는 미국의 대통령이 되었다. 그의 이름이 바로 에이브러햄 링컨이다.

내가 이 이야기를 한 것은 링컨의 직계 조상을 보여주기 위한 것이다. 링컨 자신은 버지니아의 명문가 출신 외할아버지를 크게 존중했다.

윌리엄 H. 헌던은 21년간 링컨의 법률 파트너였다. 그는 아마 그 누구보다 링컨을 잘 아는 사람이었을 것이다. 다행히 그는 세 권짜리 링컨 전기를 썼고 1888년에 출판했다. 그것은 링컨에 관한 많은 저작들 중 가장 중요한 자료에 속한다. 아래에 1권의 3쪽과 4쪽 일부를 인용한다.

링컨의 조상과 혈통에 대해 내가 그의 입을 통해 직접 들은 것은 단 한 번뿐이다. 약 1850년경이었는데, 그때 링컨과 나는 말 한 필이 끄는 마차를 타고 일리노이 주 메너드 카운티의 법정으로 향하고 있었다. 우리가 맡고 있던 소송은 직접적이든 부차적이든 유전적 특성의 문제를 다룰 가능성이 있었다.

마차를 타고 가면서 그는 처음으로 자신의 어머니에 대해 이야기하며 그녀의 특성을 자세히 설명하고 자신이 어머니에게서 물려받은 기질을 하나하나 열거했다. 특히 그는 자신의 어머니가 루시 행크스와 명문가의 버지니아 농부, 혹은 농장주 사이에서 태어난 사생아였다고 말했다. 그리고 자신의 분석력, 논리력, 지적 활동, 야망, 또 그를 행크스 가문의 다른 후손들과 구분시켜주는 모든 자질들은 자신의 외할아버지로부터 물려받은 것이라고 주장했다.

유전적 특성의 문제를 논하면서 링컨은 어떤 이유에서인지 사생아들이 합법적인 부부의 자식들보다 더 강건하고 똑똑한 경우가 많다고 주장했다. 링컨 자신의 경우, 그의 좋은 성격과 우수한 자질은 버지니아의 관대한 외할아버지로부터 물려받았다고 그는 굳게 믿고 있었다.

이런 자기 고백은 그에게 어머니에 대한 기억을 일깨웠고, 덜컹거리는 마차 위에서 애처롭게 덧붙였다. "어머니에게 신의 은총이 함께하기를. 현재의 나와 내가 원하는 미래의 나는 모두 어머니 덕택일 걸세." 이렇게 말하고 그는 침묵에 빠져들었다. 우리의 대화도 거기서 멈추었으며, 얼마 동안 한 마디도 나누지 않고 그냥 굴러가는 마차에 몸을 맡겼다. 그는 슬펐고 뭔가에 몰두해 있었다. 깊은 생각에 잠겨 틀림없이 자신이 방금 폭로한 사실들을 곱씹고 있던 링컨은 자기 주위로 방벽을 둘러쳤고, 나는 감히 그곳을 침입하려 하지 않았다. 그의 말과 우울한 어조는 내게 깊은 인상을 남겼다. 그것은 결코 잊을 수 없는 경험이었다.

2 가난과 가슴 아픈 어머니의 죽음

링컨의 어머니 낸시 행크스는 삼촌 내외의 손에서 키워졌다. 아마 학교 교육은 전혀 받지 못했을 테고, 증서에 서명할 때 기호를 사용한 것으로 보아 틀림없이 글도 쓰지 못했을 것이다. 그녀는 어두컴컴한 숲 속 깊은 곳에서 살았고 친구도 거의 없었다. 그리고 22살 때 켄터키의 모든 노동자와 사슴 사냥꾼 중에서도 가장 무식하고 천한 남자와 결혼했다. 그의 이름은 토머스 링컨이었지만, 그의 집이 있는 산간벽지의 등나무 숲에 사는 사람들은 그를 '링크혼'이라고 불렀다.

토머스 링컨은 이곳저곳 떠돌아다니며 배가 고파지면 무슨 일이든 닥치는 대로 하는 방랑자이자 부랑자였다. 그는 길을 만들고 덤불을 잘라내며 덫을 놓아 곰을 잡고 땅을 개간하고 옥수수밭을 일구고 통나무집을 지었다. 또 오래된 기록에 의하면, 세 차례 엽총을 들고

제1장 불행을 딛고 일어서다

죄수들을 경비하는 일과 1805년에는 켄터키 주의 하딘 카운티에서 시간당 6센트를 받고 반항하는 노예들을 잡아다 채찍질하는 일을 했다고도 한다.

토머스 링컨은 돈에 대한 감각이 전혀 없었다. 인디애나 주에 있는 한 농장에서 14년을 살았는데, 그 시기 동안 돈을 한 푼도 저축하지 못했고 1년에 10달러인 소작료도 내지 못했다. 아내가 단추 대신 야생 식물의 가시로 옷을 고정시켜 입어야 할 정도로 가난이 극심했을 때도 그는 켄터키의 엘리자베스 타운에 있는 한 가게에서 자신이 걸칠 실크 멜빵을 외상으로 구입했다. 그 후 얼마 지나지 않아 한 경매에서는 3달러를 주고 칼을 샀다. 아마 그는 맨발로 다닐 때조차 실크 멜빵을 걸치고 칼을 차고 다녔을 것이다.

결혼한 직후에 그는 이사를 했고 목수 일로 입에 풀칠하려 했다. 그래서 방앗간 짓는 일을 하게 되었지만, 목재를 네모 반듯하게 깎지도 못했고 적당한 길이로 자르지도 못했다. 그래서 고용주는 그의 서툰 일솜씨를 탓하며 품삯 지불을 거절했고, 이후에 세 차례의 소송이 이어졌다.

톰 링컨은 숲에서 잔뼈가 굵은 사람이었다. 그래서 비록 둔하기는 했지만 곧 자기는 어쩔 수 없이 숲 속에서 살아야 할 사람이라는 사실을 깨달았다. 그는 결국 아내를 숲 변두리에 있는 척박한 돌투성이의 농장으로 데려갔고 다시는 그 땅을 버리고 마을로 가는 만용을 부리지 않았다.

엘리자베스 타운에서 멀지 않은 곳에 '불모지'로 알려진 나무 하나 없는 땅이 넓게 펼쳐져 있었다. 수세대에 걸쳐 인디언들은 그곳에 불을 놓아 숲과 덤불을 태워버렸다. 그 덕에 거친 초원의 풀들이 햇빛을 받으며 자라났고 버팔로들이 몸을 뒹굴며 풀을 뜯는 곳이 되었다.

1808년 12월에 톰 링컨은 1에이커 당 약 66센트를 주고 '불모지'에 있는 한 농장을 구입했다. 그곳에는 야생 돌능금나무 무리에 둘러싸인 투박한 사냥꾼의 오두막이 있었고, 반마일 떨어진 곳에는 봄에 층층나무꽃이 흐드러진 놀린 크리크(Nolin Creek)의 남쪽 지류가 흐르고 있었다. 여름이면 매들이 푸른 하늘 위를 한가로이 선회했고, 키 큰 풀들이 끝없는 초록 바다처럼 바람을 타고 출렁였다. 감히 이런 곳에 정착하겠다는 생각을 할 만큼 판단력이 부실한 사람들은 찾아보기 힘들었다. 겨울에 그곳은 켄터키 전체에서 가장 외롭고 황량한 지역에 속했다.

1809년 한겨울, 에이브러햄 링컨은 바로 이 외로운 불모지에 있는 사냥꾼 오두막의 옥수수 껍질로 뒤덮인 침대에서 태어났다. 일요일 아침이었다. 밖에는 눈보라가 몰아쳤고, 2월의 바람은 통나무 틈 사이로 눈을 몰고 와 낸시 행크스와 그녀의 아기를 덮은 곰 가죽 위에 흩뿌렸다. 그녀는 개척자 삶의 긴장과 고난에 지쳐 9년 뒤인 35세에 생을 마감할 운명이었다. 낸시는 결코 행복을 알지 못했다. 어디를 가든 그녀에게는 사생아라는 소문이 꼬리표처럼 따라다녔다.

그 당시 황야에서는 지폐가 제 가치를 발휘하지 못할 경우가 많았다. 대부분은 휴지나 다름없었다. 그래서 돼지, 사슴고기, 위스키, 너구리 가죽, 곰 가죽, 농작물 등이 교환 수단으로 많이 이용되었다. 때로는 목사들조차 사역에 대한 대가의 일부로 위스키를 받기도 했다. 에이브러햄이 7살이던 1816년 가을에 톰 링컨은 그의 켄터키 농장을 옥수수 위스키 약 400갤런과 맞바꾼 후, 가족을 인디애나의 외롭고 음울하고 황량한 숲으로 이주시켰다. 그들의 가장 가까운 이웃은 곰 사냥꾼 한 명뿐이었고, 주변은 온통 나무와 관목, 포도 덩굴과 덤불이 너무 빽빽이 우거져서 사람이 지나가려면 베고 잘라내야만 했다. 이곳에서 에이브러햄 링컨은 14년을 보냈다.

링컨 가족이 도착했을 때 그곳에는 이미 첫눈이 내리고 있었다. 톰 링컨은 서둘러 그 당시 '3면으로 된 오두막'으로 알려진 집을 뚝딱 지어 올렸다. 오늘날에는 헛간이라 불릴 만한 것으로, 바닥도 문도 창문도 없었고 그저 세 개의 벽면과 막대기들과 덤불로 이어붙인 지붕이 전부였다. 네 번째 벽면은 바람과 눈과 진눈깨비와 추위에 완전히 노출되어 있었다. 오늘날 인디애나 주의 현대식 농부라면 자신의 소나 돼지도 이런 조잡하고 허술한 거처에서 겨울을 나게 하지는 않을 것이다. 하지만 톰 링컨은 그 정도면 자신과 가족이 1816~1817년의 긴 겨울을 보내기에 충분히 훌륭하다고 느꼈다. 그것은 우리 역사상 가장 혹독하고 매서운 겨울에 속했다.

낸시 행크스와 그녀의 자식들은 그 겨울에 헛간 구석의 흙바닥에 깔아놓은 나뭇잎 더미와 곰 가죽 위에 웅크린 채 개처럼 잠을 잤다. 먹을 것으로는 버터도 우유도 계란도 과일도 야채도 없었고 심지어는 감자도 없었다. 그저 사냥해 온 야생 고기와 나무 열매로 근근이 버텨나갔다. 톰 링컨은 돼지를 키우려 했지만, 굶주린 곰들에게 산 채로 잡아먹혔다. 인디애나에서의 그 오랜 세월 동안 에이브러햄 링컨은 훗날 그가 해방시킨 수천의 노예들보다 더 극심한 가난을 경험했다.

한편 그 지역에는 치과의사가 거의 없었고, 가장 가까운 곳에 있는 의사라 해도 56킬로미터나 떨어진 곳에 있었다. 그래서 낸시 링컨이 치통의 공격을 받았을 때 아마 톰 링컨은 다른 개척자들이 썼던 방법을 시도했을지 모른다. 바로 히코리나무를 못처럼 깎아낸 다음 그 끝을 아픈 어금니에 갖다 댄 후 돌로 세게 내리치는 방법이다.

가장 초창기 시절부터 중서부의 개척자들은 '우유병'이라는 원인 모를 병에 시달렸다. 그것은 소와 양과 말에게 치명적이었으며, 때로는 온 마을 사람들을 몰살시키기도 했다. 아무도 그 원인을 몰랐으며, 100년 동안 의료계를 곤혹스럽게 했다. 그러다가 20세기 초가 되어서야 과학은 그 중독 현상이 흰색 뱀풀(white snakeroot)로 알려진 식물을 먹은 동물에게서 비롯된다는 사실을 밝혀냈다. 이 독은 소젖을 통해 인간에게 전파되었다. 흰색 뱀풀은 나무가 우거진 목초지와 그늘이 짙게 드리운 협곡에서 잘 자라며, 요즘에도 계속 인간의 생명을 앗아가고 있다. 매년 일리노이 주 농림부는 각 카운티의 법원에 벽보를 내걸어 농부들에게 이 식물을 제거하지 않으면 사망할 수도 있음을 경고하고 있다.

1818년 가을, 이 무서운 재앙이 인디애나 주 버크혼 계곡을 기습하여 많은 가족들의 목숨을 앗아갔다. 낸시 링컨은 겨우 반마일 떨어진 곳에 사는 곰 사냥꾼 피터 브루너의 아내를 간호했다. 브루너 부인은 결국 사망했고, 낸시 자신도 갑자기 병에 걸렸다. 머리가 어질어질했고 배에서는 극심한 통증이 느껴졌다. 심한 구토에 시달리던 낸시는 집으로 옮겨져 나뭇잎과 짐승의 가죽으로 만든 지저분한 침대에 눕혀졌다. 손과 발은 차가웠지만, 생명 유지에 필수적인 장기들은 불이 붙은 듯 뜨거웠다. 그녀는 계속 물을 찾았다. 물. 물. 물 좀 더 줘…….

톰 링컨은 징조나 징후에 대한 강한 믿음을 지니고 있었다. 그래서 아내가 몸져누운 지 이틀째 되던 날 밤, 개가 오두막 밖에서 목청을 길게 뽑으며 애처롭게 짖어 대는 것을 보고는 모든 희망을 포기하고 아내가 곧 죽을 거라고 말했다.

마침내 낸시는 베개에서 머리를 들 수도 없을 지경이 되었고 말도 그저 속삭이는 정도로만 할 수 있었다. 그녀는 손짓으로 에이브러햄과 딸을 부른 후 무슨 말을 하려고 했다. 자식들은 몸을 굽혀 어머니의 말을 들었고, 어머니는 그들에게 서로 위해 주고 그녀가 가르친 대로 살며 하나님을 잘 섬길 것을 당부했다.

이것이 낸시 링컨의 마지막 말이 되었다. 목구멍과

전체 내장 기관이 이미 마비 초기 단계에 있었던 것이다. 그녀는 긴 혼수상태에 빠졌고, 병에 걸린 지 7일째 되던 날 마침내 이승의 끈을 놓았다. 1818년 10월 5일이었다.

톰 링컨은 아내의 눈을 감기고 그녀의 눈꺼풀 위에 구리 동전 두 개를 올려놓은 후, 숲으로 가 나무 하나를 쓰러뜨리더니 그것을 잘라 거칠고 울퉁불퉁한 판자들을 만든 다음 나무못으로 고정시켰다. 그리고 이 투박한 관에 슬픈 얼굴을 한, 참으로 고단하고 파란만장한 삶을 살았던 루시 행크스의 딸을 뉘었다.

그보다 2년 전 톰 링컨은 그녀를 썰매에 태워 이곳에 데려왔었다. 이제 지금 그는 아내의 몸을 다시 썰매에 태워 400미터 떨어진 나무 우거진 언덕 꼭대기로 끌고 간 후 아무런 예배나 의식도 없이 그곳에 묻었다.

에이브러햄 링컨의 어머니는 이렇게 세상과 작별했다. 우리는 아마 그녀가 어떻게 생겼고 어떤 종류의 여성이었는지 결코 알 수 없을지 모른다. 낸시는 짧은 인생의 대부분을 음침한 숲에서 보냈고, 그녀와 우연히 마주친 몇 안 되는 사람들에게조차 그저 희미한 인상만을 남겼기 때문이다.

링컨이 사망한 직후에 그의 전기 작가 한 사람은 대

통령의 어머니에 대한 정보를 수집하려 했다. 그때는 그녀가 죽은 지 50년이 되는 시점이었다. 그는 그녀를 본 적이 있는 극소수의 사람들과 인터뷰를 시도했지만, 그들의 기억은 희미해진 꿈처럼 모호하고 흐릿했다. 그들은 그녀의 외모에 대해서도 일치된 의견을 보이지 못했다. 한 사람은 그녀를 '육중하고 땅딸막한 체구의 여성'이라고 묘사한 반면, 다른 사람은 '야위고 가냘픈 몸매'를 지녔다고 말했다. 한 사람은 그녀의 눈을 검정색으로 기억했고, 어떤 사람은 적갈색으로, 또 다른 사람은 청록색이었다고 확신했다. 15년 동안 낸시와 같은 집에서 살았던 그녀의 사촌인 데니스 행크스는 그녀의 머리가 밝은 색이었다고 기록했다가, 나중에는 그 말을 뒤집고 검은 색이었다고 정정했다.

낸시가 세상을 떠난 지 60년이 흘렀지만 그동안 그녀의 무덤이 있는 곳을 알려줄 만한 비석 하나도 없었다. 그래서 오늘날에는 무덤이 있을 만한 대략적인 위치만 알려져 있다. 그녀는 자신을 키워준 삼촌 내외 곁에 묻혀 있지만, 이 세 무덤 중 어느 것이 그녀의 무덤인지는 알 길이 없다.

낸시가 세상을 떠난 지 얼마 지나지 않아 톰 링컨은 새로운 오두막을 지었다. 그것은 네 개의 벽면을 지녔지만, 마루와 창문과 문이 없기는 전과 마찬가지였다. 입구 위에는 더러운 곰 가죽이 걸려 있었고, 실내는 어둡고 불결했다. 톰 링컨은 대부분의 시간을 숲에서 사냥하며 보냈기 때문에 집안을 건사하는 것은 온전히 엄마 잃은 두 아이들의 몫이었다. 사라는 요리를 했고 에이브러햄은 불이 꺼지지 않게 하고 1마일 떨어진 샘에서 물을 길어왔다. 칼도 없고 포크도 없었기 때문에 그들은 손가락으로 밥을 먹었는데, 손이 깨끗한 경우는 별로 없었다. 물을 구하기 힘들었고 비누도 없었기 때문이다. 낸시는 아마 연성의 양잿물 비누를 직접 만들어 썼을지 모르지만, 그녀가 죽기 전에 만들어놓은 얼마 안 되는 양은 이미 오래 전에 떨어졌기 십상이고 아이들은 만드는 법을 몰랐을 것이다. 톰 링컨이 그것을 만들었을 것 같지는 않다. 결국 그들은 계속 가난하고 불결하게 살았다.

그 길고 추운 겨울 동안 그들은 몸을 씻지 않았다. 때 묻고 너덜너덜해진 옷도 거의 빨아 입지 않았다. 나뭇잎과 짐승의 가죽으로 만든 그들의 침대도 점점 더러워졌다. 햇빛도 전혀 오두막을 덥히거나 정화하지 못했다. 그들이 쬐는 빛은 난로와 돼지기름을 태우는 빛이 유일했다. 개척지의 다른 오두막들에 대한 정확한 묘사를 통해 여자가 없는 링컨의 오두막이 어떠했을지는 안 봐도 알 만하다. 거기서는 악취가 났고, 벼룩과 다른 해충들로 우글댔다. 이런 열악한 환경에서 1년을 보낸 후에는 닳고 닳은 톰 링컨조차 더 이상은 견디기 힘들었던 모양이다. 그래서 그는 집을 깨끗하게 관리해 줄 새 아내를 들이기로 했다.

13년 전 그는 켄터키에 사는 사라 부시라는 이름의 여성에게 청혼한 적이 있었다. 그때 그녀는 그의 제안을 거절하고 하딘 카운티의 교도관과 결혼했다. 하지만 이제 그 교도관은 세 자녀와 얼마의 빚을 남기고 세상을 떠난 뒤였다. 톰 링컨은 지금이 다시 청혼하기에 좋은 때라고 여겼다. 그래서 냇가로 가 몸을 씻고 더러운 손과 얼굴을 모래로 문질러 닦은 다음 칼을 차고 깊고 어두운 숲을 지나 켄터키로 길을 떠났다.

엘리자베스 타운에 도착한 그는 실크 멜빵 한 짝을 새로 사고 휘파람을 불며 거리를 활보했다. 이때가 1819년이었다. 여러 가지 일들이 일어나고 사람들은 발전을 이야기하고 있었다. 그리고 증기선이 대서양을 건넜다.

3 거의 받지 못한 정규 교육

15살이 된 링컨은 알파벳도 익히고 어렵게나마 글도 조금은 읽을 수 있었지만, 쓸 줄은 전혀 몰랐다. 1824년 가을, 산간벽지를 떠돌던 교사 한 사람이 피전 크리크 인근의 촌락에 들어오더니 학교를 열었다. 링컨과 그의 누이는 아침과 저녁에 6킬로미터의 숲길을 걸어 아젤 도로시라는 새 선생님 밑에서 공부했다. 도시 선생님은 이른바 '소리 지르며 공부하는' 학교를 운영했다. 아이들은 큰 소리로 말하며 공부했다. 선생님은 이렇게 해야 학생들이 제대로 집중하는지를 알 수 있다고 믿었다. 그는 손에 회초리를 들고 교실을 돌며 입을 다물고 있는 학생을 후려쳤다. 이렇게 선생님이 큰 소리를 중시하자 학생들은 다른 아이들보다 더욱 목청을 높이려 했다. 그래서 아이들의 외침이 400미터 밖까지 들리는 경우도 많았다.

이때 링컨은 다람쥐 가죽으로 만든 모자에다 사슴 가

죽으로 만든 바지를 입고 학교에 다녔다. 바지의 길이는 신발에 크게 못 미쳐 날카롭고 퍼런 정강이뼈가 몇 인치 정도 바람과 눈에 그대로 노출되었다.

수업은 선생님이 간신히 몸을 세울 수 있을 정도 높이의 허술한 오두막에서 열렸다. 창문이 없는 대신 각 면에서 통나무 한 개를 빼낸 후 그 자리에 기름 먹인 종이를 발라 빛이 들어오게 했다. 마루와 의자는 통나무를 쪼개 만들었다.

링컨의 읽기 수업은 《성경》을 교재로 삼았고, 쓰기 연습은 워싱턴과 제퍼슨의 필체를 모델로 이용했다. 그의 손글씨는 그들의 필체를 닮아 매우 명확하고 뚜렷했다. 사람들이 링컨의 글씨에 대해 좋은 평을 해주었고, 글을 모르는 이웃들이 먼 거리를 걸어와 에이브러햄에게 편지를 써달라고 부탁하기도 했다.

이제 링컨은 배움의 참맛을 알아 열정을 느끼기 시작했다. 학교 수업 시간은 너무 짧았기에 그는 공부할 내용을 집에까지 가져왔다. 당시 종이는 매우 귀하고 값도 비싸 숯 막대기로 판자 위에 글을 썼다. 때로는 오두막 벽면에 박혀 있는 잘라낸 통나무의 평평한 면에 계산을 하기도 했다. 그 표면이 숫자와 글자로 뒤덮이면 칼로 그 부분을 깎아낸 다음 그 위에 다시 쓰곤 했다.

산수책을 살 수 없을 정도로 너무 가난했던 링컨은 남의 책을 빌려 보통 편지지 크기의 종이에 옮겨 적었다. 그 다음에는 노끈으로 꿰매어 붙여 자신만의 산수책을 만들었다. 그가 죽은 뒤에도 그의 새어머니는 여전히 그 책의 일부를 보관하고 있었다.

이제 링컨은 산간벽지의 여타 지식인들과 뚜렷이 구분되는 특징을 드러내기 시작했다. 그는 다양한 주제에 대한 자신의 의견을 글로 표현하고 싶어 했다. 때로는 시를 쓰기도 했는데, 이렇게 쓴 시와 산문을 이웃인 윌리엄 우드 씨에게 보여주며 평가를 부탁했다. 그는 자신의 시를 외우고 암송했으며, 그가 쓴 에세이들은 사람들의 주목을 받았다. 한 변호사는 국가 정치에 대한 그의 기사에 깊은 인상을 받아 그것을 언론사에 보내 신문에 실리게 했다. 오하이오의 한 신문은 금주와 관련된 링컨의 글을 특집기사로 실었다.

하지만 이것은 훗날의 일이고, 학교 다닐 때 쓴 그의 첫 작문은 친구들의 잔인한 놀이에 자극을 받은 것이었다. 그들은 거북이를 잡아서 등 위에 불붙은 석탄을 올려놓곤 했는데, 이때 링컨은 제발 그만두라고 간청하며 급히 달려가 맨발로 석탄을 차버렸다. 그의 첫 번째 에세이는 동물에 대한 자비를 호소하는 내용이었다. 소년은 이미 고통 받는 생명에 대한 깊은 연민의 마음을 보여주었고, 이것은 그의 두드러진 성격적 특징이 되었다.

5년 뒤에 그는 비정기적으로-그의 말을 빌리면 '조금씩'-또 다른 학교에 다녔다. 이렇게 그의 모든 정규교육이 끝나게 되는데, 전부 합해 12개월이 채 되지 않았다. 1847년에 하원의원이 되어 개인 이력을 작성하게 되었을 때, 학력을 기록하는 란에 링컨은 '불완전함'이라는 한 마디로 답했다.

대통령 후보로 지명된 후에 그는 이렇게 말했다.

"성인이 되었을 때 저는 아는 게 별로 없었습니다. 그래도 어떻게든 읽고 쓰고 계산하는 세 가지는 할 수 있었지요. 하지만 그게 다였어요. 그 후로는 학교에 가본 적이 없습니다. 지금 제 교육 창고가 그나마 조금이라도 채워져 있는 것은 필요에 의해 그때그때 배운 지식을 축적해 놓았기 때문입니다."

그러면 그의 스승들은 어떤 사람들이었을까? 그들은 마녀의 존재를 믿고 세상이 평평하다고 생각한 무지몽매한 방랑 교사들이었다. 그러나 이렇게 띄엄띄엄 불규칙적으로 학교에 다니는 동안 링컨은 가장 귀중한 자산 하나를 획득했다. 그것은 바로 지식에 대한 사랑과 배움에 대한 갈증이었다.

읽을 수 있는 능력은 그가 꿈도 꾸어본 적 없는 새롭고도 신비한 세계를 열어주었다. 그것은 그를 변화시켰고 그의 지평을 넓혀주었으며 비전을 제시해 주었다. 25년 동안 독서는 변함없이 그의 지배적인 열정으로 남아 있었다. 그의 새어머니는 재혼하면서 《성경》, 《이솝 우화》, 《로빈슨 크루소》, 《천로역정》, 그리고 《신드바드의 모험》 등 다섯 권의 책을 가져왔다. 소년 링컨은 이 귀중한 보물들을 애지중지했으며, 특히 《성경》과 《이솝 우화》를 늘 곁에 두고 수시로 펼쳐들었다. 그리고 이 두 권은 그의 문체, 대화 방식, 논리 전개 방식에 지대한 영향을 주었다.

그러나 이 책들만으로는 성이 차지 않았다. 그는 더 많은 책을 원했지만 돈이 없었다. 그래서 책과 신문 등 인쇄된 것은 무엇이든 빌려보기 시작했으며, 한 변호사로부터 개정된 인디애나 주 법전을 빌려오기도 했다. 그때 그는 처음으로 미국 독립선언문과 헌법을 읽었다.

또 링컨은 그가 자주 그루터기를 캐내고 옥수수밭에 괭이질을 해준 이웃의 농부에게서도 두세 권의 전기를 빌렸다. 그중 한 권은 파슨 윔즈가 쓴 《워싱턴 전기》였다. 링컨은 이 책에 매료되어 밤에 더 이상 글자가 보이지 않을 때까지 읽었다. 잠자리에 들 때는 날이 밝자마자 다시 읽을 수 있도록 통나무 사이의 틈에 끼워놓았다. 그러던 어느 날 밤, 폭풍우가 몰아쳐 책이 흠뻑 젖고 말았다. 주인은 그 상태로는 책을 돌려받으려 하지 않았기 때문에 링컨은 3일간 마초를 베고 다발지어 쌓아주는 방식으로 책값을 물어줘야 했다.

링컨은 많은 책을 빌려보았지만, 그중에서도 《스콧의 가르침 *Scott's Lessons*》에서 가장 큰 영향을 받았다. 링컨은 그 책을 통해 대중연설법을 배웠고, 키케로와 데모스테네스, 그리고 셰익스피어의 작중 인물들이 토해내는 명연설을 접했다.

링컨은 이 책을 손에 펼쳐들고 나무 밑을 왔다 갔다 하면서 햄릿의 대사를 큰 소리로 읊어대거나 시저의 시신을 앞에 놓고 열변을 토하는 안토니우스의 연설을 흉내 냈다. "친구들이여 로마인이여 동포들이여, 여러분의 귀를 빌려주십시오. 저는 시저를 찬양하기 위해서가 아니라 매장하기 위해 이 자리에 섰습니다."

특별히 마음에 드는 구절을 발견하면 종이가 없을 경우 널빤지에라도 분필로 옮겨 적었다. 마침내 그는 조잡한 스크랩북을 하나 만든 후 거기에 독수리 깃털 펜과 식물의 즙으로 만든 잉크를 사용해 인상적인 구절들을 적어 넣었다. 그는 스크랩북을 항상 갖고 다니며 수

많은 긴 시와 연설을 암기할 때까지 읽고 또 읽었다.

들에 일을 하러 갈 때도 책을 챙겨갔다. 말들이 옥수수가 길게 늘어서 있는 끝자락에서 쉬고 있는 동안에 그는 울타리 위에 올라앉아 책을 읽었다. 정오에 가족들과 식사를 하는 대신 한 손에는 옥수수빵, 다른 손엔 책을 들고 발을 자기 머리보다 높이 들어 올린 자세로 독서삼매경에 빠져들었다.

법정이 열리는 날이면 종종 24킬로미터나 떨어진 마을까지 걸어가 변호사들의 논쟁에 귀를 기울였다. 들판에서 다른 인부들과 일할 때는 이따금 괭이나 쇠스랑을 내려놓고 울타리 위에 올라가 락포트나 분빌에서 변호사들이 전개한 변론들을 그대로 재현했다. 또 어떤 때는 주일날 리틀 피전 크리크 교회에서 큰 소리로 장황하게 설교하는 완고한 침례교 목사들을 흉내 내기도 했다.

또 링컨은 종종 《퀸의 농담 *Quinn's Jests*》이라는 유머책을 들판에 가져가 통나무 위에 걸터앉아 큰 소리로 읽어주면 숲은 사람들의 깔깔대는 웃음소리로 가득 찼다. 그러는 와중에 잡초는 맹렬한 기세로 옥수수밭을 잠식했고 들판의 밀은 누렇게 익어갔다.

링컨을 고용한 농부들은 그가 몹시 게으르다고 불평했다. 링컨도 그것을 인정하며 이렇게 말했다. "제 아버지는 내게 일하는 법은 가르쳤지만, 결코 일을 사랑하는 법은 가르치지 않으셨지요."

아버지 톰 링컨은 이 모든 바보 같은 짓거리를 당장 멈추라고 지엄한 명령을 내렸다. 그러나 그 명령은 통하지 않았다. 링컨는 계속 우스갯소리를 하고 연설을 연습했다. 어느 날, 다른 사람들이 보는 앞에서 아버지는 아들의 얼굴에 주먹을 날려 쓰러뜨렸다. 소년은 눈물을 흘렸지만 한 마디도 하지 않았다. 아버지와 아들 사이에는 이미 평생 이어질 불화와 반목의 씨가 자라고 있었다. 비록 링컨은 훗날 늙은 아버지를 경제적으로 뒷바라지했지만, 1851년 아버지의 임종이 가까웠을 때 링컨은 "아버지를 만나면 기쁨보다는 고통이 더 클 것 같군요."라며 그를 보러 가지 않았다.

1830년 겨울에는 '우유병'이 다시 기습하여 인디애나의 버크혼 계곡을 또다시 죽음의 검은 장막으로 뒤덮었다. 두려움과 실의에 빠진 떠돌이 톰 링컨은 자신의 돼지와 옥수수를 처분하고 그루터기만 무성한 농장을 8달러에 팔아넘긴 후 크고 육중한 마차를 장만했다. 그의 소유로 된 첫 번째 마차였다. 그리고 가족과 가구를 마차에 싣고는 링컨에게 채찍을 맡기고 자신은 소에게 고함을 치며 인디언들이 '먹을 것이 풍부한 땅'이라는 뜻으로 생거먼이라 부른 일리노이 주의 한 계곡을 향해 출발했다.

2주 동안 황소는 느릿느릿 움직였고 둔중한 마차는 삐걱 소리를 내며 언덕을 넘고 인디애나의 깊은 숲을 지나 황량하고 사람이 살지 않는 일리노이의 초원을 가로질렀다. 그곳에는 여름의 뙤약볕을 받으며 2미터 가까이 자란 노란빛의 시든 풀들이 융단처럼 깔려 있었다.

빈센즈에서 링컨은 난생 처음으로 인쇄기를 보았다. 당시 그는 21살이었다. 그들 가족은 디케이터 법원 앞마당에 천막을 쳤다. 26년 뒤에 링컨은 마차가 멈춰 섰던 정확한 지점을 짚어냈다. 그가 말했다. "그때는 내가 변호사가 될 정도의 판단력이 있는 줄 몰랐습니다." 여기서 헌던의 글을 옮겨본다.

링컨은 내게 이 여행에 대해 이야기해 준 적이 있다. 때는 아직 땅에 겨울 서리가 내리기 전이었고, 낮에는 길의 표면이 녹았다가 밤에는 다시 얼어붙어 여행길이, 특히 소들과 함께하는 여행길이 무척 더디고 피곤했다고 한다. 물론 다리도 없었기 때문에 일행은 물을 피할 수 있는 우회로가 없으면 개울의 얕은 곳을 따라 건널 수밖에 없었다. 아침나절에는 물이 얇게 얼어 있어 소들은 걸음을 옮길 때마다 얼음을 깨면서 나아갔다. 일행 중에 특히 마차 뒤를 총총걸음으로 따라온 애완용 개가 있었다.

어느 날 이 녀석은 일행이 개울을 건널 때까지 마차를 따라잡지 못하고 뒤처졌다. 개가 안 보이자 사람들은 뒤를 돌아보았는데, 녀석이 건너편 둑에서 애처롭게 낑낑대며 이리 뛰고 저리 뛰는 모습이 보였다. 깨진 얼음 위로 물이 넘쳐흘렀기 때문에 이 불쌍한 녀석은 겁을 먹고 건너지 못한 것이다. 개 한 마리를 구하자고 황소와 마차를 되돌릴 수는 없는 노릇이었기에 사람들은 그냥 개를 버리고 가자고 했다.

여기서 링컨의 말을 옮겨본다. "하지만 나는 아무리 개라지만 그냥 혼자 버려두고 가질 못하겠더군. 그래서 난 신발과 양말을 벗고 개울을 되돌아가 덜덜 떠는 개를 안고 의기양양하게 돌아왔지. 녀석의 기뻐 날뛰는 모습과 나에 대한 분명한 감사 표시는 내가 겪은 고생에 대한 충분한 보답이 되었어."

링컨의 가족이 초원을 가로지르는 동안, 의회에서는 주가 연방에서 탈퇴할 권리가 있느냐의 문제를 두고 격론을 벌이고 있었다. 이 논쟁 중에 대니얼 웹스터는 상원에서 깊고 부드러우면서도 울림을 주는 목소리로 일장 연설을 했는데, 나중에 링컨은 이 연설을 '미국의 연설 역사상 최고의 모범'으로 평가했다. 그것은 '헤인 의원에 대한 웹스터의 답변'으로 알려져 있으며, 훗날 링컨이 자신의 정치적 신조로 채택한 잊지 못할 명문으로 마무리된다. "자유와 연방은 지금과 앞으로도 영원히 하나이고 절대 분리될 수 없습니다."

이 민감한 연방 탈퇴의 문제는 약 30여 년 뒤에 강력한 웹스터나 재기 넘치는 클레이, 또는 유명한 칼훈에 의해서가 아니라, 너구리 가죽 모자를 쓰고 사슴 가죽 바지를 입은 채 상스러운 노래를 흥얼대며 황소를 몰던 무일푼의 꼴사나운 촌놈 링컨에 의해 해결된다.

4 발전하는 청년, 그의 러브 스토리

링컨 가족은 일리노이 주의 디케이터 인근에 정착했다. 그곳은 생거먼 강이 내려다보이는 절벽을 따라 길게 펼쳐진 삼림지대였다.

링컨은 나무를 베고 오두막을 짓고 덤불을 없애며 땅을 개간하고 멍에를 매단 소로 15에이커의 땅을 갈아 옥수수를 심고 나무를 쪼개 농장 주변에 울타리 세우는 일을 도왔다. 다음 해에는 이웃에 일꾼으로 고용되어 쟁기질, 건초 쌓기, 장작 패기, 돼지 도살 등의 일을 했다.

링컨이 일리노이 주에서 보낸 첫 번째 겨울은 그 주 역사상 가장 추운 겨울에 속했다. 눈은 4미터 정도의 두께로 초원을 뒤덮었다. 소들이 죽고 사슴과 야생 칠면조는 거의 몰살되었으며 심지어는 사람들도 얼어 죽었다.

이 겨울에 링컨은 흰색 호두나무 껍질로 염색한 갈색 진 바지 한 벌을 받고 나무 천 개를 쪼개주기로 했는데,

그는 일하는 곳까지 매일 5킬로미터를 걸어야 했다. 한번은 생거먼 강을 건너다 카누가 뒤집히는 바람에 얼음처럼 차가운 물에 빠져버렸다. 그곳에서 가장 가까운 워닉 소령의 집에 당도하기 전에 이미 발이 얼어붙은 상태였다. 한 달 동안은 걸을 수조차 없었던 그는 워닉 소령 집의 난롯가에 누워 이야기를 하거나 일리노이 주 법령집을 읽으며 시간을 보냈다.

이 일이 있기 전에 링컨은 소령의 딸에게 구애한 적이 있었지만, 소령은 자기 딸을 이 멍청하고 무식한 장작패는 놈에게 내줄 수는 없었다. 더구나 땅도 없고 돈도 없고 장래도 없지 않은가? 절대 안 될 일이었다. 사실 링컨은 땅 한 뙈기도 없었다. 게다가 땅을 소유하고 싶어 하지도 않았다. 그는 22년을 농장에서 보냈고, 개척지 농사일은 신물이 나도록 해보았다. 그는 힘겨운 노동과 외롭고 단조로운 생활이 싫었다. 특별한 삶과 다른 사람들과의 접촉을 원한 링컨은 사람을 만나고 군중을 모아 그들을 자기 이야기에 흥분하게 만들고 싶었다.

인디애나에 살았을 때 링컨은 한 평저선이 강을 타고 뉴올리언스로 출항할 수 있도록 도운 적이 있었다. 그는 그 일에서 굉장한 재미를 맛보았다. 거기에는 새로움과 흥분과 모험이 있었다. 어느 날 밤, 그 배가 마담 뒤센의 농장과 접한 강가에 정박해 있을 때, 칼과 곤봉으로 무장한 흑인들이 배에 기어올랐다. 그들은 선원들을 죽여 그들의 시체를 강물에 던진 후 배의 화물을 도둑들의 본부가 있는 뉴올리언스로 가져갈 계획이었다.

링컨은 곤봉을 빼앗아 길고 강한 팔로 강도 세 명을 때려 강물에 던져버린 후, 뭍으로 나와 나머지 놈들을 추적했다. 그러나 싸움 중에 강도 하나가 칼로 링컨의 이마를 깊이 베는 바람에 그의 오른쪽 눈 위에 무덤까지 가져갈 상처를 남겼다. 톰 링컨이 청년 링컨을 개척지 농장에 잡아두는 것은 어림도 없는 일이었다.

뉴올리언스에 한 번 가본 적이 있는 링컨은 강에서 하는 다른 일자리를 얻었다. 일당 50센트와 보너스를 받고 링컨과 그의 이복형제와 육촌형제는 나무를 베고 통나무를 잘라낸 뒤 그것들을 제재소까지 띄워 보내 24미터 길이의 평저선을 만들고 그 안에 베이컨, 옥수수, 돼지를 실어 미시시피 강을 따라 이동시켰다. 링컨은 선원들을 위해 요리하고 배를 조종하고 이야기를 들려주고 카드놀이를 하고 큰 소리로 노래를 불렀다.

    터번 쓴 터키인이 세상을 조롱하고
    말아 올린 수염을 뽐내며 거들먹대지만

제1장 불행을 딛고 일어서다

누구 하나 봐주는 사람 없다네.

미시시피 강 여행은 링컨에게 깊고도 지워지지 않는 강한 인상을 남겼다. 여기서 헌던의 말을 들어보자.

뉴올리언스에서 링컨은 처음으로 노예제의 진정한 공포를 체감했다. '사슬에 묶인 채 채찍질 당하는 흑인들'을 본 그의 정의감은 이런 야만적 행위에 반기를 들었다. 그의 동료 한 사람이 말했듯이 "노예제는 그때 그 자리에서 그의 뇌리에 지워지지 않는 낙인을 남겼다."

어느 날 아침 도시를 거닐던 세 사람은 노예 경매장을 지나치게 되었다. 건강하고 예쁜 한 혼혈 소녀가 거래되고 있었다. 그녀는 입찰자들의 철저한 검사를 받았다. 그들은 소녀의 살을 꼬집어보고 경매장 안을 말처럼 이리저리 뛰어보게 했다. 이것은 경매인의 말대로 노예의 움직임을 살피고 그들이 팔려고 내놓은 물건이 쓸 만한지의 여부를 입찰자들이 직접 확인할 수 있게 하려는 것이었다. 이 모든 과정이 너무 혐오스러워 링컨은 '참을 수 없는 증오'를 느끼며 현장을 떠났다. 동료들에게 그만 가자고 하면서 그는 이렇게 말했다. "하느님 맙소사! 그만 가세. 만약 내게 저놈의 짓거리에 한 방 먹일 기회가 주어진다면, 아주 된통 제대로 먹일 걸세."

링컨이 뉴올리언스에서 일할 수 있게 해준 덴턴 오풋은 링컨을 아주 좋게 보았다. 오풋은 링컨의 유머와 이야기와 정직함을 마음에 들어 했다. 그는 이 청년을 고용하여 일리노이 주로 돌아가 나무를 베어 뉴 세일럼에 통나무로 된 식료 잡화점을 짓게 했다. 뉴 세일럼은 구불구불한 생기면 강 상류를 따라 높은 절벽 위에 자리잡은 15~20여 채의 오두막으로 이루어진 작은 마을이었다. 여기서 링컨은 상점의 점원으로 일하며 제분소와 제재소를 운영하기까지 했다. 그리고 이곳에서 6년을 살았다. 이 시기는 그의 미래에 엄청난 영향을 미쳤다.

이 마을에는 '클레이 숲의 악당들'이라는 거칠고 싸움 좋아하고 말썽을 일으키는 무리가 있었다. 이들은 자기들이 일리노이 주의 그 누구보다 술도 잘 마시고 불경스런 말을 하며 싸움도 잘하고 강한 주먹을 갖고 있다며 떠벌렸다.

사실 그들의 본성은 그리 나쁜 녀석들이 아니었다. 오히려 성실하고 솔직하고 통이 크고 동정심도 있었지만, 그저 너무 과시하기 좋아했을 뿐이다. 그래서 떠벌리기 좋아하는 덴턴 오풋이 마을에 와서 자신의 잡화점 점원인 링컨의 힘이 대단하다고 추켜세우자 이 패거리들은 반색하며 신출내기에게 뭔가 보여주겠다고 했다.

제1장 불행을 딛고 일어서다 ▪ 61

하지만 그들의 계획은 완전히 엇나가버렸다. 이 젊은 친구가 도보 경주와 높이뛰기에서 그들을 눌러 이겼고, 유난히 긴 팔로 큰 망치와 포탄을 그들보다 멀리 던졌기 때문이다. 게다가 링컨은 그들이 이해할 만한 우스갯소리를 할 수 있었고, 산간벽지에서의 생활 이야기로 그들을 몇 시간이고 웃게 만들었다.

'클레이 숲의 악당들'과의 관계에 관한 한, 링컨은 자신과 패거리의 우두머리인 잭 암스트롱의 레슬링 시합을 구경하기 위해 온 마을 사람들이 떡갈나무 아래 모인 날 뉴 세일럼에서 그의 인생 최고의 순간을 맞았다. 암스트롱을 제압하면서 링컨은 정점의 순간에 도달했다. 그때부터 '클레이 숲의 악당들'은 그를 친구로 맞아들이고 그에게 충성을 맹세했다. 그들은 링컨을 경마 경주와 닭싸움의 심판으로 임명했다. 그리고 링컨이 일거리도 없고 집도 없을 때, 그들의 오두막으로 데려가 먹을 것과 잠잘 곳을 마련해 주었다.

링컨은 이곳 뉴 세일럼에서 그가 오랫동안 찾아왔던 기회를 발견했다. 그것은 두려움을 정복하고 대중 앞에서 말하는 법을 배울 기회였다. 인디애나에서 살던 시절 이런 종류의 기회라고는 그저 들판의 소규모 일꾼들 앞에서 말하는 것이 고작이었다. 하지만 뉴 세일럼에서는 매주 토요일 밤 러틀리지 선술집의 식당에서 모이는 조직화된 '문학회'가 있었다. 링컨은 재빨리 이 모임에 가입한 후 그 활동에서 주도적인 역할을 맡아 자신이 직접 쓴 시를 낭송하기도 하고, 생거먼 강의 운항과 같은 주제에 대해 즉석 연설을 했으며 당시의 다양한 쟁점에 대해 논쟁을 했다.

이 활동은 매우 소중한 체험이었다. 그것은 링컨의 정신적 지평을 넓혀주었고 그의 야망을 일깨웠다. 그는 자신이 말을 통해 남의 마음을 움직이게 하는 특별한 능력이 있음을 발견했다. 이런 깨달음은 다른 무엇보다 그에게 용기와 자신감을 갖게 해주었다.

몇 개월 지나지 않아 오풋의 매장은 망했고 링컨은 실업자가 되었다. 선거철이 다가왔으며 나라가 선거 열기로 들끓기 시작하면서 링컨은 자신의 연설 능력을 십분 활용해 보기로 했다.

지역의 학교 교사였던 그레이엄의 도움을 받아 그는 몇 주간 자신의 첫 번째 대중연설을 열심히 준비했다. 이 연설에서 그는 주 의회에 입후보했음을 공표했다. 그는 '내면의 발전, 생거먼 강의 운항, 양질의 교육, 정의' 등의 주제를 이야기했고 다음과 같이 마무리를 지었다.

"저는 가장 미천한 신분으로 태어났고 계속 그렇게 살아왔습니다. 또 저를 추천해 줄 부유하고 유명한 친척이나 친구도 없습니다. 하지만 현명하신 분들이 나름의 생각으로 제가 나서지 않는 게 좋겠다고 판단하신다 해도, 저는 실망에 너무 익숙하기 때문에 그리 크게 원통해하지는 않을 것입니다."

그로부터 며칠 뒤에 말을 탄 사람이 뉴 세일럼에 들이닥쳤다. 그는 소크족 인디언 추장 블랙 호크가 자신의 전사들을 이끌고 출정 길에 나서 집들을 불태우고 여자들을 잡아가며 정착민들을 학살하고 로크 강을 따라 핏빛 공포를 확산시키고 있다는 놀라운 소식을 전했다.

레이놀즈 주지사는 극심한 공포를 느끼며 지원병을 모집했다. '무일푼의 실업자에다 공직에 출사표를 던진' 링컨은 30일간 군에 입대하여 지휘관으로 선출된 뒤 '클레이 숲의 악당들'을 훈련시키려 했다. 그러나 그들은 그의 명령에 "지옥에나 가라!"고 되받아쳤다.

헌던에 의하면 링컨은 블랙 호크 전투에 참여한 경험을 '휴일의 소일거리나 일종의 닭서리 정도'로밖에 보지 않았다고 한다. 그에게 그 일은 대체로 그 정도였다.

훗날 의회에서 행한 연설에서 링컨은 자신은 어떤 인디언도 공격한 적이 없지만, "야생 양파를 향해 돌격한 적은 있다."고 밝혔다. 또 그는 어떤 인디언도 보지 못했지만, "모기떼와는 유혈이 낭자한 전투를 아주 많이 치렀다."고 말했다.

전쟁에서 돌아온 '링컨 대위'는 다시 선거전에 뛰어들어 가가호호 찾아다니며 악수를 하고 이야기를 하고 모든 사람의 의견에 맞장구 쳐주며 사람들이 모인 곳에서는 언제 어디서나 연설을 했다.

링컨은 뉴 세일럼의 208표 중 3표를 제외한 모두를 확보했지만 선거에서 패배했다. 그러나 2년 뒤에 다시 출마하여 당선되었다. 그리고 의회에 입고 갈 옷을 사기 위해 돈을 빌려야 했다. 이후 1836년, 1838년, 그리고 1840년 등 세 번 당선되었다.

당시 뉴 세일럼에는 아내가 하숙을 치며 살림을 꾸려가는 동안 낚시질을 하거나 바이올린을 켜고 시나 읊조리며 빈둥대는 아무짝에도 소용없는 한 남자가 살고 있었다. 마을 사람들 대부분은 잭 켈소를 실패자라며 경멸했다. 하지만 링컨은 그를 좋아해 친구처럼 지냈고 그에게 큰 영향을 받았다. 켈소를 만나기 전, 셰익스피어와 번즈는 링컨에게 별 의미 없는 존재였다. 그들은 단지 이름일 뿐이었고, 그것도 모호한 이름들이었다. 그러나 이제 잭 켈소가《햄릿》을 읽고《맥베스》를 암송하는 것을 들으며 링컨은 난생 처음 언어가 빚어내는 교향악이 어떤 것인지를 실감했다. 그것은 정말 무한한 아름다움을 지닌 언어였고, 감각과 감정에 회오리바람을 일으켰다.

셰익스피어가 경외감을 느끼게 했다면, 보비 번즈는 사랑과 연민의 감정을 자극했다. 심지어 링컨은 번즈와 동류의식을 느꼈다. 번즈는 링컨처럼 가난했고, 그가 태어난 곳보다 더 나을 것 없는 오두막에서 태어났다. 번즈 역시 쟁기질을 하는 농부였다. 그러나 그에게 들쥐의 보금자리를 갈아버리는 일은 작은 비극이었고, 시 속에 포착되어 불멸화될 가치가 있는 사건이었다. 번즈와 셰익스피어의 시를 통해 에이브러햄 링컨은 의미와 느낌과 사랑스러움으로 이루어진 완전히 새로운 세계를 알게 되었다.

그러나 그에게 가장 놀라운 사실은 셰익스피어도 번즈도 대학을 나오지 않았다는 것이었다. 그들 모두 링컨보다 교육 수준이 별로 높지 않았다. 때로 그는 무식한 아버지 톰 링컨의 아들로 태어나 제대로 된 학교 교육을 받지 못한 자기도 훌륭한 일을 할 수 있지 않을까 생각했다. 어쩌면 잡화를 팔거나 대장장이 일을 하면서 평생을 살지 않아도 될 것 같았다.

그때부터 번즈와 셰익스피어는 링컨이 좋아하는 작가가 되었다. 그는 여타의 모든 작가들을 합한 것보다 셰익스피어의 글을 더 많이 읽었고, 이 독서는 그의 문체에 흔적을 남겼다. 백악관의 주인이 된 후에도 남북전쟁으로 인한 부담과 근심이 그의 얼굴에 깊은 고랑을 파놓을 때 그는 셰익스피어와 많은 시간을 함께했다. 그 바쁜 와중에도 셰익스피어 전문가들과 그의 희곡에 대해 토론했으며, 특정 구절과 관련하여 편지를 주고받기도 했다. 총을 맞은 그 주에도 그는 친구들 앞에서 두 시간 동안 《맥베스》를 큰 소리로 읽었다. 실속 없고 천하태평이었던 뉴 세일럼의 어부 잭 켈소의 영향은 이렇게 백악관에까지 가 닿았다.

최초로 뉴 세일럼을 일으켜 세우고 선술집을 운영하던 남부 출신의 제임스 러틀리지에게는 앤이라는 이름의 아주 매력적인 딸이 있었다. 링컨과 만났을 때 그녀는 겨우 19살로 푸른 눈과 적갈색 머리칼을 지닌 아름다운 소녀였다. 그녀가 이미 마을에서 가장 부유한 상인과 약혼했다는 사실에도 불구하고 링컨은 그녀와 사랑에 빠졌다. 앤은 존 맥닐의 아내가 되기로 이미 약속한 상태였지만, 그녀가 2년의 대학 교육을 마칠 때까지 결혼은 하지 않기로 양해가 되어 있었다.

링컨이 뉴 세일럼에 도착한 지 그리 오래 지나지 않아 이상한 일이 일어났다. 맥닐은 그의 가게를 팔고 뉴욕 주로 돌아가 부모님과 가족을 일리노이 주로 데려오겠다고 말하면서 마을을 떠나기 전 앤 러틀리지에게 아주 놀라운 어떤 사실을 고백했다. 하지만 그녀는 어렸고 그를 사랑했으며 그의 이야기를 믿었다. 며칠 뒤 그는 앤에게 손을 흔들며 세일럼을 떠났고 자주 편지하겠다고 약속했다.

당시 링컨은 마을 우체부였다. 우편물은 일주일에 두 번 역마차 편에 도착했지만 물량은 거의 없었다. 편지 한 통 보내는데 거리에 따라 6센트에서 25센트의 비용이 들었기 때문이다. 링컨은 편지를 자기 모자에 넣어 배달했다. 사람들이 자기에게 편지 온 거 없느냐고 물으면 그는 모자를 벗어 그 안의 우편물을 확인했다.

매주 두 차례 앤 러틀리지는 편지 온 거 없는지 물었다. 3개월이 지나서야 첫 번째 편지가 도착했다. 맥닐은 오하이오 강을 건너다가 열병에 걸려 3주 동안 앓아누웠고 얼마간은 의식을 잃었기 때문에 빨리 편지를 쓸 수 없었노라고 설명했다. 다음 편지는 3개월이 더 지나서야 도착했는데, 차라리 안 보내느니만 못 했다. 내용은 차갑고 모호했다. 그는 자기 아버지가 몹시 편찮으시며 자신은 아버지의 채권자들에게 시달리고 있고 언제 돌아올지 모르겠다고 써 보냈다.

그 후에도 앤은 여러 달 동안 더 많은 편지를 기다렸지만 감감 무소식이었다. 맥닐은 정말 그녀를 사랑하기는 했던 걸까? 이제 그녀의 마음에 의심이 싹트기 시작했다. 낙심한 그녀를 보다 못한 링컨은 자신이 맥닐을 찾아보겠다고 자청했다. 이에 그녀가 말했다. "아녜요. 그 사람은 제가 어디에 있는지 알아요. 만약 그가 제게 편지를 보낼 정도의 마음도 없다면, 저도 당신에게 그를 찾아보게 할 마음이 없네요."

그 뒤 그녀는 아버지에게 맥닐이 떠나기 전에 한 놀라운 고백의 내용을 이야기했다. 그때 그는 자신이 오랫동안 가명을 쓰고 살아왔음을 털어놓았다. 그의 진짜 이름은 뉴 세일럼의 모든 주민이 알고 있는 맥닐이 아니라 맥나머였다.

그는 왜 이런 사기놀음을 벌인 걸까? 맥닐의 설명에 의하면, 그의 아버지가 뉴욕 주에서 사업에 실패하여 많은 빚을 지게 되었고, 장남이었던 자신은 목적지를 밝히지 않은 채 돈을 벌기 위해 서부로 왔다는 것이다. 그는 만약 자기가 실명을 사용하면 그의 가족이 그가 있는 곳을 알아내 찾아올 것이고 그러면 그가 그들 모두를 부양하게 될 것을 우려했다고 한다. 새로운 시작을 위해 고군분투하는 상황에서 그는 이런 부담을 떠안고 싶지 않았단다. 가족의 부양까지 책임지면 그의 성공이 몇 년간 지체될지도 모르는 일이었기에 가명을 사용했단다. 그러나 이제는 어느 정도 재산을 모았기 때문에 부모님을 일리노이 주로 모셔와 함께 살 작정이었다고 했다.

이 이야기가 마을에 퍼지자 한바탕 큰 파문이 일었다. 사람들은 그를 거짓말쟁이라 부르며 사기꾼으로 낙인찍었다. 상황이 좋지 않아 보였고 소문은 상황의 나쁜 면만을 보았다. 그가 실제로 어떤 사람인지 알 수 있는 방법은 없었다. 아마 그는 이미 결혼했는지도 모른다. 두세 명의 아내를 숨기고 있을지도 모를 일이다. 누가 알겠는가? 또는 은행 강도이거나 살인자일 수도 있다. 이런 사람일지도 모르고 저런 사람일지도 모른다. 그는 앤 러틀리지를 버렸고, 앤은 그에 대해 신에게 감사해야 했다.

이상이 뉴 세일럼 주민들의 판단이었다. 링컨은 아무 말도 안 했지만, 생각은 많이 했다. 마침내 그가 기대하고 소망하던 기회가 찾아왔던 것이다.

5 앤 러틀리지의 죽음

　러틀리지 선술집은 거칠고 풍상에 시달린 모습이 변경 지역에 산재한 수많은 다른 통나무집들과 전혀 다를 바 없었다. 그곳에 처음 발걸음을 한 사람도 특별히 눈길을 줄 만한 것은 없었을 것이다. 그러나 링컨은 지금 그곳에서 눈을 뗄 수 없었고 그곳에 마음을 두지 않을 수도 없었다. 그에게 이 집은 우주의 중심이었기에 그곳 문지방을 넘을 때마다 심장이 방망이질을 해댔다.

　그는 잭 켈소에게 빌린 셰익스피어 희곡집을 들고 매장 카운터 위에 누워 책장을 넘기며 다음 구절을 읽고 또 읽었다.

　　쉿! 가만! 저 창문으로 스며드는 빛은 무엇일까?
　　저쪽은 동쪽하늘이니까 줄리엣이 바로 태양이로구나.

　그는 책을 덮었다. 읽을 수가 없었다. 생각할 수도 없었다. 그는 한 시간 동안 그곳에 누워 앤이 전날 밤에 한 모든 사랑스러운 말들을 꿈꾸고 되새김질했다. 그는 지금 오직 한 가지만을 위해 살았다. 바로 앤과 함께 보낸 시간들이었다.

당시에는 퀼트 모임이 유행이었고, 앤은 항상 이런 모임에 초대받았다. 그녀의 가느다란 손가락은 아주 빠르고 솜씨 있게 바늘을 놀려댔다. 링컨은 아침에 퀼트 모임이 열리는 곳에 그녀를 데려다주고 저녁에 다시 데리러오곤 했다. 한 번은 대담하게도 좀처럼 남자들의 출입이 허용되지 않는 그 집에 들어가 그녀 옆에 앉은 적이 있었다. 앤은 심장이 고동쳤고 얼굴에는 홍조가 피어올랐다. 그녀는 흥분을 가누지 못해 바느질도 비틀비틀했다. 나이 지긋한 여인들은 그것을 알아보고 빙그레 웃었다. 집주인은 이 퀼트를 오래도록 보관했고, 링컨이 대통령이 된 후에는 집을 찾은 손님들에게 자랑스럽게 그것을 내보이며 대통령의 애인이 흥분했던 증거인 고르지 않은 바느질을 가리켜 보였다.

여름날 저녁에 링컨과 앤은 나무들 사이에서 쏙독새들이 노래하고 반딧불이들이 황금빛 실로 밤하늘에 수를 놓는 생기면 강둑을 거닐었다. 또 가을에는 떡갈나무들이 붉은 빛으로 물들고 히코리나무 열매들이 땅에 후두두 떨어지는 숲을 산책했다. 그리고 겨울에는 눈이 내린 후에 '모든 떡갈나무, 물푸레나무, 호두나무가 백작이 입기에도 너무 귀한 흰 담비 옷을 걸치고, 느릅나무의 가장 약한 가지에도 알알이 진주가 맺혀 있는' 숲속을 걸었다.

이제 두 연인에게 인생은 신성한 부드러움으로 채색되었고, 새롭고 신비롭고 아름다운 의미를 띠게 되었다. 링컨이 앤의 푸른 눈을 바라보기만 해도 그녀의 심장은 가슴속에서 노래했다. 여자의 손을 건드리기만 해도 남자는 숨이 멎었고 세상이 이렇게 황홀한 기쁨이 있다는 사실에 벅찬 감동을 느꼈다.

이 일이 있기 얼마 전, 링컨은 목사의 술고래 아들인 베리와 사업을 벌인 적이 있었다. 작은 마을 뉴 세일럼은 죽어가고 있었고, 그곳의 모든 가게들은 숨을 헐떡이고 있었다. 하지만 상황 파악을 제대로 하지 못한 링컨과 베리는 이 다 쓰러져가는 통나무집 잡화점 세 개를 매입한 후 하나로 합쳐 그들 자신의 가게를 열었다.

어느 날 아이오와로 향하던 한 이주자가 링컨과 베리의 가게 앞에 덮개를 씌운 자신의 마차를 세웠다. 길은 질척댔고 말들은 지쳐 있었기 때문에 그 사람은 자기 짐을 줄이기로 했다. 그래서 그는 링컨에게 많은 가재도구를 팔았다. 링컨은 이 물건들을 원치 않았지만, 그의 말이 너무 불쌍해 보여 그에게 50센트를 지불했고, 물건도 살피지 않은 채 가게 안쪽 방에 처박아두었다.

2주일 뒤에 자신이 산 물건이 궁금해진 링컨은 통 속에 들어 있던 물건들을 바닥에 쏟아냈다. 별 쓸모없는 물건들 속에서 그는 블랙스톤의 법령 해설집 전집을 발견했고, 그것을 읽기 시작했다. 농부들은 들에서 일하느라 바쁘고 손님도 별로 없었기 때문에 그는 시간이 많았다. 책을 읽을수록 그는 더욱 흥미를 느꼈다. 이토록 책에 빠져든 적이 없을 정도였다. 그는 내쳐 계속 읽어 네 권 모두를 탐독했다.

그때 링컨은 변호사가 되겠다는 중대한 결심을 했다. 그는 앤 러틀리지가 자랑스럽게 결혼할 만한 남자가 되고 싶었다. 앤은 그의 계획에 찬성했고, 두 사람은 링컨이 법 공부를 마치고 변호사 개업을 하자마자 곧 결혼하기로 했다.

블랙스톤 전집에 대한 공부를 끝낸 링컨은 블랙 호크 전투에서 만난 적이 있는 변호사에게 다른 법률서를 빌리기 위해 32킬로미터 떨어진 스프링필드를 향해 길을 떠났다. 집에 돌아오는 길에 그는 한 손에 책을 펼쳐들고 걸으면서 공부했다. 어려운 구절을 만나면 발길을 멈추고 완전히 이해할 때까지 그 부분에 집중했다.

20~30쪽을 다 소화할 때까지 계속 읽었고 어둠이 내리고 눈에 더 이상 글자가 보이지 않아야 비로소 멈추었다. 별이 뜨고 배가 고파지자 그는 걸음을 재촉했다.

이제 링컨은 책에서 눈을 떼지 않았고 그 외의 다른 것에는 거의 신경 쓰지 않았다. 낮에는 가게 옆에 자라고 있던 느릅나무 그늘에 누워 맨발을 나뭇가지에 걸쳐 놓은 채 책을 읽었고, 밤에는 통 제조업자의 가게에서 폐기물들을 태운 빛에 의지해 독서 삼매경에 빠져들었다. 그는 자주 큰 소리로 책을 읽었고 이따금씩 책을 덮고는 자신이 방금 읽은 구절의 의미를 적은 후 어린아이도 이해할 수 있을 정도로 의미가 명료해질 때까지 계속해서 수정하고 고쳐 표현했다.

강가를 산책하든, 숲 속을 거닐거나 들에 일하러 나가든, 어디를 가건 링컨은 치티나 블랙스톤의 책을 갖고 다녔다. 링컨에게 땔나무 베는 일을 시킨 한 농부는 한낮에 헛간 모퉁이를 돌아간 곳에서 링컨이 맨발인 채로 장작더미 위에 앉아 법전을 들여다보고 있는 모습을 발견한 적이 있다.

멘토 그레이엄은 링컨에게 정치와 법률 분야에서 성공하려면 문법을 알아야 한다고 말했다. "문법책을 어디서 빌릴 수 있죠?" 링컨이 물었고, 그레이엄은 10킬로미터 떨어진 곳에 사는 존 밴스라는 농부가 《커크햄의 문법》이라는 책을 갖고 있다고 답했다. 링컨은 당장 일어나 모자를 쓰고는 길을 나섰다.

그는 커크햄의 책을 아주 빠르게 마스터하여 그레이엄을 놀라게 했다. 30년 뒤에 이 학교 교사는 자신이 5천 명 이상의 학생을 가르쳤지만, 그중에서도 링컨이 "단연 가장 학구적이었으며 성실하고 부지런하게 지식과 문학을 탐구했다."고 말했다. 또 "어떤 한 가지 생각을 표현하는 방법 세 가지 중 어떤 것이 가장 좋을지를 두고 많은 시간을 고민했다."는 말도 덧붙였다.

《커크햄의 문법》을 마스터한 후에 링컨은 기본의 《로마제국 흥망사》, 롤린의 《고대사》, 미국 군인들의 전기, 제퍼슨, 클레이, 웹스터의 전기, 그리고 톰 페인의 《이성의 시대》를 읽었다. 이 비범한 청년은 뉴 세일럼을 휘젓고 다니며, 읽고 공부하고 꿈꾸고 이야기를 하고 어디를 가든 많은 친구를 사귀었다. 지금은 작고한 당대의 뛰어난 링컨 학자 앨버트 J. 베버리지는 자신의 기념비적인 전기에서 이렇게 말했다.

링컨의 재치, 친절한 태도, 지식은 사람을 끌어당겼고, 이상한 옷차림과 투박한 어색함은 그를 홍보하는 효과를 냈다. 또 그의 짧은 바지는 특별한 흥미의 대상이자 이야깃거리가 되었다. 머지않아 '에이브 링컨'이라는 이름은 모르는 사람이 없을 정도가 되었다.

 마침내 링컨과 베리의 잡화점이 파산했다. 링컨은 책에 파묻혀 지내고 베리는 거의 술독에 빠져 지내는 상황에서 이것은 예견된 일이었고 파국은 불가피했다. 식비와 하숙비를 지불할 돈이 전혀 없던 링컨은 무슨 일이라도 해야 했다. 그래서 덤불을 베고 건초를 쌓고 울타리를 세우고 옥수수 껍질을 벗기고 제재소에서 일했으며 얼마간은 대장장이 일도 했다.
 또 멘토 그레이엄의 도움으로 삼각법과 대수를 배우기 시작하여 측량사가 될 준비를 했다. 그래서 외상으로 말 한 필과 나침반을 구입하고 체인으로 쓸 포도 덩굴을 준비한 뒤, 한 건당 37.5센트를 받고 마을의 땅을 측량하기 시작했다.
 그동안 러틀리지 선술집도 장사가 안 돼 문을 닫았고, 링컨의 애인은 한 농부의 부엌에서 하녀로 일해야 했다. 링컨은 곧 같은 농장에서 옥수수밭을 갈아주는 일을 얻었다. 그래서 저녁에는 부엌에서 앤의 설거지 일을 도왔다. 그는 앤의 곁에 있다는 생각만으로도 벅찬 행복을 느꼈다. 그 이후 그는 다시는 이런 황홀한 기쁨과 만족을 경험하지 못하게 된다. 죽기 직전 그는 한 친구에게 자기는 백악관에 있을 때보다 일리노이 주에서 맨발의 농장 일꾼으로 일했을 때가 더 행복했다고 고백했다.

그러나 이 연인들의 행복은 강렬했던 것만큼이나 짧았다. 1835년 8월, 앤이 병에 걸렸다. 처음에는 고통이 없었고, 그저 굉장한 피로를 느꼈을 뿐이었다. 그녀는 평소처럼 일을 하려고 했지만, 어느 날 아침 침대에서 몸을 일으킬 수가 없었다. 그날부터 열이 났고 그녀의 남동생은 말을 달려 뉴 세일럼으로 의사 앨런을 부르러 갔다. 그는 앤의 병이 장티푸스라고 진단했다. 앤의 몸은 불이 붙은 듯 뜨거웠지만, 발은 너무 차가워 뜨거운 돌로 따뜻하게 해줘야 했다. 그녀는 계속 물을 찾았지만 마실 수가 없었다. 지금은 의학의 발전으로 그녀에게 얼음찜질을 해주고 물도 충분히 마시게 했어야 했다는 것을 알고 있지만, 그때 앨런은 그 사실을 몰랐다.

그렇게 공포의 몇 주가 흘러갔다. 결국 앤은 기운이 다 소진되어 이불에서 손도 들어 올릴 수 없을 정도가 되었다. 앨런 박사는 절대 안정을 주문했고, 면회도 금지되었다. 그날 밤에는 링컨도 그녀를 보는 것이 허락되지 않았다. 그러나 그 다음 날과 그 다음 날에도 앤이 계속 링컨의 이름을 웅얼대며 애처롭게 그를 부르자 그들은 할 수 없이 링컨을 불렀다. 앤의 집에 도착한 링컨은 즉시 그녀의 침대 곁으로 갔고 문이 닫히고 두 사람만 남겨졌다. 이것이 연인들이 함께한 마지막 시간이었다.

다음 날 앤은 의식을 잃었고 사망할 때까지 계속 그 상태를 유지했다.

그 뒤의 몇 주는 링컨의 인생에서 가장 끔찍한 시기였다. 그는 잠도 못 자고 먹을 수도 없었다. 그는 거듭 살고 싶지 않다고 말하며 자살의 뜻을 내비쳤다. 친구들은 깜짝 놀라 그의 주머니칼을 빼앗았고 그가 강물에 몸을 던지지 않을까 예의주시했다. 그는 사람들을 피했고, 만난다 해도 말을 하지 않았으며 심지어 그들을 보는 것 같지도 않았다. 그저 다른 세계를 응시하면서 이 세계의 존재는 거의 의식하지 못하는 듯했다.

그는 매일 8킬로미터를 걸어 앤이 묻혀 있는 콩코드의 공동묘지에 갔다. 때로는 그곳에 너무 오래 앉아 있는 바람에 불안을 느낀 친구들이 쫓아가서 데려오기도 했다. 폭풍우가 몰아칠 때는 그녀의 무덤이 세찬 비에 난타당할 생각에 울었다. 어떤 때는 횡설수설 두서없는 말을 지껄이며 비틀비틀 생거먼 강가를 헤맸다. 그때 사람들은 그가 미쳐가고 있다며 두려워했다. 그래서 그들은 앨런 박사를 불렀다. 링컨을 진단한 의사는 그의 마음을 붙잡아줄 일이나 활동이 필요하다고 말했다.

마을에서 북쪽으로 1.6킬로미터 떨어진 곳에 링컨의 가장 가까운 친구 중 하나인 볼링 그린이 살고 있었다. 그는 링컨을 자기 집으로 데려가 돌봐주었다. 그곳은 조용하고 한적했다. 집 뒤로는 떡갈나무로 뒤덮인 절벽이 서쪽으로 이어져 있었고, 집 앞으로는 나무들로 둘러싸인 평평한 저지대가 생거민 강까지 펼쳐졌다. 낸시 그린은 링컨을 계속 바쁘게 몰아붙여 나무를 베고 감자를 캐고 사과를 따고 소젖을 짜며 그녀가 실을 짤 때 실타래를 들고 있게 했다.

이렇게 몇 주가 몇 개월이 되고 몇 개월이 몇 년이 되었다. 그러나 링컨은 슬픔에서 헤어나지 못했다. 앤이 세상을 떠난 지 2년 뒤인 1837년에 그는 주 의회의 한 동료 의원에게 이렇게 말했다. "이따금 제가 사람들 눈에 인생을 아주 즐겁게 사는 것처럼 비춰질지 모르지만, 혼자 있을 때면 너무 우울하여 주머니칼을 갖고 다니는 것이 두려울 정도입니다."

앤이 죽은 날부터 그는 변했다. 그때 그를 휘어감은 우울의 먹구름은 잠시 걷힐 때도 있었지만, 울적한 상태는 계속 더 심해져 그는 결국 일리노이 주에서 가장 슬픈 사람이 되었다. 동료 변호사 헌던은 나중에 이렇게 말했다. "지난 20년 동안 링컨이 단 하루라도 행복한 날이 있었는지 난 모르겠다. 그의 가장 두드러진 특징은 사라지지 않는 슬픔이었다. 그가 걸을 때마다 그의 몸에서는 우울함이 뚝뚝 떨어져 내렸다."

이때부터 생의 마지막 날까지 링컨은 슬픔과 죽음을 노래한 시를 좋아하다 못해 집착했다. 그는 종종 한 마디도 없이 몽상에 잠긴 채 우울의 화신과도 같은 모습으로 몇 시간이고 앉아 있다가 갑자기 《마지막 잎새》에 등장하는 다음 구절을 읊조리곤 했다.

> 그가 포개었던 앵두 같은 입술은
> 이끼 낀 대리석에 짓눌리고,
> 그의 귀를 즐겁게 해주던 이름은
> 묘비에 새겨진 지 오래되었네.

앤이 죽은 지 얼마 지나지 않아 그는 '아, 죽을 수밖에 없는 존재가 왜 이리 오만한 것인가?'로 시작하는 <죽을 운명>이라는 시를 외웠고, 그의 애송시가 되었다. 아무도 듣는 사람이 없을 때 그는 혼자 반복해서 읊조렸고, 일리노이 주의 시골 호텔에서는 사람들 앞에서 암송했으며, 대중연설 중에도 낭송했다. 백악관에서는 손님들 앞에서 암송했고, 친구들에게는 직접 적어주기도 했다. 그리고 이렇게 말했다. "만약 내가 이런 시를 쓸 수 있다면 빚에 허덕인다 해도 내가 지닌 모든 재산을 다 내줄 걸세."

그는 마지막 두 연을 가장 좋아했다.

> 그래! 희망과 절망, 기쁨과 고통은
> 햇빛과 빗속에 함께 뒤섞이는 법.
> 미소와 눈물과 기쁜 노래와 슬픈 노래는
> 파도를 쫓는 파도처럼 서로의 뒤를 쫓는다.
>
> 눈 한 번 깜짝하고 숨 한 번 내쉬는 사이에
> 활짝 핀 건강은 창백한 죽음으로,
> 호화판 술자리는 상여와 수의로 변한다.
> 아, 죽을 수밖에 없는 존재가 왜 이리 오만한 것인가?

앤 러틀리지가 묻혀 있는 오래된 콩코드 묘지는 삼면은 밀밭에, 나머지 한 면은 소와 양들이 풀을 뜯는 푸른 초지에 둘러싸인 조용한 농장 한가운데 평화롭게 자리하고 있었으나, 지금은 덤불과 덩굴만이 무성하게 자라 사람의 발길이 거의 끊겼다. 봄에는 메추라기가 그곳에 둥지를 틀고, 양들의 울음소리와 메추라기의 지저귐만이 그곳의 정적을 깰 뿐이다.

반세기 넘게 앤 러틀리지는 그곳에서 평화로이 잠들고 있었다. 그런데 1890년에 그 지역 장의사가 약 6킬로미터 떨어진 피터즈버그에 새 묘지를 개장했다. 피터즈버그에는 이미 로즈힐이라는 이름의 아름답고 넓은 공동묘지가 있었기 때문에 새 묘지의 부지 판매 상황이 신통치 않았다. 그래서 이 탐욕스런 장의사는 섬뜩한 계획을 생각해 냈는데, 그 내용인즉 링컨의 애인 무덤을 파내고 그녀의 유해를 자신의 묘지로 옮긴 후 그 사실을 홍보하여 부지 판매를 높인다는 것이었다.

그래서 그의 충격적인 고백을 정확히 그대로 인용하면, '1890년 5월 15일에, 혹은 그 무렵에' 그는 앤의 무덤을 열었다. 무엇을 발견했을까? 우리는 알고 있다. 지금도 피터즈버그에 살고 있는 한 점잖은 노부인이 그 이야기를 내게 해주었고 절대 거짓이 없음을 맹세했기 때문이다. 그녀는 앤 러틀리지의 사촌인 맥그래디 러틀리지의 딸이었다. 맥그래디 러틀리지는 들에서 자주 링컨과 일했고 그의 측량 일을 돕고 함께 식사하고 침대도 같이 썼다. 그래서 아마 그 누구보다 앤에 대한 링컨의 사랑에 대해 더 많은 것을 알고 있었을 것이다.

어느 조용한 여름날 저녁, 이 노부인은 자기 집 현관의 흔들의자에 앉아 내게 말했다. "아버지가 종종 말씀하시곤 했죠. 앤이 죽은 후 링컨이 8킬로미터 떨어진 앤의 무덤에 가서 너무 오래 머물렀기 때문에 아버지는 걱정이 되고 무슨 일이 일어날까 두려워 그곳에 가서 그를 데려오곤 했다고요. ……그래요. 앤의 무덤이 열렸을 때 아버지는 그 장의사와 함께 있었습니다. 그리고 아버지는 종종 앤의 흔적이라고는 그녀의 옷에 달려 있던 진주 단추 네 개뿐이었다고 말씀하셨지요."

그래서 그 장의사는 네 개의 진주 단추와 얼마간의 흙을 퍼낸 후 피터즈버그에 있는 자신의 새 오크랜드 공동묘지에 묻었다. 그리고 앤 러틀리지가 그곳에 묻혀 있다고 홍보했다.

이제 여름철이면 수천의 순례자들이 차를 몰고 그녀의 무덤으로 알려진 곳으로 몰려온다. 나는 그들이 머리를 숙이고 서서 네 개의 진주 단추 위에 눈물을 떨구는 것을 보았다. 그 단추들 위로 에드거 리 마스터스의 《스푼 리버 시집 *Spoon River Anthology*》에서 발췌한 다음 구절이 새겨진 아름다운 화강암 기념비가 서 있다.

보잘것없고 이름 없는 내게서
울려나오는 불멸의 음악.
'누구도 미워하지 말고 만인을 향한 자비심으로.'
내게서 나오는 수백만을 향한 수백만의 용서,
정의와 진리로 빛나는
한 국가의 자비로운 얼굴.
이 잡초 밑에서 잠자고 있는 나는
평생 에이브러햄 링컨의 사랑을 받고
결혼이 아니라 이별을 통해
그와 하나 된 앤 러틀리지.
영원히 꽃 피어라, 오 공화국이여,
내 가슴의 흙으로부터.

    그러나 앤의 신성한 유해는 본래의 자리인 콩코드 공동묘지에 묻혀 있다. 그 탐욕스러운 장의사는 그것을 옮기지 못했다. 앤과 그녀의 기억은 여전히 그곳에 있다. 메추라기가 지저귀고 야생장미가 피어나는 그 땅에 에이브러햄 링컨이 자신의 눈물로 신성하게 한 곳, 그가 자신의 심장이 묻혀 있다고 말한 곳, 그리고 앤 러틀리지의 안식처이다.

6 변호사 개업과 메리 토드와의 약혼

앤이 세상을 떠난 지 2년 뒤인 1837년 3월, 링컨은 뉴 세일럼에 등을 돌린 채 빌린 말을 타고 스프링필드로 향했다. 그의 말대로 '변호사로서의 삶을 실험'하기 위해서였다. 그는 안장주머니에 모든 소지품을 챙겨 넣었다. 그의 소유라고 해봐야 몇 권의 법률 서적과 여벌의 셔츠와 속옷 몇 벌이 전부였다.

스프링필드로 가던 날 아침, 링컨은 자기 소유의 현금이 한 푼도 없는 것도 모자라 1천100달러의 빚까지 지고 있었다. 뉴 세일럼에서 베리와 잡화점을 운영하면서 그 정도의 돈을 손해본 것이다. 그 당시 베리는 술에 빠져 살았고, 링컨 혼자서 부채를 떠안아야 했다.

사실 링컨이 빚을 갚아야 할 필요는 없었다. 사업이 실패하고 또 자기 혼자만의 책임도 아니라는 구실을 들어 법적으로 빠져나갈 구멍을 찾을 수도 있었다. 하지만 그것은 링컨의 방식이 아니었다. 그 대신 그는 채권자들을 찾아가 시간만 주면 이자까지 쳐서 한 푼도 남김없이 갚겠다고 약속했다. 이 제안에 피터 밴 버건이라는 한 사람만 빼고 모두가 동의했다. 피터는 즉각 소송을 걸고 판결을 받아 링컨의 말과 측량 기구를 공개 경매에 붙였다. 그러나 다른 사람들은 기다렸고, 링컨은 약속을 지키기 위해 14년 동안 아끼고 절약하며 돈을 긁어모았다. 의원 신분이었던 1848년에도 그는 자신의 봉급 일부를 고향에 보내 마지막 남은 빚을 청산했다.

스프링필드에 도착한 날 아침 링컨은 광장 북서쪽 구석에 있는 조슈아 F. 스피드의 잡화점 앞에 말을 묶어두었다. 이후의 이야기는 스피드에게 직접 들어보자.

링컨은 빌린 말을 타고 와서는 마을에 딱 하나뿐인 가구점에서 1인용 침대 틀을 예약했다. 그리고 내 가게로 들어오더니 안장주머니를 카운터 위에 놓고 1인용 침대 틀에 쓸 부속품의 값이 얼마나 될지 물었다. 내가 연필을 들고 석판에 계산을 해보니 필요한 부품 값이 총 17달러였다. 링컨이 말했다. "그 정도면 그리 비싼 것은 아니군요. 하지만 제게는 그나마도 지불할 돈이 없습니다.

크리스마스 때까지 제게 외상을 주시고 제가 여기서 변호사로 성공하면 그때 갚아드리겠습니다. 만약 변호사일이 여의치 않으면 아마 한 푼도 못 갚을지 모릅니다." 참 불쌍하고 측은하게 느껴질 정도로 목소리가 너무 우울했다.

그를 보며 나는 내 평생 그렇게 어둡고 음울한 얼굴은 본 적이 없다고 생각했다. 지금까지도 그런 얼굴은 못 본 것 같다. 내가 그에게 말했다. "그렇게 큰 빚도 아닌 것에 너무 마음을 쓰는 것 같군요. 내게 계획이 있는데, 그대로만 하면 빚을 한 푼도 안 지고 목적을 달성할 수 있을 겁니다. 내게 큰 방 하나와 아주 큰 2인용 침대가 있는데, 원한다면 기꺼이 같이 쓰게 해드리지요." "방은 어디 있죠?" 그가 물었다. "2층에요." 내가 방으로 연결되는 계단을 가리키며 대답했다. 그는 한 마디도 없이 안장주머니를 들고는 2층으로 가서 짐을 내려놓고 다시 내려왔다. 그리고 환하게 웃으며 외쳤다. "와우! 스피드 씨. 저 감동했어요."

그렇게 링컨은 5년 반 동안 가게 위의 방에서 돈 한 푼 안 내고 스피드 씨와 한 침대를 썼다. 또 다른 친구인 윌리엄 버틀러는 링컨을 그의 집으로 데려가 먹이고 재워주었을 뿐 아니라, 옷도 많이 사주었다. 아마 링컨은 형편이 될 때 조금이나마 신세를 갚았을지 모르지만, 버틀러 쪽에서 구체적으로 대가를 요구한 것은 아니었다. 이 모든 것은 친구들 사이의 우연한 합의이자 일처리 방식이었다. 그리고 링컨은 일이 이렇게 풀린 것에 대해 신에게 감사했다. 버틀러와 스피드의 도움이 없었다면, 결코 변호사로 성공할 수 없었을 것이기 때문이다.

링컨은 스튜어트라는 변호사와 동업했는데, 그는 대부분의 시간을 정치에 투입했고 일상적인 사무실 업무는 링컨에게 떠안겼다. 그러나 챙겨야 할 일상적인 업무라는 것도 많지 않았고, 거창하게 사무실이라 부를 것도 없었다. 비품이라고 해야 '작고 더러운 침대 하나, 물소 가죽으로 만든 덮개, 의자 하나, 긴 의자 하나' 그리고 법률 서적 몇 권이 꽂혀 있는 일종의 책장이 전부였다.

사무실 기록에는 처음 6개월 동안 수임료는 겨우 다섯 번 받은 것으로 나와 있다. 2달러 50센트 한 번, 5달러 두 번, 10달러 한 번이었다. 그리고 나머지 한 번은 현금 대신 외투를 받아야 했다.

실망이 너무 컸던 링컨은 어느 날 스프링필드에 있는 페이지 이튼 목공소에 들러 변호사 일을 그만두고 목수로 일해 볼 생각이 있다고 고백했다. 그보다 몇 년 전

제1장 불행을 딛고 일어서다

뉴 세일럼에서 법을 공부할 때 링컨은 책과 씨름하는 일을 포기하고 대장장이가 되는 문제를 진지하게 고민한 적도 있었다.

스프링필드에서의 첫해는 링컨에게 외로운 시기였다. 그가 만난 자들은 저녁에 스피드 씨의 가게 뒤에 모여 정치 문제로 갑론을박하며 시간을 뭉개는 사람들뿐이었다. 링컨은 일요일에 교회에 가지 않았다. 스프링필드에 있는 교회 같은 멋진 곳에서 어떻게 처신해야 할지 몰랐기 때문이라는 것이 그가 말한 이유였다.

그 첫해에 그에게 말을 붙인 여성은 딱 한 명뿐이었다. 그리고 링컨은 친구에게 보낸 편지에서 '피할 수만 있었다면' 그녀도 나와 말을 섞으려고 하지 않았을 거라고 썼다. 그러나 1839년에 링컨에게 말을 걸었을 뿐 아니라 그에게 구애하고 그와 결혼까지 결심한 여자가 마을에 나타났다. 그녀의 이름은 메리 토드였다. 누군가 링컨에게 토드(Todd) 가문의 사람들은 왜 성에 d를 두 개나 쓰는지 물은 적이 있는데, 그때 링컨은 신(God)은 하나의 d로 족하지만 토드 가문의 사람들은 두 개가 필요했을 거라고 답했다.

토드 가문은 6세기까지 거슬러 올라가는 족보를 자랑했다. 메리 토드의 조부, 증조부, 그리고 그 형제들은 장군이고 주지사였으며, 한 사람은 해군성 장관을 역임했다. 메리 토드 자신은 켄터키 주 렉싱턴에 위치한 프랑스식 교육을 하는 다소 속물적인 학교에서 공부했다. 이 학교는 마담 빅토리 샬롯 르졸레르 멘텔과 그의 남편이 운영했는데, 이 두 사람은 프랑스 혁명 당시 단두대의 위험을 피해 도망쳐 온 프랑스 귀족이었다. 그들은 파리식 표준 억양의 프랑스어와 베르사유 궁전에서 추던 고급스런 궁정 춤인 코티용과 서카시안 서클을 가르쳤다.

메리는 태도가 건방지고 오만했으며 자신의 우월성을 과신했고, 자기가 언젠가는 미국의 대통령이 될 남자와 결혼하리라는 확신을 갖고 있었다. 믿기지 않을지 모르지만, 그녀는 실제로 그렇게 믿었을 뿐만 아니라 드러내놓고 그 사실을 자랑했다. 그것은 말도 안 되는 소리로 들렸고, 사람들은 당연히 코웃음을 치고 이러니저러니 말을 했지만, 그 무엇도 그 확신을 뒤흔들거나 그녀의 호언장담을 막지 못했다.

그녀의 언니는 메리에 대해 "동생은 화려한 것, 과시하기, 허식, 그리고 권력을 좋아했고 야망이 아주 큰 여자"였다고 말했다. 또 메리는 불행히도 불같은 성질을 자제하지 못하는 경우가 많았다. 그래서 1839년의 어느 날, 새어머니와 한바탕 싸우고 나서는 현관문을 쾅 닫아버린 후 씩씩대며 아버지 집에서 나가 스프링필드에 사는 결혼한 언니 집으로 가버렸다.

만약 그녀가 미래의 대통령과 결혼하기로 결심했다면, 장소는 확실히 제대로 고른 셈이었다. 그녀의 꿈이 실현될 가능성이 일리노이 주의 스프링필드보다 더 높았던 곳은 세상 그 어디에도 없었기 때문이다. 당시 그곳은 포장도로도, 가로등도, 인도도, 하수관도 없고, 나무 없는 초원 위로 제멋대로 뻗어 있는 변경의 지저분한 작은 마을이었다. 소들은 마을 주변을 마음대로 배회했고 돼지들은 큰 길의 진구렁에서 뒹굴었으며, 공기는 썩은 거름더미에서 나는 악취로 진동했다. 마을 인구는 다 합해도 1천500명밖에 되지 않았다. 그러나 1860년에 대통령 후보가 될 운명이었던 두 젊은이가 1839년에 스프링필드에 살고 있었다. 바로 민주당 북부 진영의 후보인 스티븐 A. 더글러스와 공화당 후보인 에이브러햄 링컨이었다.

두 사람 모두 메리 토드를 만났고, 둘 다 동시에 그녀에게 구애했으며, 둘 다 그녀를 팔에 안았다. 메리는 그 두 남자 모두가 자기에게 청혼했다고 말한 적이 있다. 어떤 구혼자와 결혼할 생각이냐고 물었을 때, 언니의 말에 따르면 메리는 항상 "대통령이 될 가능성이 가장 높은 남자"라고 답했다고 한다.

그것은 더글러스를 지칭하는 거나 마찬가지였다. 그때 그의 정치적 미래가 링컨의 미래보다 100배는 더 밝아보였기 때문이다. 겨우 26세의 젊은 나이임에도 더글러스는 이미 '작은 거인'으로 불렸고 또 국무장관이었다. 반면 링컨은 스피드의 가게 위 다락방에서 기생하며 하숙비도 제대로 못 내는 별 볼일 없는 변호사에 불과했다.

더글러스는 링컨이 자신의 주 밖에서 알려지기 훨씬 전부터 미국에서 가장 유력한 정치인의 한 사람이 될 운명이었다. 사실 링컨이 대통령이 되기 2년 전에 보통의 미국인이 그에 대해 알고 있던 것이라고는 그가 한때 똑똑하고 막강한 힘을 지닌 스티븐 A. 더글러스와 논쟁했다는 사실이 거의 유일했다.

메리의 친척들은 모두 그녀가 링컨보다는 더글러스에게 더 많은 관심을 가졌다고 여겼다. 아마 그랬을 것이다. 더글러스가 훨씬 더 여성들이 좋아할 만한 남자였다. 개인적 매력, 장래성, 매너, 그리고 사회적 지위에서 링컨보다는 그가 몇 수 위였다. 게다가 그의 목소리는 깊고 부드러웠으며 머리는 물결 모양의 올백 형태였다. 춤 솜씨 또한 대단했으며 달콤하고 기분 좋은 찬사로 메리에게 속삭이기까지 했다. 더글러스는 그녀의 이상형이었다. 메리는 거울을 보며 속삭였다. "메리 토드 더글러스." 듣기 좋았다. 그녀는 꿈속에서 자신이 백악관에서 그와 왈츠를 추고 있는 모습을 보았다.

그런데 더글러스는 메리와 교제하던 중에 바로 스프링필드의 광장에서 메리의 친한 친구의 남편인 신문사 편집인과 싸움을 하게 되었다. 아마 그녀는 이 일에 대해 자신의 생각을 그에게 말했을 것이다. 또 그가 공적인 연회에서 술에 취해 테이블 위로 올라가 왈츠를 추고 소리를 지르고 노래를 불러대며, 와인 잔과 구운 칠면조와 위스키 병과 육즙 소스를 바닥으로 걷어차 버린 일에 대해서도 뭐라고 한 마디 했을 것이다. 그리고 그가 그녀에게 관심을 주면서 한편에서 다른 여자와 춤을 추었을 때, 메리는 불쾌한 장면을 연출했다. 결국 두 사람의 교제는 파국을 맞았다. 여기서 베버리지 상원의원의 말을 들어보자.

비록 나중에 더글러스가 메리에게 청혼했다가 그의 도덕성에 문제가 있어 거절당했다고 발표되었지만 그 말은 분명 이런 경우에 흔한, 여자를 보호하기 위한 거짓 소문이었을 것이다. 빈틈없고 약삭빠르며 그 당시에도 세상 물정에 밝았던 더글러스는 결코 메리 토드에게 청혼하지 않았기 때문이다.

크게 실망한 메리는 그의 정적 중 하나인 에이브러햄 링컨에게 적극 관심을 보임으로써 더글러스의 질투심을 자극하려 했다. 그래도 더글러스는 돌아오지 않았고, 이에 그녀는 링컨을 붙잡을 계획을 세웠다. 메리 토드의 언니인 에드워즈 부인은 나중에 이 구애 과정을 이렇게 묘사했다.

나는 우연히도 그들이 함께 방에 있는 경우를 자주 목격했다. 대화를 주도하는 쪽은 언제나 메리였고, 링컨은 메리의 옆에 앉아서 귀를 기울였다. 그는 거의 한 마디도 하지 않지만, 마치 어떤 보이지 않는 거부할 수 없는 강한 힘에 이끌려 동생에게 빨려드는 것처럼 그 애를 응시했다. 그는 동생의 재치와 총명함에 매료되었지만, 메리처럼 교육받은 숙녀와의 지속적인 대화를 감당하기 힘들어했다.

그해 7월, 여러 달 동안 화제가 되었던 휘그당 대집회가 스프링필드에서 열려 온 마을이 인산인해를 이루었다. 사람들은 수백 마일 떨어진 곳에서 몰려와 깃발을 흔들었고 밴드는 악기를 울려댔다. 시카고 대표단은 쌍돛대의 정부 범선을 타고 일리노이 주 절반 정도의 거리를 이동했다. 배 위에서는 음악이 연주되고 아가씨들은 춤을 추었으며 공중으로 대포가 발사되었다.

민주당원들은 휘그당 후보인 윌리엄 헨리 해리슨을 통나무집에 살며 독한 사과술을 마시는 늙은 여자로 묘사하며 비아냥거렸다. 그래서 휘그당원들은 멍에를 단 황소 30마리가 끄는 수레에 통나무집을 싣고 스프링필드 거리를 휘저었다. 히코리나무가 통나무에 스쳐 흔들렸고, 나무 위에서는 너구리들이 놀았으며, 문 옆에는 독한 사과술 한 통이 언제든 마실 수 있게 준비되어 있었다.

밤에는 타오르는 횃불 밑에서 링컨이 정치 연설을 했다. 한 모임에서 그가 소속된 휘그당 사람들로부터, 귀족 행세를 하고 좋은 옷 입고 다니면서 평범한 사람들의 표를 요구한다는 비난을 접한 링컨은 이렇게 대답했다.

"저는 가난하고 낯설고 친구도 없고 교육도 못 받은 소년 시절에 일리노이 주에 왔습니다. 그래서 한 달에 8달러를 받고 평저선에서 일을 시작했습니다. 제게는 사슴 가죽으로 만든 짧은 바지 한 벌뿐이었습니다. 사슴 가죽은 물에 젖어 햇볕에 말리면 오그라듭니다. 그렇게 제 바지는 계속 줄어들어 급기야 그 끝단과 양말 윗부분 사이로 제 맨 다리가 몇 인치씩 노출되었습니다. 제 키가 자라는 동안 바지는 계속 젖으면서 더 짧아지고 통이 좁아져 결국 다리에 시퍼런 자국이 생기게 되었는데, 지금도 그 흔적이 남아 있습니다. 이제 여러분이 그런 멋진 옷을 입은 사람을 귀족이라 하신다면 저는 그 비난을 감수해야 할 것입니다."

청중들은 휘파람을 불고 소리를 지르며 환호했다. 링컨과 메리가 에드워즈의 집에 도착했을 때, 그녀는 링컨에게 그가 훌륭한 연설가이며 참 자랑스럽고 언젠가는 대통령이 될 것이라고 말했다.

링컨은 달빛 아래 서 있는 메리를 지긋이 내려다보았다. 그녀의 태도가 모든 것을 말해 주었다. 링컨은 그녀에게 다가가서 포옹하고 부드럽게 입을 맞추었다.

결혼식 날짜는 1841년 1월 1일로 정해졌다. 그런데 불과 6개월 남짓 남은 동안에 엄청난 폭풍우가 휘몰아쳤다.

제1장 불행을 딛고 일어서다

7 메리 토드와의 결혼

메리 토드와 에이브러햄 링컨이 약혼한 지 얼마 지나지 않아 메리는 링컨을 완전히 뜯어고치고 싶어 했다. 그녀는 그의 옷차림이 마음에 안 든다며 자주 자신의 아버지와 비교했다. 수십 년 동안 거의 매일 아침 그녀는 아버지 로버트 토드가 황금빛 손잡이의 지팡이를 들고 고급스런 푸른색 외투와 흰색 린넨 바지에 가죽 끈을 매단 단화 차림으로 렉싱턴 거리를 걷는 모습을 보았다. 반면 링컨은 날씨가 더울 때는 전혀 외투를 걸치지 않았고, 더욱 고약하게도 깃이 없는 옷을 입을 때도 있었다. 또 그는 보통 멜빵이 하나밖에 없는 바지를 입었으며, 단추가 떨어지면 나무못으로 단추를 대신했다.

이런 촌스럽고 대책 없는 패션 감각은 메리 토드를 화나게 했고, 그녀는 그런 느낌을 그대로 전했다. 불행히도 메리는 그 말을 할 때 상대를 배려하거나 재치를 발휘하지 않고 시퍼렇게 날선 감정 그대로 퍼부어댔다.

그녀는 궁정 사교춤인 코티용을 배웠을지는 몰라도 사람 대하는 기술은 전혀 배우지 못했다. 그래서 한 남자의 사랑을 끝장내는 가장 확실하고 빠른 길을 택했는데, 그것이 바로 잔소리였다. 메리는 링컨이 그녀를 피하고 싶어 할 정도로 그를 불편하게 만들었다. 링컨은 전처럼 일주일에 두세 번 밤에 그녀를 보러 오는 대신 열흘씩 연락을 끊기도 했다. 그러면 메리는 불평하는 편지를 보내어 그의 무심함을 맹렬히 비난했다.

그러던 차에 마틸다 에드워즈가 마을에 나타났다. 마틸다는 키가 크고 당당하며 매력적인 금발 여성으로, 메리의 형부인 니니언 W. 에드워즈의 사촌이었다. 그녀 역시 에드워즈 저택에 머물렀다. 링컨이 메리를 보러 왔을 때 마틸다는 그에게 강한 인상을 남기고 싶어 했다. 그녀는 파리식 표준 억양의 프랑스어를 할 줄 몰랐고 서카시안 서클 춤도 추지 못했지만, 남자 다루는 법은 잘 알고 있었고 링컨은 그녀를 점점 더 좋아하게 되었다. 마틸다가 방에 들어오면 링컨은 그녀를 보는데 정신을 빼앗기는 바람에 메리 토드의 말은 귓등으로 흘려들을 때도 있었다. 메리는 당연히 기분이 확 상했다.

한 번은 링컨이 메리를 무도회에 데려간 적이 있었는데 그는 춤에는 관심이 없었다. 그래서 메리가 다른 남자들과 춤을 추게 하고 자기는 구석에 앉아 마틸다와 대화했다. 메리는 링컨이 마틸다를 사랑하고 있다고 몰아세웠으며, 그는 그것을 부정하지 않았다. 이에 메리는 감정을 주체하지 못하고 울음을 터뜨렸다. 그리고 그에게 마틸다를 쳐다보지도 말라고 요구했다. 한때 전도유망했던 장밋빛 로맨스는 불화와 다툼으로 말미암아 흠잡기로 얼룩졌다.

이제 링컨은 자신과 메리가 교육, 배경, 기질, 취향, 사고방식 등 모든 면에서 완전히 상극임을 깨달았다. 그들은 끊임없이 서로를 화나게 했고, 링컨은 그들의 약혼을 깨야 하며 만약 결혼을 강행할 경우 불행을 피할 수 없을 거라고 결론 내렸다. 메리의 언니와 형부도 비슷한 결론에 도달했다. 그들은 메리에게 링컨과 결혼할 생각을 완전히 접으라고 강력히 설득하며, 두 사람은 서로에게 전혀 맞지 않고 절대 행복할 수 없다고 거듭 경고했다. 그러나 메리는 고집을 꺾지 않았다.

몇 주 동안 용기를 쥐어짜며 메리에게 이 고통스러운 진실을 전하기 위해 노력한 링컨은 어느 날 밤 스피드의 가게에 들러 난롯가로 걸어가더니 주머니에서 편지를 꺼내 스피드에게 읽어달라고 부탁했다. 여기서 스피드의 말을 들어보자.

그 편지는 메리 토드에게 보낼 것이었다. 링컨은 그 편지에 자신의 감정을 솔직하게 표현하여 자신이 이 문제를 아주 진지하게 숙고했고, 그 결과 메리와 결혼할 만큼 그녀를 충분히 사랑하지 않는 것 같다고 말했다. 링컨은 내가 이 편지를 전해 주기 원했다. 내가 그 제안을 거절하자 그는 다른 사람에게 부탁하겠다고 위협했다. 나는 그에게 그 편지를 메리의 손에 넘기는 순간 그녀가 그보다 유리한 입장에 서게 될 거라는 사실을 지적해 주었다. 내가 말했다. "사적인 대화에서의 말은 잊히거나 오해할 수도 있고 별 주목을 못 받을 수 있어. 하지만 글로 표현되면 영원한 기념비로 남게 되지." 그리고 나는 그 불길한 편지를 불 속에 던져버렸다.

결국 링컨이 그녀에게 뭐라고 말했는지는 정확히 알지 못한다. 하지만 베버리지 상원의원의 말대로 "링컨이 오웬스 양에게 보낸 마지막 편지 내용을 근거로 그가 메리 토드에게 뭐라고 썼을지를 짐작해 볼 수 있다."

링컨과 오웬스 양 사이에 있었던 일에 대한 이야기는 간단히 요약할 수 있다. 그 일은 4년 전에 일어났다. 그녀는 링컨이 뉴 세일럼에서 알고 지내던 베넷 아벨 부인의 동생이었다. 1836년 가을, 가족을 만나기 위해 켄터키로 돌아온 아벨 부인은 만약 링컨이 오웬스와 결혼하기로 할 경우 그녀를 일리노이 주로 데려오겠다고 말했다. 링컨은 오웬스를 3년 전에 본 적이 있었다. 그는 좋다고 말했고, 오웬스는 즉시 나타났다. 그녀는 미인이었고 세련되었으며 교육 수준도 높았고 돈도 있었다. 하지만 링컨은 그녀와의 결혼이 탐탁지 않았다. '그녀가 너무 나선다.'는 것이 링컨의 생각이었다. 게다가 그녀는 링컨보다 한 살 위였고 키가 작고 아주 뚱뚱했다. 링컨의 표현을 빌리면 '셰익스피어 희곡 속의 허풍쟁이 뚱보 기사 폴스타프와 아주 잘 어울리는 짝'이었다.

링컨이 말했다. "난 그녀가 전혀 마음에 들지 않습니다. 하지만 제가 뭘 할 수 있겠습니까?" 아벨 부인은 링컨이 약속을 지키게 하려고 몹시 안달했지만 링컨은 주저했다. 그는 자신의 '경솔한 결정을 계속 후회'하고 있음을 인정했고 아일랜드 사람이 교수대를 두려워하는 것처럼 그녀와의 결혼을 두려워했다. 그래서 그는 오웬스 양에게 편지를 보내 자신의 감정을 솔직하고도 재치 있게 표현하며 이 약속의 멍에를 벗어던지려 했다.

여기 그가 쓴 편지 하나가 있다. 1837년 5월 7일에 스프링필드에서 쓴 것으로, 나는 이를 통해 그가 메리 토드에게 뭐라고 썼을지 충분히 짐작할 수 있다고 믿는다.

친구 메리 오웬스 양에게

저는 이 편지를 보내기 위해 이미 두 통의 편지를 썼습니다. 하지만 절반도 쓰기 전에 마음에 안 들어 모두 찢어버렸습니다. 첫 번째 것은 진지성이 부족했고, 두 번째 것은 완전히 그 반대였지요. 그래서 어떻게 받아들이실지 모르겠으나 어쨌든 이 편지를 전합니다.

이곳 스프링필드에서의 삶은 단조롭고 지루합니다. 적어도 제게는 그렇습니다. 저는 그 어느 때보다 이곳에서 더욱 진한 외로움을 느낍니다. 제가 이곳에 온 이후 제게 말을 건 여성은 딱 한 명뿐이었고, 그것도 그녀가 피할 수만 있었다면 굳이 저와 말을 섞지 않았을 겁니다. 아직 교회에도 가본 적도 없고 아마 앞으로도 당분간은 그럴 것 같습니다. 그 이유는 어떻게 처신해야 할지 모르기 때문이지요. 저는 종종 오웬스 양이 스프링필드에 와서 사는 문제를 두고 우리가 했던 말들을 생각합니다. 저는 오웬스 양이 만족하지 못할까 두렵습니다. 이곳 사람들은 멋진 마차를 타고 다니며 부를 과시합니다. 하지만 저는 그런 여유를 부릴 수 없을 테고, 그것은 당신에게 고통 그 자체가 될 것입니다. 당신은 가난을 감출 수단도 없이 가난해야 할 것입니다. 자신이 이런 상황을 견딜 수 있을 거라 보시나요? 그가 누구든 앞으

제1장 불행을 딛고 일어서다 103

로 어떤 여성이 나와 운명을 함께하기로 할 경우, 그녀를 행복하고 만족스럽게 해주기 위해 최선을 다한다는 것이 제 생각입니다. 그래서 이 노력이 실패로 끝났을 때보다 저를 더 불행하게 할 일은 없을 듯합니다. 만약 당신이 확실히 만족하면서 살 수만 있다면, 저는 지금보다 당신과 함께 있을 때 훨씬 행복할 겁니다.

당신이 내게 한 말은 농담이었을지도 모르고, 아니면 제가 오해했을 수도 있습니다. 만약 그렇다면 다 잊읍시다. 만약 그런 것이 아니라면 결정하기 전에 진지하게 재고해 주기 바랍니다. 저는 이미 결정을 내렸습니다. 오웬스 양이 원하는 한 저는 제가 한 말을 지킬 것입니다. 하지만 저는 그러시지 않는 편이 좋으리라 생각합니다. 당신은 힘든 삶에 익숙해 있지 않습니다. 그것은 당신이 상상하는 것보다 더 힘들 수 있지요. 저는 당신이 어떤 문제에 대해서든 올바로 생각할 능력이 있음을 알고 있습니다. 그래서 결정하기 전에 이 문제를 깊이 숙고한다면, 저는 기꺼이 당신의 결정에 따를 것입니다.

이 글을 읽은 후 내게 길고 자세한 편지를 쓰셔야 할 겁니다. 그 일에만 전념하십시오. 쓴 편지가 별로 재미없게 느껴져도 이 바쁜 황무지에서는 아주 훌륭한 친구가 되어줄 수 있답니다. 그리고 언니에게 결혼에 대해 손을 떼라는 등의 그 어떤 이야기도 듣고 싶지 않다고 전해 주십시오. 그 일을 생각할 때마다 마음이 불안합니다. 그럼 이만 줄입니다.

– 링컨 드림

링컨과 메리 오웬스 사이에 일어났던 일은 이쯤 해두고, 이제 메리 토드와의 관계로 돌아가 보자. 스피드는 링컨이 토드에게 쓴 편지를 불 속에 던져버린 후 자신의 친구이자 룸메이트를 보며 말했다. "만약 자네가 남자라면 직접 메리를 만나서 말하게. 그녀를 사랑하지 않으면 그렇다고 말하고 그녀와 결혼하지 않을 것임을 분명히 밝히란 말일세. 말을 너무 많이 하지 않도록 조심하고, 가능한 빨리 그 자리를 떠나게."

스피드는 당시 상황을 이렇게 전하고 있다. "충고를 들은 링컨은 외투의 단추를 채우고 다소 결연한 표정으로 내가 지시한 진지한 임무를 수행하기 위해 길을 나섰다." 여기서 다시 헌던의 글을 인용해 보자.

그날 밤 스피드는 우리와 함께 2층의 침실로 올라오지 않았다. 그 대신 책을 읽고 싶다는 구실로 아래층의 가게에 남아 있었다. 그는 링컨이 돌아오기를 기다리고 있었다. 10시가 지났는데도 메리 토드와의 대화는 끝나지 않았다. 마침내 11시가 조금 지나 링컨이 성큼성큼 걸어 들어왔다. 스피드는 링컨이 밖에서 머문 시간으로 추측컨대 그가 자신의 지시를 따르지 않았음을 짐작했다.

"그래, 친구. 내가 시키는 대로 했나?" 스피드가 물었다. "그래." 링컨이 생각에 잠겨 대답했다. "사랑하지 않는다고 말했더니 눈물을 터뜨리고 의자에서 거의 튀어오르더니 고통을 못 참겠다는 듯 손을 비틀며 내가 사기꾼이라는 식으로 말하더군." 링컨이 말을 멈추었다.

"또 뭐라고 말했나?" 스피드가 캐물으며 사실을 알아내려 했다. "사실 말일세, 스피드. 그건 내게도 참 벅찬 일이었어. 내 뺨에도 눈물이 흐르더군. 난 그녀를 안고 키스해 버렸네."

"약혼을 깨는 방법도 참 가지가지군." 스피드가 조롱하듯 말했다. "자넨 멍청한 짓을 했어. 그런 행동은 약혼을 재확인하는 거나 마찬가지야. 이젠 체면상 철회할 수도 없게 된 거네."

"글쎄." 링컨이 느리게 말했다. "만약 그렇게 된 거면 어쩔 수 없지. 이미 벌어진 일이니 난 약속을 지킬 걸세."

몇 주가 흘러갔고 결혼식 날짜가 가까워졌다. 재봉사들은 메리 토드의 혼수 준비로 손을 바쁘게 놀렸고, 에드워즈 가의 저택은 새로 칠을 하고 거실의 장식도 다시 했으며 양탄자도 수선하고 가구도 반질반질하게 닦고 배치를 새로 했다.

그러나 그동안 에이브러햄 링컨에게는 끔찍한 일이 일어나고 있었다. 이런 경우는 말로 설명하기가 참 어렵다. 깊은 정신적 우울은 일반적인 유형의 슬픔과는 다르다. 그것은 마음과 몸 모두에 영향을 주는 위험한 질병이다.

링컨의 우울증은 날이 갈수록 심각해졌다. 그는 마음의 균형을 잡지 못했고, 말할 수 없는 고통이 오래 지속돼 완전히 회복될 수 있을지 심히 의심스러울 정도였다. 그는 분명 이 결혼에 동의했지만, 그의 온 영혼은 그것에 저항하고 있었다. 그것을 깨닫지 못한 채 그는 피할 구멍을 찾고 있었다. 그는 사무실에 가거나 그가 소속된 의회의 회의에 참석할 의욕도 느끼지 못한 채 가게 위의 방에 몇 시간이고 앉아 있었다. 때로는 새벽 3시에 일어나 아래층으로 내려와서 난로에 불을 피우고는 동틀 때까지 그 불길을 응시하며 앉아 있었다. 식사량도 줄어 살이 빠지기 시작했다. 또 짜증을 냈고 사람들을 피했으며 누구와도 말하려 하지 않았.

링컨은 눈앞으로 다가온 결혼의 공포로부터 뒷걸음치기 시작했고, 이러다가 이성을 잃게 될까 봐 두려워했다. 그의 마음은 어두운 심연으로 추락하는 듯했다. 링컨은 결국 신시내티에 있는 대니얼 드레이크 박사에게 긴 편지를 보냈다. 드레이크 박사는 서부에서 가장 유명한 의사였고 신시내티 대학 의과대학 학장이었다. 링컨은 자신의 증세를 설명하며 치료 방법을 알려달라고 부탁했다. 그러나 드레이크 박사는 직접 검사해 보지 않고는 그렇게 할 수 없다고 답했다.

결혼식은 1841년 1월 1일이었다. 그날 아침은 맑고 쾌청했다. 스프링필드의 귀족들은 썰매를 타고 다니며 새해 인사를 전했다. 말들은 콧김을 내뿜었고, 작은 종소리가 주위를 가득 메웠다.

에드워즈의 저택은 결혼식 막바지 준비로 부산했다. 새해 첫날 저녁, 땅거미가 지면서 촛불들이 은은히 타올랐고 창문에는 화환이 내걸렸다. 6시 30분에 손님들이 도착하기 시작했고, 6시 45분에 주례를 설 목사가 당도했다. 방들은 온갖 식물과 화려한 꽃들로 장식되었고, 난로에서는 큰 불길이 탁탁 소리를 내며 타올랐다. 사람들의 즐겁고 화기애애한 대화의 재잘거림이 온 집 안에 울려 퍼졌다.

시계가 7시를 알렸다. ……다시 7시 30분. 링컨은 아직 도착하지 않았다. 도착 예정 시간이 지났다. 시간은 계속 흘러갔다. 천천히, 무정하게. 현관에 있는 대형 괘종시계가 8시를 가리켰다. 다시 30분이 더 지나갔다. 여전히 신랑은 오지 않았다. 에드워즈 부인은 현관문으로 나가 불안하게 차도를 내려다보았다. 무슨 일이지? 설마 그 사람이……? 아냐! 그럴 리 없어!

가족들은 자리에서 일어나 서로 속삭이며 급하게 상의를 했다.

옆방에서는 실크 드레스를 차려 입고 면사포를 쓴 메리 토드가 머리에 장식한 꽃을 만지작거리며 초조하게 기다리고 또 기다렸다. 그녀는 계속 창가로 걸음을 옮겨 거리를 뚫어져라 쳐다보았다. 시계에서도 눈을 뗄 수 없었다. 손바닥은 축축해졌고 이마에는 송골송골 땀이 맺혔다. 다시 애간장을 태우며 한 시간이 지나갔다. 그는 결혼하겠다고 약속했다, 분명히.

9시 30분이 되자 손님들이 한 사람씩 자리를 떴다. 조용히, 의아해하고 난처해하며.

마지막 손님이 떠나가자 예비신부는 면사포를 찢고 머리에서 꽃을 잡아 뜯고는 흐느끼며 계단을 뛰어 올라가 침대 위에 몸을 내던졌다. 슬픔으로 가슴이 찢어질 지경이었다. 오, 하느님! 사람들이 뭐라고 말할까? 조롱하고 동정하겠지. 이런 망신이 어디 있나! 남부끄러워 어떻게 얼굴을 들고 다니지? 비통하고 격한 감정이 그녀의 온몸을 휘감았다. 한 순간은 링컨이 와서 자신을 안아주기를 바랐다가, 다음 순간에는 그에게 받은 상처와 굴욕감으로 그를 죽이고 싶었다.

링컨은 어디 있는 걸까? 무슨 안 좋은 일을 당한 것은 아닐까? 사고가 생긴 걸까? 아니면 도망친 걸까? 혹시 자살한 걸까? 아무도 알 수 없었다.

한밤중에 손에 등을 든 남자들이 나타났고 곧 링컨을 찾아 나섰다. 몇 사람은 마을에서 그가 즐겨 가던 곳을, 다른 사람들은 시골로 연결되는 길들을 수색했다.

8 불행 행진곡

수색은 밤새 계속되었다. 그리고 동이 튼 직후에 자기 사무실에 앉아 두서없이 주절거리고 있는 링컨의 모습이 발견되었다. 그의 친구들은 그가 미쳐가고 있는 것은 아닌지 두려워했다. 메리 토드의 친척들은 그가 이미 제정신이 아니라고 단정했고, 그가 결혼식에 나타나지 않은 이유가 이와 연관이 있다고 말했다.

즉시 헨리 박사를 모셔왔다. 링컨이 자살하겠다며 위협했기에 의사는 그에게서 한시도 눈을 떼지 말라고 스피드와 버틀러에게 신신당부했다. 앤 러틀리지가 사망한 후에 그랬던 것처럼 사람들은 그에게서 칼을 빼앗아 숨겼다.

링컨이 마음을 쏟고 집중할 만한 것을 찾던 헨리 박사는 그에게 주 의회 회기에 참석할 것을 강력히 권했다. 휘그당 원내총무로서 링컨은 원래 계속 그 자리에 참석해야 했다. 그러나 기록에 따르면, 그는 3주에 겨우

네 번만 참석했으며 그나마 한두 시간 정도 자리를 지키다 나온 것으로 되어 있다. 1월 19일에 존 J. 하딘은 하원에 링컨의 병을 알렸다.

결혼식에서 도망친 지 3주 뒤에 링컨은 동료 변호사에게 그의 인생에서 가장 슬픈 편지를 썼다.

> 지금 나는 세상에서 가장 비참한 사람이네. 만약 내 감정을 전체 인류에게 똑같이 느끼게 한다면 세상에 즐거운 얼굴은 전부 씨가 마를 걸세. 지금보다 조금이라도 더 좋아질지는 알 수 없네. 어째 좋아질 것 같지 않다는 불길한 예감이 드는군. 이 상태로 계속 가는 건 불가능해. 그냥 죽어버리든지, 그게 아니면 더 좋아져야 할 거야.

지금은 고인이 된 윌리엄 E. 바튼 박사가 그의 유명한 링컨 전기에서 말하듯이 이 편지는 "에이브러햄이 정신적으로 심란했으며, ……건강을 잃을까 봐 몹시 두려워했다는 사실을 보여준다."

그는 끊임없이 죽음을 생각했고 그것을 갈망했으며 자살에 대한 시를 써서 <생거먼 저널>에 발표하기까지 했다. 스피드는 그가 죽을 것을 걱정하여 루이스빌 근처에 사는 자신의 어머니 집에 데려갔다. 여기서 그는

《성경》을 받았고, 1.6킬로미터 떨어진 숲까지 이어진 초원을 따라 굽이쳐 흐르는 개울이 내려다보이는 조용한 침실에 머물게 했다. 매일 아침 노예가 침대에 누워 있는 링컨에게 커피를 갖다 주었다.

메리의 언니인 에드워즈 부인이 말하길, "메리가 '마음을 다잡고 링컨을 자유롭게 놓아주기 위해 파혼해 주겠다.'는 내용의 편지를 링컨에게 보냈지만, 그를 놓아주면서 메리는 링컨이 원할 경우 관계를 복원할 수 있는 여지는 남겨두었다."고 했다.

그러나 링컨이 가장 하고 싶지 않은 일이 바로 그것이었다. 그는 절대 메리를 다시 보고 싶지 않았다. 결혼식 사건 이후 1년이 지난 뒤에도 링컨의 친구 제임스 매트니는 그가 자살을 시도할 것으로 생각했다.

1841년의 그 '운명적인 1월 1일' 이후 거의 2년 동안 링컨은 메리 토드를 완전히 무시했으며, 그녀도 자신을 잊고 다른 남자에게 관심 갖기를 바랐다. 하지만 메리는 그녀의 자부심, 그 소중한 자존심이 입은 상처를 잊지 못한 채 명예 회복의 기회를 노리고 있었다. 그녀는 자기 자신과 그녀를 비웃고 동정했던 사람들에게 자신이 에이브러햄 링컨과 결혼할 수 있고 또 그렇게 할 것임을 증명하기로 결심했다.

한편 링컨은 그녀와 결혼하지 않기로 굳게 결심했다. 사실 그의 결심은 너무 확고하여 1년도 지나지 않아 다른 여자에게 청혼하기도 했다. 당시 그는 32살이었던 반면, 그가 청혼한 여자는 그 나이의 절반이었다. 그녀의 이름은 사라 리커드로, 링컨이 4년간 하숙을 했던 버틀러 부인의 어린 동생이었다.

링컨은 사라에게 자기 이름은 에이브러햄(아브라함)이고 그녀의 이름은 사라이기 때문에 《성경》에서 아브라함과 사라는 부부다. – 옮긴이) 그들은 분명 천생연분이라는 논리를 펴며 그녀를 설득했다. 그러나 사라는 그 제안을 거절했다. 그 이유를 나중에 친구에게 보낸 편지에서 이렇게 밝혔다.

> 난 겨우 16살이었고, 결혼에 대해 생각해 본 적도 별로 없었어. …… 난 항상 아저씨를 친구로 좋아한 거였지. 하지만 너도 그 아저씨가 좀 특이하다는 거 알고 있잖아. 아저씨의 전반적인 행동거지는 이제 막 사교계에 발을 들여놓은 어린 소녀의 눈에 별로 매력적으로 보이지 않았지. …… 아저씨는 언니네 가족 같은 사람이니까 나한테도 그냥 큰오빠처럼 느껴졌어.

링컨은 휘그당 지역 신문인 <더 스프링필드 저널>에 자주 사설을 기고했고, 편집자 사이먼 프랜시스는 그의 가장 가까운 친구 중 하나였다. 그런데 안타깝게도 프랜시스의 부인은 주책없고 오지랖이 넓었다. 자식도 없고 40을 넘긴 그녀는 스프링필드의 자칭 중매쟁이였다.

1842년 10월 초에 그녀는 링컨에게 편지를 써서 다음 날 오후에 자기 집에 들러달라고 부탁했다. 좀 이상한 요청이었지만, 그는 무슨 일인가 궁금해 하며 그녀의 집으로 갔다. 집에 도착한 링컨은 거실로 안내되었는데, 거기에 놀랍게도 메리 토드가 앉아 있었다.

그때 링컨과 메리가 무슨 말을 했고 어떻게 말했으며 무엇을 했는지는 기록되어 있지 않다. 하지만 그 불쌍하고 마음이 여린 링컨에게는 물론 도망칠 기회가 없었다. 만약 그녀가 울었다면(물론 실제로 울었을 것이다.) 그는 아마 그녀의 손을 뿌리친 것에 대해 비굴할 정도로 싹싹 빌었을 것이다. 그 후에 그들은 자주 만났다. 하지만 항상 프랜시스 집의 은밀한 공간에서 비밀리에 만났다.

처음에 메리는 링컨이 자신과 다시 만나고 있다는 사실을 언니에게 알리지도 않았다. 마침내 사실을 알게 된 언니는 메리에게 왜 그렇게 몰래 만나는 거냐고 물었다. 그때 메리는 다음과 같이 어정쩡하게 대답했다.

"전에 그런 일도 있었으니까 사람들의 눈과 귀를 피해 일을 진행하는 게 좋겠더라고. 사람의 마음은 불확실하고 믿을 수가 없으니까, 약혼이 깨질 경우 둘 사이에 있었던 일을 세상이 모르게 할 수 있잖아."

무슨 말이냐 하면, 솔직히 예전 일로 작은 교훈을 배운 메리는 링컨이 자신과 결혼하리라는 것을 확신할 때까지 이번에는 둘의 연애를 비밀에 부치기로 했다는 것이다. 그럼 토드 양은 이번에 어떤 방법을 썼던 걸까?

제임스 매트니는 링컨이 자주 그에게 "자기는 억지로 떠밀려 결혼하는 셈이며, 그가 도의상으로라도 메리 토드와 결혼할 수밖에 없다."고 말했다고 전했다. 헌던도 이 사실을 알고 있었을 것이다. 그의 말을 들어보자.

> 내가 보기에 링컨은 자신의 명예를 지키기 위해 메리 토드와 결혼한 것이 분명했다. 이를 통해 그는 가정의 평화를 희생시켰다. 그는 주관적이고 반성적으로, 그리고 철저하게 자신을 분석했다. 그는 자신이 그녀를 사랑하지 않음을 알고 있었다. 그럼에도 그녀와 결혼하기로 약속했다. 이런 끔찍한 생각이 악몽처럼 그를 괴롭혔다. ……그는 명예와 가정의 평화 사이에서 치열하게 갈등했다. 그는 명예를 선택했다. 그와 함께 그는 오랜 세월

자학과 희생의 고통에 시달렸고 행복한 가정을 영원히 잃어버렸다.

결혼을 더 진행하기 전에 그는 켄터키로 돌아간 스피드에게 편지를 써서 결혼생활이 행복한지 물어보았다. "몹시 궁금하니 빨리 답장해 주게." 이에 스피드는 자신이 기대했던 것보다 훨씬 행복하다고 답장했다. 그래서 다음 날 오후인 1842년 11월 4일 금요일에 링컨은 쓰린 마음을 다독이며 마지못해 메리 토드에게 청혼했다.

그런데 그녀는 바로 그날 밤 결혼식을 치르고 싶어 했다. 링컨은 일이 이렇게 빨리 진행되는 것에 주저하고 놀라며 약간 겁도 났다. 그래서 메리가 미신을 믿는 성향이 있다는 것을 알고는 그날이 금요일이라고 지적했다. 그러나 한 번 쓴 맛을 보았던 메리는 시간을 지체하는 것만큼 두려운 일은 없었다. 그녀는 심지어 24시간도 기다리지 않으려 했다. 게다가 그날은 그녀의 24번째 생일이었기 때문에 그들은 서둘러 채터턴의 보석가게로 가 결혼반지를 사서 그 안에 '사랑은 영원하다.'는 문구를 새겨 넣었다. 그날 오후 늦게 링컨은 제임스 매트니에게 자신의 들러리가 되어달라고 부탁하며 말했다. "짐, 나 그 여자와 결혼하게 됐네."

그날 저녁 링컨이 버틀러의 집에서 가장 좋은 옷으로 차려 입고 구두를 닦고 있는 동안 버틀러의 아들이 뛰어 들어와서는 그에게 어디 가는 거냐고 물었다. 이에 링컨이 대답했다. "아마 지옥이 아닐까?"

메리 토드는 첫 번째 결혼을 위해 준비했던 혼수를 비통한 심정으로 이미 남에게 주어버린 뒤였다. 그래서 소박한 흰색 모슬린 드레스를 입고 식을 치러야 했다. 모든 일이 불안할 정도로 빠르게 진행되었다. 에드워즈 부인은 겨우 두 시간 전에 결혼을 통보받았고, 그녀가 급하게 구운 설탕 입힌 웨딩케이크는 실내가 너무 따뜻해 손님들 앞에 내놓을 때 잘 잘라지지 않았다고 한다.

예복을 입은 찰스 드레서 목사가 인상적인 의식을 진행할 때도 링컨은 전혀 행복하고 즐거워 보이지 않았다. 그의 들러리는 그가 "마치 도살장에 끌려가는 것처럼 보였고 또 그런 것처럼 행동했다."고 증언했다. 링컨이 자신의 결혼에 대해 글을 통해 언급한 것은 결혼식 약 일주일 뒤에 사무엘 마셜에게 보낸 사무용 서신의 추신이 유일했다. 이 편지는 현재 시카고 역사학회가 소장하고 있다. 링컨은 추신에 이렇게 적었다. "이곳은 전혀 새로울 게 없습니다. 저 자신도 뭐가 뭔지 잘 모르는 그저 불가사의할 뿐인 제 결혼만 빼고 말이죠."

제 2장

수많은 좌절을 딛고 대통령이 된 링컨

1 불행한 결혼생활의 시작

내가 뉴 세일럼에서 이 책을 쓰는 동안 지역 변호사로 일하던 내 친구 헨리 폰드가 몇 차례 이런 말을 해주었다. "지미 마일스 삼촌을 만나보는 게 좋을 거야. 그분의 삼촌인 헌던이 링컨의 동료 변호사였고, 그의 숙모는 링컨 부부가 살았던 하숙집을 운영했으니까."

구미가 당기는 단서였다. 그래서 폰드와 나는 7월의 어느 일요일 오후에 그의 차에 올라타고 뉴 세일럼 근처에 있는 마일스 농장으로 향했다. 그 농장은 링컨이 스프링필드로 법률 서적을 빌리러 가는 길에 잠시 들러 사과술을 마시며 이야기를 나누던 곳이었다.

우리가 도착했을 때 지미 삼촌은 앞마당에 있는 커다란 단풍나무 그늘 아래로 흔들의자 세 개를 끌어왔다. 어린 칠면조와 작은 오리들이 시끄럽게 주변의 풀밭을 휘젓는 가운데 우리는 한참 동안 대화를 나누었다. 지미 삼촌은 지금까지 한 번도 인쇄된 적 없던 링컨에 대한 슬프고도 새로운 사실을 들려주었다. 이야기는 이렇다.

마일스 삼촌의 숙모 캐서린은 제이콥 M. 얼리라는 이름의 의사와 결혼했다. 링컨이 스프링필드에 들어온 지 약 1년쯤 뒤에(정확하게는 1838년 3월 11일 밤이다.) 말을 탄 한 낯선 남자가 얼리 박사의 집에 와서 노크를 하고는 의사를 불러내더니 그의 배에 엽총 두 발을 발사한 후 곧장 말에 뛰어올라 달아나버렸다.

당시 스프링필드는 작은 마을이었지만, 살인 혐의로 기소된 사람은 아무도 없었으며 그 일은 지금까지도 미제 사건으로 남아 있다. 얼리 박사는 남긴 유산이 매우 적었기 때문에 그의 부인은 하숙을 쳐서 스스로 생계를 꾸려가야 했다. 링컨 부부는 결혼한 직후에 얼리 부인의 집에 와서 살게 되었다.

지미 마일스 삼촌은 자기 숙모가 다음 사건을 자주 이야기했다고 내게 전했다. 어느 날 아침 링컨 부부가 아침 식사를 하던 중에 링컨이 그만 아내의 불같은 성미를 자극했다. 지금은 아무도 기억하는 사람이 없지만, 그때 격분한 링컨 여사가 뜨거운 커피를 남편의 얼굴에 끼얹었다는 것이다. 그것도 다른 하숙인들이 보는 앞에서.

링컨은 굴욕감 속에서 입을 꾹 다문 채 앉아 있었고, 얼리 부인은 젖은 수건을 갖고 와서 그의 얼굴과 옷을 닦아주었다. 어쩌면 이 일은 이후 23년에 걸친 링컨 부부의 결혼생활을 짐작케 하는 전형적인 사건일 것이다.

스프링필드에는 변호사가 11명이었고, 그들 모두가 그곳에서 입에 풀칠하기도 어려웠다. 그래서 그들은 말을 타고 이곳저곳의 군청 소재지를 전전하며 데이비드 데이비스 판사가 재판을 여는 곳을 따라다녔다. 다른 변호사들은 토요일마다 어떻게든 스프링필드로 돌아와 주말을 가족과 보냈다.

그러나 링컨은 그럴 수 없었다. 그는 집에 가는 것이 두려워 봄의 3개월간, 그리고 여름의 3개월간 순회법정 구역에 머물며 스프링필드 근처에는 얼씬도 하지 않았다. 그는 매년 이런 생활 패턴을 유지했다. 시골 지역의 숙박 시설은 대체로 형편없었다. 그러나 아무리 형편없어도 링컨이 느끼기에 자기 집과 아내의 끊임없는 잔소리와 못된 성질머리보다는 나았다. 이웃들은 메리 토드가 "링컨의 혼이 빠져나갈 정도로 그를 괴롭히고 못살게 굴었다."고 전했다. 그들은 그녀의 행동거지를 직접 보았고 그녀의 잔소리를 듣지 않을 수 없었다. 여기서 베버리지 상원의원의 말을 들어보자.

"링컨 여사의 크고 날카로운 목소리는 집 안에서 건너편 길까지 흘러나왔고 쉴 새 없이 폭발하는 분노는 집 근처에 살고 있던 모든 사람의 귓속을 후벼 팠다. 그녀의 화는 말 이외의 다른 수단을 통해 표출될 때가 많았다. 그녀가 휘두른 폭력에 대한 이야기는 아주 많았고 의심의 여지가 없었다."

헌던은 '그녀가 격하고 불같은 성정을 적나라하게 표출한' 이유를 알 것도 같았다. 그것은 복수에 대한 열망 때문이었다. "링컨은 여성으로서의 그녀의 자존심을 짓밟았고, 만인이 보는 앞에서 자신에게 씻을 수 없는 수치를 안겨주었다고 느꼈다. 복수심이 끓어오르면서 동시에 사랑도 종적을 감추었다."

그녀는 불평과 남편에 대한 비판을 입에 달고 살았으며, 한 번도 남편을 좋게 본 적이 없었다. 이를테면 그의 어깨가 구부정하다느니, 걸음걸이가 어색하다느니, 인디언처럼 발을 위아래로 쭉쭉 올렸다 내린다느니, 어색하게 걷는다느니, 또 발걸음에 활기가 없고 동작이 우아하지 않다며 힐난했다. 또 그의 걸음걸이를 흉내 내면서 자신이 마담 멘텔의 학교에서 배운 대로 발가락이 아래쪽을 향하게 하면서 걸으라고 잔소리를 해댔다.

하다못해 링컨의 큰 귀와 머리와의 각도가 마음에 안 든다며 탓을 했고, 심지어는 그의 코가 곧지 않다느니 아랫입술이 툭 불거져 나와 꼭 결핵환자 같다느니 발과 손은 너무 큰데 머리는 너무 작다느니 식으로 한도 끝도 없이 흠을 찾으며 바가지를 긁었다.

자신의 외모에 대해 놀라울 정도로 무관심했던 링컨은 메리의 민감한 성격을 매우 불쾌하게 했고 그녀를 몹시 불행하게 했다. "메리 토드의 심술과 난폭함이 이유 없는 것은 아니었다."는 것이 헌던의 지적이다. 때로 링컨은 바지 한쪽의 밑단은 신발에 쑤셔 넣고 반대쪽 바지는 밖으로 늘어뜨린 채 길을 걸었다. 그의 신발에는 구두약을 바르거나 광이 날 정도로 닦은 적이 별로 없었다. 옷깃은 자주 갈아주고 외투도 자주 솔질해 주어야 했다.

여러 해 동안 링컨 부부의 옆집에 살았던 제임스 골리는 이런 기록을 남겼다. "링컨은 헐렁한 슬리퍼를 신고 멜빵 하나로 고정한 색 바랜 낡은 바지 차림으로 우리 집에 찾아오곤 했다. 심지어 따뜻한 날에도 링컨의 등에는 대륙 지도 모양의 큰 땀 얼룩이 배어 있는 '더러운 먼지 방지용 린넨 코트'를 입고 먼 여행을 떠나기도 했다."

링컨은 평생 면도기를 지녀본 적이 없고 아내가 원하는 만큼 이발소를 자주 찾지도 않았다. 말갈기처럼 머리 위를 덮은 거칠고 부스스한 머리칼도 그냥 나 몰라라 내버려둘 때가 많았는데, 이것은 말로 표현할 수 없을 정도로 메리의 부아를 돋우었다. 그녀가 머리를 빗겨주어도 통장, 편지, 법률 문서 등을 모자 속에 넣고 다니는 바람에 금방 다시 헝클어지기 일쑤였다. 어느 날 시카고에서 사진을 찍고 있는데 사진사가 조금 "단정하게 매만져주세요."라고 청하자 링컨은 "링컨의 사진이 단정하면 스프링필드 사람들이 못 알아볼 거요."라고 대답했다.

그의 식사 예법은 자유분방했다. 나이프를 올바로 쥐지도 않았고 접시에 제대로 놓지도 않았다. 포크로 생선이나 빵 껍질을 먹는 모습은 정말 가관이었다. 때로는 고기 접시를 기울여 긁어먹거나 돼지고기를 접시 위로 쓸어내리며 먹기도 했다. 링컨이 버터를 바를 때 꼭 자기 나이프를 사용하겠다고 고집을 부리는 통에 메리토드는 버럭 화를 내기도 했다. 또 한 번은 링컨이 상추를 담아 놓은 접시에 닭 뼈를 올려놓자 그녀는 거의 기절할 정도였다.

그녀는 숙녀가 방 안으로 들어올 때 일어나지 않는다고 불평했고, 재빨리 움직여 숙녀의 외투를 받아주지 않는다고 핀잔했으며, 그들이 돌아갈 때 문 앞까지 배웅하지 않는다고 잔소리를 했다.

링컨은 누운 자세로 책 읽는 것을 좋아했다. 퇴근하자마자 그는 외투와 신발을 벗고 옷깃을 뗀 후 어깨에서 멜빵을 풀고 현관에 있는 의자를 뒤집어 등받이에 베개를 올리고 거기에 머리와 어깨를 기댄 채 바닥에 몸을 쭉 뻗었다. 그 자세로 몇 시간이고 누워 책을 읽었다. 대개는 신문을 읽고 아주 자주 시를 읽었다. 그리고 무엇을 읽든 소리 내어 읽었다. 이 습관은 인디애나에서 소리 지르며 공부하는 학교에 다니던 시절부터 형성된 것이었다. 또 그는 크게 읽으면 어떤 내용을 시각은 물론 청각에 강하게 각인시켜 더 오래 기억할 수 있다고 여겼다. 때로 그는 마루에 누워 눈을 감고 셰익스피어나 바이런이나 포를 암송하곤 했다. 가령 다음과 같은 구절이다.

    달빛 비출 때면
    어김없이 아름다운 애너벨 리를 꿈꾼다네,
    별이 떠오를 때면
    아름다운 애너벨 리의 맑은 눈빛을 본다네.

2년간 링컨 부부와 함께 살았던 한 여자 친척은 어느 날 저녁 링컨이 거실에 누워 책을 읽고 있을 때 손님들이 찾아왔던 상황을 전해 주었다. 이때 링컨은 하인이 문을 열어주기를 기다리지 않고 와이셔츠 차림으로 일어나 직접 손님들을 거실로 안내하며 "숙녀분들을 안내해 드리지요."라고 말했다.

옆방에 있던 링컨 여사는 여자 손님들이 들어오는 것을 보았고 남편의 익살스러운 말을 엿들었다. 그녀는 당장 발끈했고 링컨은 이 상황이 너무 재미있어 기꺼이 집 밖으로 나갔다. 그리고 밤늦게 뒷문으로 살금살금 들어왔다.

링컨 여사는 질투심이 아주 심해 조슈아 스피드를 좋아하지 않았다. 스피드는 남편의 친한 친구였고, 메리는 남편이 결혼식에서 도망친 것도 그의 입김이 작용한 탓일지도 모른다고 의심했다. 결혼하기 전에 링컨은 스피드에게 보내는 편지에 '친애하는 패니에게!'라는 표현으로 마무리하는 습관이 있었다. 결혼 후에 메리는 그 인사를 '친애하는 스피드 부인에게!'로 바꾸라고 요구했다.

링컨은 결코 은혜를 잊지 않았다. 이것이 그의 두드러진 특징 중 하나였다. 그래서 작은 감사의 표시로 그는 첫 아들의 이름을 조슈아 스피드 링컨이라 짓겠다고 약속했다. 그러나 이 이야기를 들은 메리는 노발대발했다. 자기 아이 이름은 자기가 짓겠다고 했다. 더구나 이름이 조슈아 스피드라니! 말도 안 되지. 그녀는 친정아버지 이름을 따서 로버트 토드라 이름 지을 예정이었다.

아들의 이름이 로버트 토드인 것은 더 말할 필요도 없다. 그 애는 링컨의 네 자녀 중 유일하게 장성한 자식이었다. 에디는 4살이던 1850년에 스프링필드에서 죽었고, 윌리는 12살에 백악관에서, 테드는 1871년 18살에 시카고에서 죽었다. 로버트 토드만이 1926년 7월 26일에 버몬트의 맨체스터에서 83세를 일기로 세상을 떠났다.

링컨 여사는 마당에 꽃이나 관목도 없고, 따라서 계절마다 바뀌는 자연의 색채가 없다며 불평했다. 그래서 링컨은 장미를 몇 그루 심었지만 가꾸는 일에는 별 관심이 없어서 곧 관리 소홀로 죽어버렸다. 메리는 정원에 뭣 좀 심어보라고 채근했고 링컨은 어느 해 봄에 그렇게 했지만, 이내 잡초에 뒤덮였다.

링컨은 몸을 움직이는 일은 별로 즐기지 않았지만 '올드벅'이라는 말에게 먹이 주고 빗질해 주는 일과 또 소를 먹이고 그 젖을 짰으며 나무를 톱으로 자르는 일은 직접 했다. 대통령에 당선되고 스프링필드를 떠날 때까지 이 일을 계속했다. 그러나 링컨의 육촌인 존 행크스는 "에이브는 몽상하는 것 말고는 잘하는 일이 없었다."고 말한 적이 있고, 메리 링컨도 이에 동의했다.

링컨은 넋이 나간 사람처럼 정신이 멍해지는 경우가 많았다. 그때는 이 세상과 그 안에 있는 모든 것을 완전히 잊은 듯했다. 일요일에는 아이를 유모차에 태우고는 집 앞의 울퉁불퉁한 보도 위를 밀고 다녔는데, 가끔 아기가 유모차 밖으로 굴러 떨어지는 일이 있었다. 그때도 링컨은 뒤에서 아기가 크게 울부짖는 소리를 의식하지 못한 채 눈을 땅에 고정시키고 계속 유모차를 밀었다. 메리가 문 밖으로 머리를 내밀고 날카롭고 성난 목소리로 소리를 지르고 나서야 비로소 상황을 파악했다.

어떤 때는 퇴근하고 집에 와서 아내를 보면서도 실제로는 그녀를 보는 것이 아니었고 말을 하지도 않았다. 그는 좀처럼 음식에 관심이 없었다. 메리는 식사 준비를 마친 후 그를 식당에 데려오기 힘들 때가 많았다. 그녀는 소리쳐 불렀지만 그는 전혀 듣지 못한 듯했다. 링컨은 테이블에 앉아 멍하니 허공을 노려보며 메리가 일깨워줄 때까지는 먹는 것도 잊곤 했다.

저녁 식사를 마친 후에는 한 번에 30분씩 아무 말도 안 하며 난로를 응시하기도 했다. 아이들은 말 그대로 아빠 위로 기어올라 그의 머리를 잡아당기고 말을 걸었지만, 정작 아빠는 그들의 존재를 의식하지도 못하는 듯했다. 그러다 갑자기 정신이 돌아와서는 농담을 하거나 좋아하는 시 구절을 암송했다.

> 오, 죽을 수밖에 없는 존재가 왜 이리 오만한 것인가?
> 순식간에 사라지는 유성처럼, 빠르게 흐르는 구름처럼,
> 번갯불의 번쩍임처럼, 부서지는 파도처럼,
> 인간은 그렇게 삶을 지나 무덤으로 옮겨간다.

링컨 여사는 남편이 아이들의 버릇을 바로 잡지 않는다고 비난했다. 그러나 그는 아이들을 너무 사랑하여 "그들의 잘못에는 장님이자 귀머거리였다." 링컨 여사의 말을 옮겨본다. "아이들이 착한 행동을 할 때 남편은 절대 칭찬하는 일을 잊지 않고 이렇게 말했다. '내 아이들이 부모의 강압에 구속되지 않고 자유롭고 행복한 것이 내 기쁨이오. 아이를 부모와 이어주는 사슬은 바로 사랑이오.'"

그런데 그가 아이들에게 허락한 자유라는 것이 좀 지나쳐 보일 때도 있었다. 예컨대, 그가 대법원 판사와 체스를 두고 있을 때 로버트가 와서는 아빠에게 식사할 시간임을 알렸다. 링컨은 "알았다, 알았다."고 대답했지

만, 게임에 취한 그는 아들이 부르러 왔었다는 사실을 까맣게 잊고 계속 체스에 몰입했다. 아들이 다시 나타나 링컨 여사의 긴급한 전갈을 전했다. 링컨은 다시 곧 가겠다고 약속했지만 이번에도 또 잊고 게임 삼매경에 빠졌다.

로버트는 세 번째 나타났고 아빠는 세 번째 약속을 했지만 계속 체스에만 정신을 쏟았다. 그때 갑자기 아들이 뒷걸음질치더니 체스 판을 두 어른들 머리보다 더 높이 걷어차 체스의 말들을 사방으로 흩어지게 했다. 이때 링컨은 웃으며 말했다. "이런, 판사님. 이 게임은 다음 기회에 끝내야 할 것 같군요." 확실히 링컨은 결코 아들의 버릇을 고치려 하지 않았다.

링컨은 교회에 나가지 않아 아주 친한 친구들과도 종교에 대한 토론은 피했다. 그런데 한 빈은 헌던에게 자신의 종교관은 인디애나에 사는 글렌이라는 노인의 종교관과 비슷하다고 말한 적이 있었다. 링컨은 이 노인이 교회의 한 모임에서 이렇게 말하는 것을 들었다. "저는 선을 행하면 선을 느끼고 악을 행하면 악을 느낍니다. 이것이 제 종교입니다."

아이들이 성장하면서 그는 일요일 아침에 보통 아이들을 데리고 산책을 나가곤 했는데, 한 번은 아이들을 집에 남겨두고 아내와 함께 교회에 간 적이 있었다. 그런데 반시간 뒤에 아버지가 집에 없는 걸 확인한 테드가 거리를 달려와 설교 중에 교회 안으로 뛰어 들어왔다. 머리는 헝클어지고 신발과 단추는 풀어져 있었으며 양말은 축 늘어지고 얼굴과 손은 흙투성이였다. 우아하게 차려 입고 있던 링컨 여사는 놀라고 당황했다. 하지만 링컨은 차분하게 팔 하나를 뻗어 사랑스럽게 테드를 끌어당겨 그의 머리를 가슴에 안았다.

일요일 아침에 링컨은 아이들을 시내에 있는 자기 사무실에 데려갈 때도 있었다. 거기서 그들은 마음대로 놀아도 되었다. 여기서 헌던의 글을 옮겨보자. "그들은 곧 책장의 책들을 쓸어내고 서랍을 뒤졌으며 상자에 구멍을 뚫고 내 금색 펜촉을 두들겨 못 쓰게 만들고…… 연필들을 가래나 침을 뱉는 타구에 던지고 잉크스탠드를 서류 위에 엎어버리고 편지들을 사무실 위에 흩뿌려 놓고 그 위에서 춤을 추었다. 그래도 링컨은 결코 그들을 꾸짖거나 찡그린 얼굴을 보이지 않았다. 그는 내가 아는 가장 관대한 아버지였다."

링컨 여사가 남편의 사무실에 가는 경우는 드물었지만, 어쩌다가 한 번 행차하면 놀라 기겁을 했다. 그도 그럴 것이, 정리정돈이 전혀 안 되어 있어 너무 어수선하고 물건들이 아무 데나 쌓여 있었던 것이다. 링컨은 서류 한 꾸러미를 묶어서는 이렇게 표시해 놓았다. "찾는 물건이 없으면 여기를 보세요."

스피드가 말했듯이 링컨의 습관은 "규칙적으로 불규칙했다." 한쪽 벽에는 검정색의 큰 얼룩이 남아 있었는데, 그것은 한 법대생이 누군가의 머리를 향해 잉크스탠드를 던졌다가 빗맞히는 바람에 생긴 것이었다. 사무실 바닥을 비로 쓰는 경우가 별로 없었고 걸레질은 거의 하지 않았다. 책장 위에 놓아두었던 어떤 씨앗이 그곳에 쌓인 먼지에 뿌리를 내리고 자랄 정도였다.

2 아내와의 경제적인 갈등

대체적으로 전체 스프링필드에서 메리 링컨보다 더 알뜰한 주부는 없었다. 그녀가 사치를 부리는 경우는 주로 남 앞에서 과시하고 싶을 때였다. 메리는 넉넉지 않은 형편임에도 마차를 샀고, 어느 날 오후 시내에서 열리는 사교 모임에 자신을 태워다 주는 조건으로 이웃집 소년에게 25센트를 지불했다. 그곳은 평범한 마을이었고, 그냥 걸어가거나 아니면 마차를 빌릴 수도 있었다. 하지만 그것은 링컨 여사의 격에 맞지 않는 일이었을 것이다. 살림살이가 아무리 곤궁해도 그녀는 어떻게든 자기 허영심을 충족시키기 위한 돈을 마련해 냈다.

1844년에 링컨 부부는 1천500 달러를 주고 2년 전에 그들의 결혼식 주례를 섰던 찰스 드레서 목사의 집을 구입했다. 그 집에는 거실, 부엌, 응접실, 침실이 있었고 뒷마당에는 장작더미와 별채, 그리고 링컨이 자신의 소와 올드벅을 키울 헛간이 있었다.

처음에 메리 링컨에게 그곳은 지상 낙원처럼 보였다. 전에 살았던 하숙집의 음침하고 휑뎅그렁한 방들과 비교할 때 그랬다. 게다가 그녀는 새로운 기쁨과 함께 내 집을 소유했다는 데서 오는 자부심을 느꼈다. 그러나 처음의 만족은 곧 사라졌고, 그녀는 새집에서 끝없이 흠을 찾아냈다. 자기 언니는 큰 2층집에 사는데 이 집은 1층 반밖에 안 된다는 식이었다. 그래서 링컨에게 대단한 남자치고 1층 반짜리 집에 사는 사람은 본 적이 없다는 말도 했다.

평소 메리가 링컨에게 뭔가를 요구할 때 그는 절대 그것의 필요 여부를 묻지 않고 이렇게만 말했다. "당신이 원하는 거니까 가서 사시오." 그러나 링컨도 이번만은 그냥 받아주지 않았다. 가족이 많은 것도 아니고 집은 충분하고도 여유 있다는 것이다. 게다가 그는 가난했다. 결혼할 당시 그는 500달러밖에 없었고, 그 후로 재산을 크게 불리지도 못했다. 그는 집을 확장할 형편이 안 된다는 것을 알고 있었다. 이것은 아내도 마찬가지였다. 그럼에도 메리는 요구와 불평을 멈추지 않았다. 결국 아내를 잠잠하게 하기 위해 링컨은 계약자에게 증축 비용을 높게 책정해 달라고 부탁했다. 그는 그렇게 했고 링컨은 그 수치를 아내에게 보여주었다. 그녀는 크게 놀라 말을 제대로 못 했고, 남편은 이것으로 문제가 해결되었다고 여겼다.

그러나 링컨은 너무 쉽게 생각했다. 그가 다음 순회법정을 떠나 있는 동안 메리는 다른 목수를 불러들여 더 낮은 견적을 받아내고는 즉시 일을 진행시켰다. 스프링필드로 돌아와 8번가를 걷던 링컨은 자기 집을 거의 알아보지 못했다. 한 친구를 만났을 때 링컨은 진지함을 가장하며 물었다. "저, 실례지만 링컨 씨의 집이 어딘지 아십니까?"

링컨이 변호사 일을 통해 벌어들이는 수입은 많지 않았다. 그의 말대로 그는 각종 비용을 치르기 위해 돈을 '열심히 긁어모아야' 했다. 이제 집에 돌아온 그를 기다리고 있는 것은 그의 어깨를 더욱 무겁게 한 엄청난 양의 불필요한 증축 비용이었다. 링컨은 슬펐고 그 마음을 그대로 전했다. 이에 링컨 여사는 그녀가 비판에 대응하는 유일한 방식으로 대꾸했다. 바로 공격이었다. 그녀는 링컨이 돈에 대한 감각이 없으며 돈 관리하는 법을 모르고 수임료를 충분히 청구하지 않는다는 식으로 따발총처럼 쏘아댔다.

그것은 메리의 주요 불만 중 하나였고 이 점에 대해서는 많은 사람들이 그녀의 의견에 동의했을 것이다.

다른 변호사들도 링컨이 수임료를 너무 적게 받는 바람에 불쾌감과 당혹감을 느꼈으며, 그가 전체 변호사들을 궁핍하게 만들고 있다고 지적했다.

링컨이 44세이고 백악관에 입성하기 8년 전이던 1853년에는 맥린 순회법정에서 사건을 4개 맡고 받은 총 수임료가 고작 30달러였다. 그는 자신의 많은 고객들이 자기만큼이나 가난해서 차마 수임료를 많이 청구하지 못하겠다고 말했다. 한 번은 누군가 그에게 25달러를 보낸 적이 있는데, 링컨은 너무 많다며 10달러를 돌려보냈다.

또 그는 한 사기꾼이 정신이 온전치 못한 어떤 여성의 1만 달러 가치의 재산을 가로채려는 것을 막아준 적이 있었다. 링컨은 단 15분 만에 그 사건에서 승소했다. 그로부터 한 시간 뒤에 그의 동료인 워드 라몬이 수임료 250달러를 나누기 위해 왔을 때 링컨은 그를 엄중히 질책했다. 라몬은 이 수임료는 미리 정해진 것이며, 여성의 오빠도 아무 불만이 없었다고 항의했다.

"그럴지도 모르지요." 링컨이 받아쳤다. "하지만 난 불만이 없지 않아요. 그 돈은 불쌍하고 정신이 온전치 못한 여성의 호주머니에서 나온 거요. 이런 식으로 그녀의 돈을 사취하느니 난 차라리 굶어죽겠소. 최소한

제2장 수많은 좌절을 딛고 대통령이 된 링컨

이 돈의 절반을 돌려주시오. 안 그러면 난 내 몫으로 1센트도 안 받을 거요."

이런 일도 있었다. 연금 기관이 한 혁명군의 미망인에게 그녀가 받을 400달러의 연금 중 절반을 청구했다. 그 돈을 내야 연금을 받을 수 있다는 거였다. 이 여인은 나이가 많아 허리가 구부정했고 생활이 궁핍했다. 링컨은 그녀에게 연금 기관을 상대로 소송을 제기하게 했고 결국 승소했지만 수임료는 한 푼도 청구하지 않았다. 그것도 모자라 그녀의 호텔 비용을 지불해 주고 집에 갈 표를 사라며 돈까지 주었다.

어느 날 큰 곤경에 처한 암스트롱의 미망인이 링컨을 찾아왔다. 그녀의 아들 더프가 술에 취해 싸움을 하다가 한 남자를 살해한 혐의로 기소되었다는 것이다. 그녀는 링컨에게 아들을 구해 달라고 호소했다. 암스트롱 가족은 링컨이 뉴 세일럼에 살았을 때부터 알고 지내던 사이였다. 사실 링컨은 더프가 아기였을 때 그를 흔들어 재운 적도 있었다. 암스트롱 가족은 거칠고 괄괄한 사람들이었지만, 링컨은 그들을 좋아했다. 더프의 아버지는 '클레이 숲의 악당들'의 우두머리였고, 그 옛날 링컨이 레슬링 시합에서 이긴 그 유명한 운동선수였다.

그때 왕년의 잭은 세상을 떠났지만, 링컨은 기꺼이

배심원 앞에 서서 매우 감동적이고 호소력 있는 변론을 펼쳐 잭의 아들이 교수대에 매달리는 것을 면하게 해주었다. 암스트롱의 미망인이자 더프의 어머니가 지닌 재산은 40에이커의 땅이 전부였고, 그것을 링컨에게 주겠다고 제안했다. 그러자 링컨이 말했다. "한나 아주머니, 아주머니는 오래전 제가 집 없고 가난했을 때 저를 먹이고 입혀주셨죠. 그런데 제가 어떻게 돈을 받을 수 있겠어요?"

때로 링컨은 고객들에게 법정 밖에서 사건을 해결하라고 권했고, 그에 따르는 상담료는 전혀 청구하지 않았다. 한 번은 한 남자에 대한 불리한 판결을 거부하며 "가난한데다 몸에 장애까지 있는 그 사람이 참 안됐다."고 말했다.

이런 따뜻한 마음과 배려가 참 아름답긴 해도 돈을 가져다 주지는 않았다. 그래서 메리 링컨은 짜증을 내며 안달복달했다. 다른 변호사들은 수임료와 투자로 부자가 되어가고 있는데, 자기 남편은 답답할 정도로 처세에 서툴렀던 것이다. 가령 스티븐 A. 더글러스는 시카고의 부동산에 투자하여 큰 재산을 모으고 자선사업가가 되어서는 시카고 대학에 건물을 지을 10에이커의 땅을 내주었다. 게다가 그는 현재 이 나라에서 가장 유명한 정치 지도자의 한 사람인 것이다.

  메리 링컨이 얼마나 그의 생각을 하며 그와 결혼하지 못한 것을 아쉬워했을까? 더글러스의 부인이 됐더라면 워싱턴에서 사교계의 리더가 되어 파리의 의상을 입고 유럽 여행을 하며 여왕들과 식사를 하고 언젠가는 백악관에서 살게 될 텐데……. 아마 이렇게 그녀는 헛된 꿈을 꾸었을지 모른다.

  링컨의 아내로서 그녀의 미래는 어땠을까? 링컨은 계속 이렇게 살았다. 1년에 6개월은 순회법정을 따라다니며 그녀를 집에 홀로 남겨두고 그녀에게 사랑도 관심도 주지 않았다……. 실제 삶의 현실은 오래전 그녀가 마담 멘텔 학교에서 꿈꾸던 낭만적인 그림과는 정말 너무 달랐다.

3 비참한 생활과 끝없는 인내

앞서 말했듯이 링컨 여사는 대체로 알뜰했고 그 사실을 자랑스러워했다. 물건도 신중하게 구입했으며 상차림도 아주 검소했다. 고양이가 먹을 것이 부족할 정도로 남은 음식이 거의 없었다. 개는 키우지 않았다.

링컨 여사는 계속 향수를 구입했는데, 개봉한 후 냄새를 맡아보고는 향의 질이 낮고 설명이 잘못되어 있다고 주장하며 물건을 반품했다. 이런 일이 너무 잦아지자 지역 약제사는 더 이상 물건을 팔려 하지 않았다. 스프링필드에는 아직도 그의 가게에서 작성한 회계장부가 남아 있는데, 그 안에 연필로 '링컨 여사 향수 반납'이라고 기록되어 있다.

메리는 자주 상인들과 분란을 일으켰다. 가령 그녀는 얼음장수인 마이어스 씨가 얼음의 무게를 줄여 자기를 속이고 있다고 느꼈다. 그래서 매우 크고 날카로운 목소리로 그를 몰아붙였기 때문에 반 블록 떨어진 곳에 있는 이웃들이 문 밖에 나와 귀를 기울일 정도였다. 얼음장수와 벌인 이런 실랑이는 이번이 두 번째였다. 이에 그는 자기가 그녀에게 또 얼음을 팔면 성을 갈겠다며 이를 갈았다.

그의 말은 진심이었다. 그는 메리 링컨에 대한 얼음 배달을 중단했다. 참 난처한 상황이었다. 메리는 얼음이 필요했고 마을에서 얼음을 대주는 사람은 그가 유일했다. 결국 메리 링컨은 몸을 낮추었다. 그러나 직접 사과하지는 않고 한 이웃에게 25센트를 주고는 자기 대신 가서 마이어스를 달래고 진정시켜 다시 얼음을 배달하게 해달라고 부탁했다.

링컨의 친구 하나가 <더 스프링필드 리퍼블리컨>이라는 작은 신문을 창간했다. 그는 마을을 돌며 홍보했고 링컨은 구독을 신청했다. 첫 신문이 문 앞에 배달되었을 때 메리 토드는 격분했다. "뭐라고요? 쓰레기 같은 신문을 하나 더 구독한다고? 한 푼이라도 아끼려고 허리띠를 졸라매고 있는 판에 이런 데다 돈을 쓰다니!" 그녀는 일장 연설을 하며 잔소리를 늘어놓았다. 링컨은 그녀를 달래기 위해 자기가 그 신문의 배달을 주문한 것은 아니라고 말했다. 엄밀히 따져 그 말은 사실이었다. 그는 단지 구독료를 지불하겠다고 말했을 뿐, 특별히 배달을 요청하지는 않았다. 변호사다운 말솜씨였다.

그런데 그날 저녁 메리 토드는 남편 모르게 편집자에게 격렬한 내용의 편지를 보내 그 신문에 대한 자신의 생각을 전하고 당장 배달 중단을 요구했다. 그녀의 말이 너무 모욕적이었기에 편집자는 신문의 한 칼럼에 공개적으로 답장을 하고는 링컨에게 설명을 요구하는 편지를 보냈다. 링컨은 흉한 집안사가 이렇게 만천하에 공개된 것에 대해 확실히 병이 날 정도로 크게 상심했다. 그는 굴욕감을 느끼며 편집자에게 편지를 보내 그것이 실수였다고 말하며 상황을 최대한 진솔하게 설명하려 했다.

한 번은 링컨이 새어머니를 그의 집에 초대하여 크리스마스를 같이 보내고 싶어 했지만, 메리 토드가 딴죽을 걸었다. 그녀는 나이 든 어른들을 싫어했고 톰 링컨과 행크스 가문 사람들을 매우 경멸했다. 그녀는 그들을 부끄러워했으며, 링컨은 그들이 집에 온다 해도 아내가 그들을 들여보내지 않을까 봐 두려워했다. 그의 새어머니는 23년 동안 스프링필드에서 112킬로미터 떨어진 곳에 살았고 링컨이 이따금 찾아뵈었지만, 그녀가 링컨의 집 안을 구경한 적은 한 번도 없었다.

링컨이 결혼한 후에 그의 집에 발을 들여놓을 수 있

었던 링컨의 유일한 친척은 먼 사촌인 해리엇 행크스였다. 해리엇은 상냥하고 똑똑한 소녀였다. 링컨은 그 애를 매우 좋아하여 자기 집에 살면서 스프링필드에 있는 학교에 다니도록 했다. 하지만 링컨 여사는 해리엇을 하녀처럼 대했을 뿐 아니라, 실제로 집안의 온갖 궂은 일을 시키며 부려먹으려 했다. 링컨은 이런 심히 부당한 처사를 못마땅해 했고, 결국 끝이 좋을 리 없었다.

메리는 고용된 하녀들과 분란이 끊이지 않았다. 그녀가 한두 번 화를 폭발시키며 성깔을 부리면 그들이 짐을 싸서 떠나는 식이었다. 그들은 메리를 경멸했고 동료 하녀들에게도 그녀를 조심하라며 경고했다. 그래서 링컨의 집은 곧 하녀들의 블랙리스트에 올랐다.

'롱 제이크'는 그 당시 스프링필드에서 유명한 인물이었다. 그는 노새 한 쌍과 낡은 마차가 있었는데, 그것으로 자기 말로는 '퀵 서비스'를 운영했다. 그런데 불행히도 그의 조카가 링컨 여사 댁에서 일하게 되었다. 며칠 뒤에 하녀와 주인은 말다툼을 했고 하녀는 곧 앞치마를 던져버린 후 트렁크에 짐을 쑤셔 넣고는 문을 박차고 집 밖으로 나와 버렸다.

그날 오후, 롱 제이크는 자기 노새를 몰고 링컨의 집으로 가서 조카의 짐을 가지러 왔노라고 말했다. 이에 링컨 여사는 노발대발하며 그와 그의 조카에게 심한 말로 모욕했고, 만약 집으로 들어오면 가만두지 않겠다고 그를 위협했다. 분을 참지 못한 롱 제이크는 곧장 링컨의 사무실로 가서 그 불쌍한 남편에게 부인의 사과를 요구했다. 그의 이야기를 들은 링컨은 슬픈 표정으로 말했다.

"그것 참 유감이군요. 하지만 저는 15년 동안 그런 일을 매일 겪어왔습니다. 그래서 정말 솔직하게 부탁드리는데, 선생께서 조금 참아주시면 안 되겠습니까?" 이 말을 들은 롱 제이크는 결국 링컨에게 연민을 느껴 그를 괴롭힌 것에 대해 사과까지 했다.

한 번은 링컨 여사가 한 하녀를 2년 이상 데리고 있었는데, 이웃들은 웬일인가 하며 의아해했다. 하지만 그 이유는 아주 간단했다. 이 하녀는 링컨과 은밀한 거래를 한 것이다. 처음에 마리아가 왔을 때, 링컨은 그녀를 따로 만나 이 집에서는 일하기가 아주 힘들 것이며 그 점에 대해 참 미안하지만 불쾌한 상황들을 무시하고 그저 참고 견디는 수밖에 별 도리가 없을 것이라고 아주 솔직하게 말했다. 그리고 링컨은 만약 그렇게만 해주면 자신이 직접 일주일에 수당을 더 얹어주겠다고 말했다.

링컨 여사는 늘 하던 대로 까탈을 부렸지만, 링컨이

은밀히 하녀를 위로하고 돈을 더 주는 바람에 그녀는 꿋꿋이 버텼다. 링컨 여사가 마리아에게 한바탕 독설을 퍼붓고 나면 링컨이 기회를 엿보고 있다가 그녀가 혼자 있을 때 몰래 부엌에 들어와 그녀의 어깨를 두드리며 말했다. "잘하고 있어요, 마리아. 힘내고 계속 견뎌줘요."

나중에 이 하녀는 그랜트 장군 휘하의 남자와 결혼했다. 리 장군이 항복했을 때 마리아는 급히 워싱턴으로 달려가 남편의 즉각적인 제대를 요청했다. 그녀와 자식들의 삶이 곤궁했기 때문이다. 링컨은 그녀를 만나 기뻤고 함께 옛날을 이야기했다. 그는 마리아를 저녁 식사에 초대하고 싶었지만, 메리 토드는 들으려고도 하지 않았다. 링컨은 마리아에게 과일 바구니와 옷을 살 돈을 주며 다음 날 다시 오면 전선을 통과할 수 있는 통행증을 주겠다고 말했다. 그러나 그녀는 링컨을 다시 만날 수 없었다. 그날 밤 링컨이 암살당했기 때문이다.

링컨 여사의 불같은 성정은 그 후로도 오래도록 수그러들지 않았고 그녀에게 두통과 증오의 흔적을 남겼다. 때로 그녀는 마치 미친 사람처럼 행동했다. 링컨은 그리스도와 같은 인내심으로 이 모든 것을 견뎌냈고 그녀를 비난하지 않았다. 그러나 그의 친구들은 그렇게 마음이 넓지 못했다.

헌던은 그녀를 '살쾡이, 암컷 늑대'라며 비난했고, 링컨의 가장 열렬한 지지자 중 한 명인 터너 킹은 메리를 '망나니, 악마'라 부르며 자기는 그녀가 링컨을 집 밖으로 쫓아내는 것도 여러 번 보았다고 전했다. 대통령 비서였던 존 헤이는 그녀에게 짧고 상스러운 말로 욕을 했는데, 여기서는 그대로 옮기지 않는 편이 좋을 정도다. 스프링필드의 감리교 교회 목사가 링컨의 집 근처에 살았다. 그와 링컨은 친구였는데, 그의 부인은 "링컨 부부의 가정생활은 매우 불행했으며, 링컨 여사는 자주 빗자루를 들고 남편을 집에서 내몰았다."고 증언했다.

메리 토드의 폭발은 시간이 갈수록 더 잦아지고 더 격해졌다. 링컨의 친구들은 진심으로 그가 안됐다고 여겼다. 그에게는 가정생활이 없었으며 가장 친한 친구들을 초대하여 함께 식사하는 일은 감히 꿈도 꿀 수 없었다. 헌던이나 데이비스 판사도 예외가 아니었다. 링컨은 괜히 무슨 일이 터질까 봐 두려워했다. 그 자신도 가급적 메리를 피해 저녁 시간은 법학도서관에서 다른 변호사들과 대화하거나 딜러 씨의 약국에 모인 사람들에게 이야기를 하며 보냈다.

때때로 링컨이 밤늦게 머리를 푹 숙인 채 우울하고 음침한 표정으로 인적 드문 거리를 홀로 배회하는 모습이 목격되기도 했다. 가끔 그는 "집에 가기 싫다."고 말했다. 사정을 잘 알고 있던 한 친구는 링컨을 자기 집에 데려가 재워주곤 했다.

링컨 부부의 비극적인 가정생활에 대해 헌던 이상으로 더 잘 알고 있는 사람은 없었다. 다음은 그의 링컨 전기 제3권 430~434쪽에 있는 내용이다.

링컨에게는 속을 털어놓을 만한 막역한 친구가 없었다. 그래서 누구에게도 자기 마음을 내비치지 않았다. 나는 물론 다른 친구들에게도 자신의 고통을 꺼내 보인 적이 없었다. 그것은 큰 짐이었다. 그럼에도 그는 아주 슬프게, 한 마디 불평도 없이 견뎌냈다. 나는 굳이 말을 하지 않아도 그가 언제 기분이 푹 가라앉아 있는지를 알 수 있었다. 사실 그는 아침형 인간이 아니었다. 무슨 말이냐 하면, 그는 대개 아침 9시 전에 출근하는 법이 없었다. 나는 보통 링컨보다 한 시간 일찍 나왔다. 그러나 그는 가끔 7시에 출근할 때도 있었고, 동트기 전에 나온 적도 있었다. 그래서 사무실에 나보다 먼저 그가 나와 있는 것을 보면 나는 즉시 그의 가정에 한바탕 회오리가 일었음을 감지했다.

그는 하늘을 보며 소파에 누워 있거나 발을 뒤쪽의 창턱에 올려놓고 의자에 몸을 웅크리고 있었다. 그럴 때 그는 내가 들어와도 고개를 들지 않았고, 내 인사에 건성으로 답할 뿐이었다. 나는 즉시 서류를 작성하거나 책을 살펴보며 바쁘게 움직였지만, 나 자신도 불안해질 정도로 그의 우울과 낙심과 침묵의 무게가 너무 부담스러워져 법원이나 다른 곳에 갈 구실을 찾아 사무실을 나가곤 했다.

좁은 복도로 연결된 사무실 문에는 유리가 끼워져 있었고 그 위에 커튼을 달아놓았다. 우리가 외출할 때는 반드시 이 커튼을 쳤는데 이런 날에는 링컨이 안에 있어도 나는 나가면서 커튼을 쳤다. 그러면 계단 밑에 이르기도 전에 문을 잠그는 소리가 들렸다. 그때부터 링컨은 홀로 자신의 우울함에 갇혀 있었다.

그렇게 밖으로 나온 나는 법원의 서기 사무실에서 한 시간을, 근처의 가게에서 한 시간을 더 보낸 후에 돌아오곤 했다. 그때쯤에는 고객이 찾아오고 링컨은 그에게 소송을 제안하고 있거나, 음침한 구름을 걷어내고 인디애나에 대한 이야기로 아침의 우울한 기분을 쓸어냈다. 정오가 되면 나는 집으로 식사를 하러 갔다. 한 시간 안에 돌아온 뒤에도 그는 여전히 사무실에서 – 그의 집은 그곳에서 멀지 않았다. – 내가 없을 때 아래층 가게에서 구입한 치즈 한 조각과 크래커 몇 개로 점심을 해결했다. 오후 5시나 6시에 내가 퇴근할 때도 그는 여전히 계단 아래의 상자 위에 앉아 어슬렁대는 사람들과 이야기를 나누거나 법원 계단에서도 똑같은 식으로 시간을 때웠다.

어두워진 후에도 사무실에 불이 켜진 것을 보면 그가 밤늦게까지 그곳에 있음을 알 수 있었다. 그리고 온 세상이 잠든 후에 한 나라의 대통령이 될 운명인 남자의 키 큰 형체가 나무 그늘과 건물들을 따라 거닐다가 수수한 목조주택의 문으로 들어갔다.

이상의 설명이 너무 심하게 왜곡되었다고 주장하는 사람이 있을지 모른다. 만약 그렇다면, 나는 그건 그들이 사정을 모르고 하는 이야기라고 답할 수밖에 없다.

한 번은 메리가 그를 너무 오래도록 심하게 몰아붙이는 바람에 '누구에게도 악의를 품지 말고 만인을 향한 자비심으로'라고 외쳤던 링컨조차도 자제력을 잃고 그녀의 팔을 잡더니 부엌으로 끌고 가 문 쪽으로 밀치며 소리쳤다. "당신은 내 인생을 망치고 있어. 이 집을 지옥으로 만들고 있다고. 제기랄! 이제 당신이 나가!"

4 정치 세계의 가혹한 경험

만약 링컨이 앤 러틀리지와 결혼했다면, 십중팔구 더 행복했을 테지만 대통령이 되지는 못했을 것이다. 그는 생각과 움직임이 느렸고, 앤은 그의 정치적인 성공에 불을 지펴줄 만한 여성은 아니었다. 그러나 백악관의 안주인이 되겠다는 강렬한 욕망에 불타던 메리 토드는 링컨과 결혼하자마자 그를 휘그당 국회의원 후보 지명전에 출마하게 했다.

싸움은 격렬했다. 믿기지 않아 보이지만, 링컨의 정적들은 그가 교회에 다니지 않는다며 그를 불신자라고 몰아세웠고, 오만한 토드 가문과 결혼을 했다는 이유 때문에 부와 귀족을 도구로 삼았다고 비난했다. 터무니없는 주장이었지만, 링컨은 이런 비난이 정치적으로 그에게 타격을 줄 수도 있음을 깨달았다. 그래서 자기를 비난하는 사람들에게 이렇게 답했다. "제가 스프링필드에 온 뒤에 저를 찾아온 제 친척은 딱 한 사람뿐이었습니다. 그런데 그 친척이 마을을 벗어나기 전에 한 유대인의 하프를 훔쳤다고 고소를 당했지요. 만약 자부심 강한 귀족 가문의 일원이 된다는 것이 그런 의미라면, 저도 그 죄에 대해 책임이 있을 겁니다."

링컨은 선거에서 졌다. 그의 첫 번째 정치적 패배였다. 2년 후에 다시 출마했을 때는 승리했다. 메리 링컨은 환호했다. 남편의 정치적 승리가 이제 막 시작되었다고 믿은 메리 링컨은 새로운 야회복을 주문했고 프랑스어 실력을 더욱 가다듬었다. 남편이 수도에 도착하자마자 그녀는 편지에 '존경하는 A. 링컨 님에게'라는 표현을 사용했다. 그러나 링컨은 당장 그런 식의 표현을 중단시켰다.

메리도 워싱턴에서 살고 싶었다. 그녀는 앞으로 자신이 누릴 것이라 확신한 사회적 명성을 누리고 싶었다. 그러나 남편과 함께하기 위해 동부에 온 그녀는 상황이 자신이 기대했던 것과는 완전히 딴판임을 알게 되었다. 링컨은 너무 가난하여 정부에서 주는 첫 급료를 받을 때까지 스티븐 A. 더글러스에게 돈을 빌려야 했다. 그래서 링컨 부부는 더프그린 거리에 있는 스프리그스 부인의 하숙집 신세를 졌다. 이 집 앞에 있는 도로는 포장이 되어 있지 않았고 인도는 재와 자갈로 만들어졌으며 방들은 휑뎅그렁했고 배관 시설도 되어 있지 않았다. 뒷마당에는 별채와 거위 우리와 텃밭이 있었다. 이웃들의 돼지가 툭하면 그 밭에 심은 채소를 노리고 뛰어드는 바람에 스프리그스 부인의 어린 아들이 간간이 몽둥이를 들고 뛰어나가 그들을 쫓아버려야 했다. 그 당시 워싱턴 시에서는 쓰레기를 수거하지 않았다. 그래서 스프리그스 부인은 뒷길에다 음식물 쓰레기를 버려 제멋대로 거리를 배회하는 소와 돼지와 거위들이 알아서 치워주게 했다.

링컨 여사는 배타적인 워싱턴의 사교계로 연결되는 문이 자신에게는 꽉 닫혀 있음을 알게 되었다. 그녀는 무시되었고 버릇없는 아이들과 두통에 시달리면서 스프리그스 부인의 아들이 양배추밭에서 돼지를 쫓으며 질러대는 고함을 들으며 음산한 하숙방에 홀로 남겨졌다.

분명 실망스러운 상황이었지만, 그래도 이것은 곧 겪게 될 정치적 재앙에 비하면 아무것도 아니었다. 링컨이 의회에 입성했을 때 이 나라는 20개월 동안 멕시코와 전쟁을 치르고 있었다. 그것은 노예제를 활성화시키고 노예제를 지지하는 상원의원들이 선출될 수 있는 영토를 더 많이 확보하기 위해 의회의 노예제 지지 세력들이 일으킨 부끄러운 침략 전쟁이었다.

미국은 이 전쟁에서 두 가지를 얻었다. 한때 멕시코의 소유였던 텍사스를 분리시켜 그 영토에 대한 멕시코의 모든 권리를 포기하게 했다. 또 계획적으로 전체 멕시코 영토의 절반을 강탈한 후 그것을 뉴멕시코, 애리조나, 네바다, 그리고 캘리포니아 주들로 분할했다.

그랜트는 그것이 인류 역사상 가장 사악한 전쟁 중 하나이며, 그 전쟁에 참전한 자신을 결코 용서하지 못할 거라고 말했다. 수많은 미국의 군인들이 이 전쟁에 반대하여 적에게 투항했는데 멕시코의 유명한 산타안나 군대는 미국의 탈영병들로 구성되었다.

링컨은 의회의 연단에 서서 다른 많은 휘그당원들이 이미 했던 일을 했다. 그는 '약탈과 살인의 전쟁, 강탈과 치욕의 전쟁'을 일으켰다며 대통령을 공격했고, 하늘에 계신 하느님이 "약자와 무고한 자들을 보호하는 일을 잊고 잔인한 살인자들과 지옥의 악마들이 남자와 여자와 아이들을 죽이고 정의로운 자들의 땅을 짓밟고 약탈하게 했다."며 규탄했다.

당시 링컨은 별로 알려진 인물이 아니었기 때문에 워싱턴은 이 연설에 눈길도 주지 않았다. 하지만 스프링필드로 돌아오자 태풍이 일어났다. 일리노이 주에서는 그들이 믿는 자유라는 신성한 대의를 위해 6천 명의 젊은이들을 전쟁터에 내보냈다. 그런데 지금 그들의 대표가 의회 앞에서 그들의 병사를 지옥에서 온 악마라 부르고 살인자들이라 매도하고 있는 것이다. 분노하고 흥분한 전쟁 지지자들은 공개 집회를 열어 링컨을 "천하고 비열하고 혐오스럽고 약삭빠른 게릴라이자 제2의 베네딕트 아놀드"(미국 독립혁명 당시 미국을 배신한 반역자-옮긴이)라고 맹렬히 성토했다.

이 증오의 불길은 너무도 격렬하여 이후로도 10년 넘게 계속 연기를 피워 올렸다. 13년 뒤, 링컨이 대통령에 출마했을 때 사람들은 그에게 다시 같은 비난을 퍼부었다. 링컨 자신도 동료 변호사에게 "나는 정치적 자살을 범했다."고 고백했다. 그는 고향에 돌아가 분노한 선거구민과 대면하기를 두려워했다. 그래서 워싱턴에 머물며 일할 수 있도록 국유지 관리국 국장으로 임명되기 위해 애썼지만 불발로 끝났다. 그 뒤에는 오리건 준주가 아메리카 합중국에 편입될 때 초대 상원의원이 되겠다는 희망으로 그곳의 주지사가 되고자 했다. 그러나 이 시도 역시 실패했다.

결국 링컨은 스프링필드와 그의 지저분한 사무실로 돌아왔다. 그는 한 번 더 올드벅을 금방이라도 무너질 듯한 마차에 붙들어 매고 일리노이 주에서 가장 낙심한 사람이 되어 순회법정을 따라다녔다. 이제 그는 정치에 대해서는 모두 잊고 본업에 전념하기로 했다. 또 자신의 일에 체계가 없고 정신 수양도 부족하다는 것을 깨닫고, 더 치밀하게 사고하고 명제를 명쾌히 입증하는 훈련을 하기 위해 기하학 책을 구입한 후 순회법정 길에 가지고 다녔다. 헌던의 링컨 전기를 따라가 보자.

시골의 작은 여인숙에서는 보통 침대를 같이 썼다. 대부분의 경우 링컨에게는 침대가 너무 짧아 그의 발이 발판 위에 걸려 정강이뼈 일부가 드러나 보였다. 링컨은 침대 머리맡에 있는 의자 위에 촛불을 켜놓고 몇 시간이고 책을 읽었다. 그는 이 자세로 새벽 2시까지 공부했다. 그가 책에 빠져 있는 동안 나와 같은 방을 쓰게 된 다른 사람들은 편안하게 푹 잤다. 순회법정을 다니는 중에 그는 이런 식으로 유클리드 기하학을 공부하여 6권의 책 속에 들어 있는 모든 명제를 쉽게 증명할 수 있었다.

기하학을 정복한 후에는 대수학과 천문학을 공부했고, 그 뒤에는 언어의 기원과 발달에 대한 강연을 준비했다. 그러나 그가 가장 큰 관심을 보인 것은 무엇보다 셰익스피어였다. 뉴 세일럼에서 잭 켈소가 심어준 문학적 취향이 여전히 살아 있었던 것이다.

이 시기부터 그의 생명이 다할 때까지 에이브러햄 링컨의 가장 두드러진 특징은 측량할 길 없는 깊은 슬픔과 우울함이었다. 단순한 말로는 그 깊이를 제대로 전달할 수 없을 정도이다.

제시 웨이크는 헌던의 링컨 전기 집필을 도울 때 링컨의 슬픔에 대한 이야기들이 과장되어 있다고 느꼈다. 그래서 그는 오랜 기간 링컨과 관계했던 사람들과 이 문제를 자세하고 심도 있게 토론했다. 그 뒤에 웨이크는 "링컨을 본 적이 없는 사람들은 그의 우울 성향을 제대로 이해할 수 없다."고 굳게 확신했고, 그의 생각에 동의한 헌던은 더 나아가 이미 앞서 인용한 말을 했다. "지난 20년 동안 링컨이 단 하루라도 행복한 날이 있었는지 난 모르겠다. 그의 가장 두드러진 특징은 사라지지 않는 슬픔이었다. 그가 걸을 때마다 그의 몸에서는 우울함이 뚝뚝 떨어져 내렸다."

링컨이 순회법정을 돌 때는 두세 명의 다른 변호사들과 같은 방에서 자는 경우가 많았다. 그러면 링컨의 목소리로 인해 아침 일찍 잠이 깬 그들의 눈에 침대 가장자리에 앉아 혼자 두서없이 중얼거리고 있는 그의 모습이 포착되었다. 링컨은 잠에서 깨면 불을 피운 후 몇 시간이고 앉아 불길을 응시하곤 했다. 이런 경우에 그는 자주 '아, 죽을 수밖에 없는 존재가 왜 이리 오만한 것인가?'를 암송했다.

절망감이 너무 깊을 때는 길을 걷다가 그에게 말을 거는 사람들을 알아보지 못하기도 했다. 때로는 사람들과 악수를 하면서도 자신이 무엇을 하고 있는지 의식하지 못했다. 여기서 링컨과의 추억을 소중히 여기는 조나단 버치의 말을 들어보자.

블루밍턴에서 열린 재판에 참석했을 때 링컨은 한순간 법정과 사무실 혹은 거리에서 그의 말을 듣는 사람들이 배꼽을 잡고 웃게 만들다가도 다음 순간에는 너무 깊이 생각에 몰입하여 아무도 감히 그를 건드리려 하지 않았다. ……그는 벽으로 기울어진 의자에 앉아 발을 의자의 아래쪽 가로대에 놓고 다리를 끌어당겨 무릎을 턱의 높이와 같게 한 다음, 모자를 앞으로 눌러 쓴 채 양손을 무릎 주위로 꼭 쥐고 한없이 슬픈 눈을 하고 있었다. 바로 낙담과 우울함의 화신과도 같은 모습이었다. 나는 그가 이렇게 한 번에 몇 시간씩 뭔가에 몰입해 있는 것을 보았다. 이때는 가장 가까운 친구들조차 감히 그를 방해할 엄두를 내지 못했다.

아마 그 누구보다 링컨의 생애를 깊이 있게 연구한 베버리지 상원의원은 "1849년부터 사망할 때까지 링컨이 살아낸 삶의 두드러진 특징은 보통사람은 그 깊이를 이해하거나 측량할 수 없는 슬픔"이라고 결론 내렸다.

그러나 그의 지칠 줄 모르는 유머와 놀라운 이야기 전달 능력은 그의 슬픔만큼이나 눈에 띄고 그의 성격에서 떼어놓을 수 없는 부분이었다. 데이비스 판사는 때로 재판을 멈추고 그의 명랑하고 활기 넘치는 유머에 귀를 기울일 정도였다. 헌던에 따르면 '200~300명의 청중들이 그의 주변에 모여' 몇 시간씩 배를 잡고 웃었다고 한다. 현장을 직접 목격한 한 사람은 링컨이 재미있는 이야기의 '요점'에 이르면, 사람들은 환성을 지르며 의자에서 굴러 떨어졌다고 말했다.

링컨을 잘 아는 사람들은 '그의 끝 모를 깊은 슬픔'의 원인이 두 가지라는데 동의했다. 바로 참담한 정치적 실패와 비극적인 결혼생활이었다. 확실히 정치적으로 완전히 잊힌 통한의 시간이 6년쯤 흐르다가 갑자기 링컨의 인생을 뒤바꿔놓고 그의 발길을 백악관으로 돌려놓은 한 사건이 일어났다. 이 사건의 주동자이자 중심인물은 메리 링컨의 옛 애인인 스티븐 A. 더글러스였다.

⑤ 상원의원 선거의 낙선

 1854년에 링컨에게 엄청난 일이 일어났다. 그것은 미주리 협정이 폐지된 결과였다. 먼저 미주리 협정을 간단히 설명해 보자. 1819년에 미주리는 노예제 찬성 주로서 연합에 들어오고자 했다. 그러나 북부가 이에 반대했고 상황이 심각해졌다. 마침내 당시의 가장 유능한 공무원들이 현재 미주리 협정으로 알려진 방안을 마련했다. 남부는 그들이 원하던 것을 얻었다. 바로 미주리가 노예제 찬성 주로서 연방에 가입하는 것이었다. 북부도 그들이 원하는 것을 얻었다. 앞으로 미주리 주의 남쪽 경계에서 북쪽에 있는 서부 전 지역에 노예제를 금지한다는 내용이었다.

 사람들은 이렇게 하면 노예제를 둘러싼 논란이 그칠 것으로 여겼고, 얼마 동안은 실제로 그랬다. 그러나 30여 년이 지난 지금 스티븐 A. 더글러스는 협정 폐지를 주도하여 최초 독립한 13개 주와 동일한 크기의, 미시시피 강 서쪽에 위치한 새로운 지역이 노예제의 저주를 받게 했다. 그는 협정 폐지를 위해 의회에서 오랜 기간 열심히 싸웠고, 이 싸움은 수개월 동안 지속되었다. 한 번은 하원에서의 격렬한 논쟁 중에 의원들이 자기 책상 위로 뛰어올라 칼을 휘두르고 총을 뽑아들기도 했다. 하지만 자정부터 거의 새벽까지 더글러스의 절절한 호소가 이어지더니 상원은 마침내 1854년 3월 4일에 그의 법안을 통과시켰다. 그것은 엄청난 사건이었다. 전령들은 아직 잠들어 있던 워싱턴 시의 거리를 뛰어다니며 큰 소리로 소식을 전했다. 해군 기지에서는 예포를 발사하며 새 시대의 시작을 알렸다. 그러나 그것은 피로 물들게 될 새 시대였다.

더글러스는 도대체 왜 이런 일을 한 것일까? 아무도 정확히는 모르는 것 같다. 역사학자들은 지금도 이를 두고 논란이 분분하다. 하지만 이 점만은 확실하다. 더글러스는 1856년에 대통령에 당선되기를 바랐다는 것이다. 그는 협정이 폐기되면 남부에서 자신의 입지가 유리해질 것임을 알고 있었다.

하지만 북부는 어떤가? 그는 단언했다. "물론 거기서는 굉장한 폭풍이 몰아칠 걸세." 그가 옳았다. 그것은 자주 토네이도를 일으켜 큰 정당들을 분열시켰고 결국에는 나라 전체를 내란의 소용돌이에 휩싸이게 했다. 사람들은 수백 개 도시와 마을에서 자발적으로 항의와 분노의 집회를 열었다. 스티븐 아놀드 더글러스는 '반역자 아놀드'라며 성토되었고, 사람들은 그의 이름도 베네딕트 아놀드를 본떠서 지어진 것이라며 이죽거렸다. 또 그를 현대판 유다에 비유하여 은 30전을 보내자고 했고(유다는 은 30냥에 예수를 팔았다가 목을 매 자살했다.-옮긴이) 교수형에 처하자는 말까지 나왔다.

교회들도 신성한 분노를 느끼며 싸움판에 뛰어들었다. 뉴잉글랜드 지역의 목사 3천50명은 〈전지전능하신 하나님의 이름과 그분의 존재에 힘입어〉라는 항의문을 써서 상원에 제출했다. 격분한 사설들도 분노의 불길에 부채질했다. 시카고에서는 민주당 신문들조차 더글러스를 향한 적의와 원한의 감정을 감추지 않았다.

8월에 의회가 휴회하면서 더글러스는 귀향길에 올랐다. 자신이 직접 목격한 장면에 놀란 더글러스는 나중에 여기저기서 자신의 목을 매단 형상이 불에 태워지는 빛으로 보스턴에서 일리노이 주까지 여행할 수도 있었을 것이라고 말했다.

더글러스는 대담하게도 시카고에서 연설하겠다고 발표했다. 자신의 고향인 그 지역의 사람들이 보인 그에 대한 증오심은 거의 광적인 수준에 이르렀다. 언론도 그를 공격했고 격분한 성직자들은 그의 배신적인 언사에 대해 다시는 '일리노이 주의 맑은 공기를 오염시키지 않을 것'을 요구했다. 남자들은 철물점으로 달려갔고, 해질녘의 도시 전체는 판매용 권총이 하나도 남아 있지 않을 정도였다. 더글러스의 적들은 그가 계속 살아서 자신의 파렴치한 행위를 옹호하도록 해서는 안 된다고 이를 갈았다.

더글러스가 도시에 발을 들여놓는 순간 항구의 배들은 조기弔旗를 내걸었고 수십 개의 교회는 12번의 조종弔鐘을 울려대며 자유의 죽음을 슬퍼했다. 그가 연설한 밤은 시카고 역사상 가장 더운 날 중 하나였다. 의자에 가만히 앉아 있는 남자들의 얼굴에는 땀이 줄줄 흘러내렸고, 여자들은 시원하게 잠자기 위해 호숫가의 모래사장으로 가려고 애쓰다가 졸도하기도 했다. 그러나 이런 무더위에도 불구하고 수천 명의 흥분한 남성들은 주머니에 총을 넣고 더글러스의 연설을 듣기 위해 몰려갔다. 시카고에 이 정도의 군중을 수용할 수 있는 강당은 없었다. 그래서 그들은 광장으로 몰렸고 수백 명은 발코니에 서 있거나 근처 집들의 지붕 위에 다리를 쫙 벌리고 앉았다.

더글러스가 내뱉은 첫 마디에 대한 반응은 비난과 야유의 외침이었다. 그는 말을 계속했다. 아니면 적어도 계속하려고 노력했다. 그러나 청중은 고함을 지르고 우우 소리를 내며 모욕적인 노래를 부르고 글로는 표현할 수 없는 욕을 해댔다. 흥분한 그의 지지자들은 싸움을 시작하려 했지만 더글러스는 그들에게 자제를 간청했다. 그는 군중을 다독이며 계속 말을 하려 했고 계속 실패했다. 그가 <시카고 트리뷴>을 비난했을 때 군중들은 그 신문에 갈채를 보냈고, 자신에게 말할 수 있는 기회를 주지 않는다면 밤새도록 그곳에 서 있겠다고 위협하자 8천 명의 목소리는 이렇게 외쳤다. "우리는 아침까지 있을 거야. 우리는 아침까지 있을 거야."

그때는 토요일 밤이었다. 네 시간 동안 헛수고를 하며 온갖 모욕을 당한 더글러스는 마침내 시계를 보고는 소리를 지르며 주먹을 휘둘러대는 군중들을 향해 외쳤다. "이제 일요일 아침이군요. 난 교회에 갈 겁니다. 여러분은 지옥에나 가시지요." 완전히 지친 그는 다 포기하고 연단을 떠났다. 그 작은 거인은 난생 처음 제대로 굴욕과 패배를 맛보았다.

다음 날 아침, 신문들은 사건의 전말을 보도했다. 스프링필드에서는 중년을 바라보는 거만하고 살이 통통

한 흑갈색 머리의 여성이 부르르 떨면서 묘한 만족감을 느끼며 그 기사를 읽었다. 15년 전에 그녀는 더글러스의 부인이 되는 꿈을 꾸었었다. 오랫동안 그녀는 자신의 남편이 굴욕적인 패배 속에서 계속 추락해 가는 동안 더글러스는 날개를 달고 이 나라에서 가장 인기 있고 강력한 리더로 비상하는 모습을 지켜보았다. 그녀는 이런 상황에 몹시 속이 쓰렸다.

그런데 이제 천만다행으로 오만한 더글러스가 보기 좋게 추락한 것이다. 그는 바로 자신의 주에서 자기 당을 분열시켰다. 그것도 선거를 코앞에 두고 말이다. 링컨에게 이것은 기회였다. 메리 링컨은 그것을 알고 있었다. 그것은 링컨이 1848년에 잃었던 대중의 지지를 회복할 기회였고 정치적 입지를 회복하며 미국의 상원의원이 될 수 있는 기회였다. 사실 더글러스는 아직도 4년 더 의원직을 유지할 수 있었다. 그러나 그의 동료는 몇 달 뒤에 재선에 나설 예정이었다.

그럼 그의 동료는 누구였을까? 바로 쉴즈라는 이름의 허풍이 심하고 싸움을 좋아하는 아일랜드 사람이었다. 메리 링컨도 쉴즈와의 사이에 풀어야 할 묵은 원한이 있었다. 1842년에 그녀 자신이 쓴 모욕적인 편지 때문에 쉴즈는 링컨에게 결투를 신청했었다. 두 남자는 각자 기병대 칼로 무장하고 입회인을 대동한 채 서로의 목숨을 취할 작정으로 미시시피 강의 모래사장에서 대치했다. 그러나 마지막 순간에 친구들이 끼어들어 피를 보는 일을 막을 수 있었다. 그 이후 정치의 하늘에서 쉴즈는 날개를 펄럭이며 창공을 휘저은 반면 링컨은 나락으로 곤두박질쳤다.

하지만 이제 링컨은 바닥을 쳤고 다시 튀어 오르기 시작했다. 그의 말대로 미주리 협정 폐기는 그를 "일으켜 세웠다." 그는 더 이상 웅크리고 있을 수 없었고, 자기 영혼이 지닌 모든 힘과 신념을 가지고 부딪쳐보기로 했다. 그래서 그는 몇 주 동안 주립도서관에서 역사를 공부하고 사실들을 숙지하며 연설을 준비했고, 이 법안이 통과될 당시 상원 회의실을 뜨겁게 달구었던 쟁점들을 분류했으며 명확히 파악하고 연구했다.

10월 3일, 스프링필드에서는 주州 박람회가 열려 수천 명의 농부들이 읍내로 몰려들었다. 남자들은 공들여 키운 돼지와 말과 소와 옥수수를 가져왔고, 여자들은 젤리와 잼과 파이와 절인 과일 등을 선보였다. 그러나 이런 볼거리들은 다른 관심과 흥분 속에서 거의 잊혀졌다. 몇 주 전부터 더글러스가 박람회 개막일에 연설을 할 예정이라는 소식이 있었고, 정치 지도자들이 주의

각지에서 그의 연설을 듣기 위해 몰려든 것이다.

그날 오후 그는 세 시간 넘게 연설을 하며 자신의 기록을 확인하고 설명하고 옹호하며 공격했다. 그는 자신이 "특정 지역의 노예제를 합법화하거나 반대로 금지하기 위해" 노력하고 있다는 주장을 강하게 부인하며, 노예제를 실시하고 안 하고는 해당 지역의 주민들이 알아서 할 일이라고 말했다. 그는 외쳤다. "캔자스 주민과 네브래스카 주민들이 자치를 할 수 있다면, 분명 불쌍한 흑인 노예도 몇 명 부릴 수 있을 겁니다." 링컨은 앞쪽에 앉아 한 마디도 놓치지 않으며 모든 주장을 저울질했다. 더글러스가 연설을 마치자 링컨이 선언했다. "내일 내가 저 사람 가죽을 울타리에 매달 거요."

다음 날 아침, 읍내 전역과 박람회장에 전단이 뿌려져 링컨이 더글러스에게 응답 연설을 할 것이라는 사실을 알렸다. 사람들은 굉장한 관심을 보여 2시가 되기 전에 연설이 있을 예정인 강당의 모든 좌석이 다 채워졌다. 이윽고 더글러스가 나타나 연단에 앉았다. 늘 그렇듯이 그는 깔끔하고 반듯한 차림이었다.

메리 링컨은 이미 청중석에 앉아 있었다. 그날 아침 집을 나서기 전에 그녀는 링컨의 외투를 열심히 솔질하고 새 옷깃과 가장 좋은 넥타이를 정성스럽게 다림질했다. 메리는 남편을 돋보이게 하여 좋은 인상을 주려고 했으나 그날은 더웠고 링컨은 강당 안의 공기가 답답하고 푹푹 찔 것을 알고 있었다. 그래서 외투도 조끼도 옷깃도 넥타이도 다 벗어놓고 연단에 올라갔다. 길고 깡마른 갈색의 목이 그의 수척한 몸을 헐렁하게 가리고 있는 셔츠 위로 솟아 있었다. 머리는 헝클어진 상태였고 신발은 낡고 너저분했다. 뜨개질한 멜빵 하나만이 그의 짧고 잘 맞지 않는 바지를 고정시켜주고 있었다.

이런 남편의 모습에 메리 링컨은 분노와 당혹감으로 얼굴이 빨개졌다. 아마 절망감으로 울고 싶었을 것이다. 그때는 아무도 상상하지 못했지만, 지금 우리는 메리 토드가 수치스럽게 여긴 이 촌스러운 남자가 그 뜨거운 8월의 오후에 그를 불멸의 위치에 오르게 해줄 노정으로 발걸음을 내딛기 시작했다는 사실을 알고 있다.

그날 오후, 그는 그의 인생에서 첫 번째 위대한 연설을 했다. 만약 그가 이전에 한 모든 연설을 모아서 한 권의 책에 담고, 그날 오후 이후에 한 연설들을 모아서 다른 책에 모아 놓을 경우, 우리는 그 연설들의 저자가 한 사람이라는 사실을 믿기 힘들 것이다. 그날 연설을 한 사람은 새로운 링컨이었다. 그는 강력한 불의에 깊이 자극 받은 링컨이었고 억압받는 인종의 편에 선 링컨이었으며 도덕적 위엄으로 고양된 링컨이었다.

그는 노예제의 역사를 휘둘러본 후 그것을 혐오하는 다섯 가지 이유를 제시했다. 그러나 고결한 관용의 정신으로 그는 이렇게 선언했다.

저는 남부 사람들에 대해 편견이 없습니다. 우리도 그들 입장에 처한다면 그들처럼 생각하고 행동할 것입니다. 만약 현재 그들에게 노예제가 없다면 그들은 그것을 도입하지 않을 것입니다. 만약 지금 우리에게 노예제가 있다면, 우리도 당장 그것을 포기하지는 못할 겁니다.

남부 사람들이 자기들은 우리와 마찬가지로 노예제의 기원에 대한 책임이 없다고 말할 때, 저는 그 사실을 인정합니다. 어떤 상황이 존재하고 그것을 만족스럽게 제거하기가 매우 어렵다는 말을 저는 이해하고 인정합니다. 나는 분명히 저 자신도 어떻게 해야 할지 모르는 일을 하지 않는다고 그들을 비난하지는 않을 것입니다. 이 세상의 모든 권력이 제게 주어진다 해도, 저는 기존의 제도를 어떻게 해야 할지는 알 수 없을 것입니다.

링컨은 세 시간 넘게 얼굴에 땀을 줄줄 흘리면서 더글러스의 연설에 답하며 그의 궤변을 폭로하고 그의 입장이 얼마나 거짓된 것인지를 밝혔다. 그것은 깊이 있는 연설이었고 깊은 인상을 남겼다. 더글러스는 움찔하고 몸을 뒤틀었다. 그는 자주 자리에서 일어나 링컨의 말허리를 잘랐다.

선거일이 얼마 남지 않았다. 진보적인 젊은 민주당원들은 이미 더글러스에 대한 지지를 철회하고 그를 공격했다. 일리노이 주에서는 더글러스의 민주당이 참패했다. 그 당시 상원의원은 주 의회에서 선출되었다. 그리고 이를 위해 1855년 2월 8일에 스프링필드에서 일리노이 주 의회가 소집되었다. 링컨 여사는 이 행사를 위해 새 옷과 모자를 샀고, 그녀의 형부인 니니언 W. 에드워즈는 그날 밤 한껏 부푼 기대감으로 링컨 상원의원을 축하하는 환영회를 준비했다.

첫 번째 투표에서 링컨은 다른 모든 후보를 앞섰고 이제 6표만 얻으면 당선되는 상황이었다. 그러나 그 이후로는 계속 표를 잃더니 열 번째 투표에서 그의 패배가 확정되고 리먼 W. 트럼불이 선출되었다.

리먼 트럼불은 줄리아 제인과 결혼했는데, 그녀는 메리 링컨의 결혼식에서 신부 들러리를 섰던 젊은 여성이었고, 아마 링컨 여사의 가장 친한 친구였을 것이다. 메리와 줄리아는 그날 오후 의원회관의 발코니에 나란히 앉아 선거 과정을 지켜보고 있었다. 줄리아 남편의 승리가 선언되었을 때, 메리 링컨은 속이 뒤틀려 건물 밖으로 나가버렸다. 그녀의 분노와 질투심은 너무도 격렬하여 그날부터 죽을 때까지 두 번 다시 줄리아 트럼불과 말을 섞지 않았다.

링컨은 낙담과 실의에 젖어 벽에 잉크 얼룩이 묻어 있고 책장 위의 먼지에서는 씨앗이 싹을 틔운 칙칙한 변호사 사무실로 돌아왔다. 일주일 뒤에는 다시 올드벅을 마차에 매고 인적 없는 초원 위를 누비며 이곳저곳의 법원을 떠돌기 시작했다. 그러나 그의 마음은 이미 변호사 일을 떠나 있었다. 이제 그는 정치와 노예제와 관련된 것 말고는 거의 말을 하지 않았으며, 속박당하는 수많은 사람들을 생각하기만 해도 마음이 비통해진다고 말했다. 우울증의 공격도 전보다 더 잦아졌다. 시간도 길어지고 그 정도도 더 깊어졌다.

어느 날 밤, 그는 시골의 한 여인숙에서 다른 변호사와 침대를 같이 썼다. 그 동료는 새벽에 잠이 깨어 링컨이 잠옷 차림에 낙담한 표정으로 깊은 생각에 잠겨 혼자 중얼거리며 침대 가장자리에 앉아 있는 것을 보았다. 마침내 그가 꺼낸 첫 마디는 이랬다. "분명히 말하지만 이 나라는 반노예와 반자유의 상태로 영원히 갈 수는 없을 거네."

이 일이 있은 직후에 스프링필드에 사는 한 흑인 여성이 애처로운 사연을 들고 링컨을 찾아왔다. 그녀의 아들이 세인트루이스로 가서 미시시피 강의 증기선에서 일하게 되었는데, 뉴올리언스에 도착한 후 그만 감옥에 수감되어버렸다. 그는 자유민으로 태어났지만, 그것을 증명할 문서가 없었던 것이다. 그래서 그는 뱃삯을 낼 때까지 감옥에 갇혀 있어야 했다.

링컨은 이 문제를 들고 일리노이 주지사를 찾아갔다. 그러나 그는 자기에게는 이 문제에 관여할 권리가 없다고 대답했다. 루이지애나 주지사도 편지에 대한 답장에서 자기는 아무것도 할 수 없다고 답했다. 그래서 링컨은 두 번째로 일리노이 주지사를 만나 행동을 촉구했지만, 그는 머리를 흔들었다.

링컨은 의자에서 일어나 강한 어조로 말했다. "주지사님, 주지사님께서는 이 불쌍한 사내를 석방시킬 법적인 권한이 없을지도 모릅니다. 하지만 저는 이 나라를 노예 소유주가 발붙일 수 없는 곳으로 만들 작정입니다."

그 다음 해에 46세가 된 링컨은 그의 친구 휘트니에게 안경을 써야 할 것 같다고 털어놓았다. 그리고는 보석가게에 들러 첫 안경을 구입했다. 37.5센트였다.

❻ 운명적인 대결과 패배

1858년 여름, 우리는 에이브러햄 링컨이 그의 인생에서 처음으로 위대한 싸움에 임하는 장면을 지켜보게 된다. 그것은 촌구석에 웅크려 살던 무명인이 미국 역사상 가장 유명한 정치 싸움판에 뛰어드는 장관 중의 장관이 될 것이다.

이제 그의 나이 49세! 그동안의 분투와 노력을 거쳐 그가 도달한 지점은 어디일까?

사업에서 그는 실패자였다.

결혼생활에서는 황량하고 을씨년스러운 불행을 맛보았다.

변호사 일에서는 연봉 3천 달러의 수입으로 꽤 성공한 편이었다. 그러나 그가 마음속에 소중히 간직한 소망인 정치인으로서는 좌절과 패배를 경험했다.

하지만 지금부터의 사건들은 참 이상하고도 어지러울 정도로 빠르게 전개된다. 그는 7년 후에 죽게 되지만, 그 7년 동안 세세토록 영속될 명성과 영광을 얻게 된다. 이 여정에서 우리가 주목하게 될 그의 적수는 스티븐 A. 더글러스다. 현재 그는 국민적 우상의 차원을 넘어 사실 세계적인 명사가 되었다. 미주리 협정을 폐기한 후 4년 만에 더글러스는 역사상 가장 놀라운 재기에 성공했다. 그는 극적이고 스릴 넘치는 정치 투쟁을 통해 스스로를 구원했다. 그것은 이런 식으로 진행되었다.

캔자스는 연방의 문을 두드리며 노예제 찬성 주로 가입시켜 달라고 요청했다. 가입을 받아들여야 할까? 더글러스는 "안 된다."고 답했다. 캔자스의 헌법을 만든 의회가 진정한 의회가 아니었기 때문이다. 의원들은 교묘한 속임수와 엽총을 통해 선출되었고, 투표권이 있는 캔자스 정착민의 절반은 전혀 등록이 되어 있지 않았기 때문에 투표를 할 수 없었다. 그러나 미주리 서부에 살고 있고 캔자스에서는 투표할 법적인 권리가 전혀 없는 노예제 찬성파 민주당원 5천 명이 미국의 병기고로 가서는 무장을 한 후 선거일에 악대를 앞세우고 깃발을 휘날리며 캔자스로 행진해 들어가 노예제 찬성표를 던졌다. 전체 과정이 한바탕의 졸렬한 익살극이자 정의의 희화화 놀음이었다.

그러면 노예제를 반대하는 자유주의 주민들은 뭘 했

을까? 그들은 행동에 나설 준비를 했다. 그래서 자신의 엽총을 손질하고 소총에 기름칠을 한 후 사격술 연마를 위해 나무 위의 표지와 헛간문의 옹이구멍에 대고 총질을 했다. 그들은 곧 행군하고 훈련하고 술을 마셔댔다. 또 참호를 파고 방벽을 쌓고 호텔을 요새로 탈바꿈시켰다. 만약 투표로 정의를 실현할 수 없다면 총알로 해낼 참이었다. 북부 전역의 거의 모든 도시와 마을에서는 전문 연사들이 시민들 앞에서 열변을 토했고 모자를 돌려가며 돈을 모아 캔자스를 위한 무기를 구입했다. 헨리 워드 비처는 브루클린에서 자신의 설교단을 내리치며 캔자스의 구원을 위해서는 《성경》보다 총이 더 효과적이라고 외쳤다.

자유주의 정착민 5명이 살해된 후, 포도를 재배하며 부업으로 포도주를 만들던 광신도인 한 늙은 양치기는 캔자스의 평원 위에 서서 이렇게 말했다. "내게는 선택의 여지가 없다. 전능하신 하나님이 그렇게 명하셨으니까. 내가 노예제 찬성자들을 본보기로 처벌해야 한다고 말이다." 이 사람의 이름은 존 브라운이었고, 오사와토미에 살고 있었다.

5월의 어느 날 밤, 그는 《성경》을 펼치고 가족에게 다윗의 시편을 읽어준 후 함께 무릎 꿇고 기도드렸다. 그리고 찬송가 몇 곡을 부른 후에 그와 그의 네 아들과 사위는 말에 올라 평원을 달려 한 노예제 찬성자의 오두막을 들이쳤고, 노예제를 찬성하는 남자와 그의 두 아들을 침대에서 끌어내 그들의 팔을 잘라내고 도끼로 머리를 쪼갰다. 아침이 되기 전에 비가 내려 죽은 자들의 머리에서 나온 뇌의 일부를 씻어주었다. 그때부터 양측은 서로 죽이고 찌르고 총을 쏘며 난타전을 벌였으며, 역사책에는 '피 흘리는 캔자스'라는 표현이 사용되었다.

스티븐 A. 더글러스는 온갖 사기와 배신이 난무하는 가운데 가짜 의회가 만든 헌법은 잉크를 빨아들이는데 쓰는 흡인지만큼의 값어치도 없다는 사실을 알고 있었다. 그래서 그는 캔자스 주민들이 캔자스를 자유주로 할 것인지 노예주로 할 것인지에 대해 공정하고 평화적으로 투표할 것을 요구했다. 그의 요구는 지극히 옳고 적절했다. 그러나 미합중국의 대통령이던 제임스 뷰캐넌과 오만하고 노예제를 지지하는 워싱턴의 정치인들은 이런 해결을 용인하지 않으려 했다. 그래서 뷰캐넌과 더글러스는 격한 설전을 벌이며 치고받았다.

대통령은 더글러스를 정치적 도살장으로 보내버리겠다고 위협했고, 더글러스는 이렇게 맞받았다. "하느님께 맹세코, 각하! 각하를 그 자리에 올려드린 건 바로 접니다. 그리고 각하를 그 자리에서 내려오게 하는 것도 제가 될 것입니다." 이 말을 했을 때 더글러스는 위협을 한 것만이 아니라 역사에 남을 일을 했다. 그 당시 노예제는 정치적 힘과 오만함이 극에 달해 있었다. 그러나 그 순간부터 그것이 지닌 힘은 빠르고 갑작스럽게 약해졌다.

그 뒤에 이어진 싸움은 종말의 시작이었다. 1860년의 그 싸움에서 더글러스는 자신의 당을 크게 분열시키고 민주당이 재앙으로 가는 길을 마련했으며, 이를 통해 링컨의 당선이 가능하게 했을 뿐 아니라 불가피하게 만들었기 때문이다. 더글러스는 자신의 정치적 미래를 그의 믿음과 북부의 거의 모든 사람들이 지닌 믿음에 걸었고, 그것은 대의를 위한 사심 없는 싸움이었다. 일리노이 주는 이런 더글러스를 사랑했다. 이제 그는 나라에서 가장 찬양받고 존경받는 인물이 되어 자신의 고향 주로 돌아왔다.

1854년에 그에게 야유를 보내고 조기를 내걸고 교회의 조종을 울렸던 시카고가 지금은 취주악단과 환영위원회와 함께 특별열차를 보내 그를 고향까지 호위하게 했다. 그가 시내에 들어섰을 때, 디어본 공원에서는 150대의 대포가 우렁차게 환영인사를 했고, 수백 명의 남자들이 다투어 그와 악수하려 했으며, 수천 명의 여성들은 그의 발치로 꽃을 던졌다. 사람들은 그를 존경하는 의미로 첫 아이의 이름에 그의 이름을 따서 지었다. 그리고 그의 광적인 추종자들 일부는 실제로 교수대에서 그를 대신해 죽었을 것이라 말한다 해도 아마 큰 과장은 아닐 것이다. 그가 죽은 지 40년 뒤에도 사람들은 자신이 '더글러스의 민주당원'인 것을 자랑스러워했다.

더글러스가 의기양양하게 시카고에 입성한 지 몇 개월 뒤에 일리노이 주민들은 상원의원을 선출할 예정이었다. 민주당은 당연히 더글러스를 지명했다. 그러면 공화당은 누구를 그의 대항마로 내세웠을까? 링컨이라는 이름도 생소한 후보였다.

그 뒤에 이어진 선거운동 기간 중에 링컨과 더글러스는 일련의 대치를 통해 격렬한 논쟁을 펼쳤고, 이 논쟁은 링컨을 유명하게 만들었다. 그들은 감정적으로 굉장히 민감한 문제를 놓고 격돌했으며, 대중의 흥분도 후끈 달아올라 열기를 고조시켰다. 미국 역사에 전례가 없을 정도로 많은 군중들이 그들의 토론을 보기 위해 몰려들었다. 그들을 수용할 만한 큰 강당이 없었기에 집회는 오후에 숲이나 평원에서 열렸다. 기자들은 그들의 뒤를 좇았고, 신문들도 나라 전체를 들썩이게 한 둘의 격돌을 대서특필했다. 머지않아 전 국민이 그들의 청중이 되었다. 2년 뒤에 링컨은 백악관에 입성하게 된다. 이 논쟁들이 그를 홍보해 주었고 백악관 입성을 위한 길을 닦아주었다.

경합이 시작되기 전 몇 달 동안 링컨은 준비를 해왔다. 머릿속에서 생각이나 표현이 떠오를 때마다 그것을 편지봉투 뒷면, 신문의 여백, 종이봉투 등의 종잇조각에 적어두었다. 그는 이것들을 커다란 실크모자에 집어넣고는 가는 곳마다 가지고 다녔다. 마지막으로 링컨은 그것들을 종이에 옮겨 적으면서 각 문장을 큰 소리로 읽고 계속 수정하고 고쳐 쓰고 다듬었다.

링컨이 첫 연설문의 마지막 초안을 완성한 어느 날 밤, 친한 친구 몇 명을 주 의회 의사당의 도서관으로 모이게 했다. 거기서 그는 문을 잠가놓고 연설문을 읽었으며 각 단락의 끝에서 멈추고는 논평이나 비평을 요청했다. 이 연설문에는 나중에 유명해진 예언적인 문구가 포함되어 있었다.

"스스로 분열된 집은 제대로 설 수 없습니다."

"이 정부가 영원히 반노예와 반자유의 상태로 갈 수는 없다는 것이 저의 신념입니다."

"저는 연방이 해체되지 않기를 간절히 바랍니다. 집

이 무너질 것으로 보지는 않는다는 말이지요. 하지만 이제 분열을 멈추기 바랍니다."

"이제 둘 중 하나를 택해야 할 것입니다."

이런 내용을 들은 친구들은 크게 놀라고 당황했다. 그들은 그것이 너무 급진적이고 '정말 바보 같은 발언'이며 유권자들이 등을 돌릴 거라고 말했다. 그러나 링컨은 천천히 일어나 그들에게 자신이 이 문제를 얼마나 깊이 생각했는지를 밝히고, "스스로 분열된 집은 제대로 설 수 없다."는 것은 모든 인간 경험의 진실이라고 선언하면서 모임을 마쳤다. 그리고 계속 이렇게 말했다.

"이 말은 6천 년 동안 변함없는 진실이었네. 나는 사람들에게 시대의 위험을 일깨워줄, 간단한 언어로 표현된 어떤 보편적인 비유를 원하네. 이 진실을 말해야 할 때가 왔어. 그리고 나는 내 주장을 바꾸지도 수정하지도 않을 작정이네. 필요하다면 그 말과 함께 죽을 각오도 돼 있지. 만약 이 연설 때문에 내가 파멸해야 한다면, 난 이 진리와 함께 파멸할 거네. 옳고 정의로운 것을 위해 기꺼이 한 목숨 내어줄 각오가 돼 있어."

첫 번째 위대한 논쟁은 8월 21일에 시카고에서 120킬로미터 떨어진 오타와라는 작은 농촌 마을에서 열렸다. 군중들은 전날 밤부터 모여들기 시작했다. 곧 호텔,

개인 주택, 말을 맡기는 곳 등이 초만원 상태가 되었고, 마치 마을 전체가 침략군에 포위되기라도 한 것처럼 계곡 위아래의 절벽과 저지대에서는 1.6킬로미터에 걸쳐 캠프파이어의 불길이 타올랐다.

동트기 전에 다시 사람들이 물밀듯이 밀려들었다. 그날 아침 일리노이의 평원 위로 떠오른 태양은 마차와 수레, 보행자, 그리고 말 위에 올라탄 남녀로 가득 메워진 시골길들을 굽어보며 열기를 토해냈다. 날씨는 무더웠고 몇 주 동안 비 한 방울 내리지 않은 상태였다. 거대한 먼지구름이 일더니 옥수수밭과 목초지 위를 바람 부는 대로 떠돌았다.

정오에는 17량을 연결한 특별열차가 도착했다. 좌석은 만석이었고 통로는 발 디딜 틈이 없었으며 열혈 승객들은 지붕 위에 올라탔다. 64킬로미터 이내에 있는 모든 마을에서는 그들의 악단을 데려왔다. 사람들은 드럼을 치고 나팔을 불어댔으며 행진하는 민병대의 발자국 소리도 요란했다. 돌팔이 의사들은 공짜로 뱀 쇼를 보여주고 진통제를 팔았으며, 마술사와 곡예사들은 술집 앞에서 한바탕 몸을 풀었다. 거지와 매춘부들도 열심히 제 할 일을 했다. 폭죽이 터지고 대포가 울리자 말들이 놀라 달아났다.

일부 마을에서는 그 유명한 더글러스가 6마리의 백마가 이끄는 멋진 마차를 타고 거리를 누볐으며, 열광적인 환호와 갈채가 끊이지 않았다. 한편 링컨의 지지자들은 이런 과시적 행위에 대한 경멸의 뜻으로 링컨을 흰 노새가 이끄는 낡은 수레에 태워 거리를 누볐다. 그리고 32명의 소녀들을 태운 수레가 그 뒤를 따랐다.

연설을 시작하기 30분 전부터 연설자인 링컨과 더글러스, 행사 위원들, 그리고 기자들은 붐비는 인파를 헤치며 나아간 뒤에야 연단에 이를 수 있었다. 나무 차양이 타는 듯한 태양으로부터 연단을 보호하고 있었다. 그런데 십여 명의 남자들이 연단 위로 올라가는 바람에 그 무게를 못 견디고 판자들이 더글러스의 위원단 쪽으로 무너져 내렸다.

두 연사는 거의 모든 면에서 극명한 대조를 이루었다. 더글러스는 키가 160센티미터도 안 되었던 반면, 링컨은 190센티미터가 넘었다. 거구의 링컨은 가늘고 높은 테너의 목소리였던 반면, 왜소한 더글러스는 풍부한 바리톤 음색이었다. 더글러스는 우아하고 세련된 반면, 링컨은 볼품없고 촌티가 줄줄 흘렀다. 더글러스는 사람들의 인기를 한 몸에 받을 만한 개인적인 매력이 있었지만, 링컨의 창백하고 주름진 얼굴에는 우울함이 가득

했고 육체적인 매력은 눈곱만큼도 찾아볼 수 없었다.

더글러스는 남부의 부유한 농장주처럼 주름 장식을 한 셔츠, 감청색 외투, 흰색 바지, 그리고 챙이 넓은 흰색 모자로 멋지게 차려 입은 반면, 링컨의 외모는 어색하고 기괴했다. 낡고 검은 외투는 소매가 너무 짧았고 헐렁한 바지도 너무 짧았으며, 높은 실크 모자는 낡고 거무죽죽했다.

더글러스는 유머 능력이 전혀 없었지만, 링컨은 가장 뛰어난 이야기꾼이었다. 더글러스는 어디를 가든 이미한 말을 반복했지만, 링컨은 끊임없이 자신의 주제를 깊이 생각하여 한 번 써먹은 연설을 재탕하기보다 매일 새 연설을 하는 것이 더 쉽다고 느낄 정도였다.

더글러스는 기회주의자였다. 링컨의 말대로 그에게는 '확고한 정치적 신념'이 없었다. 그의 목표는 이기는 것이었다. 하지만 링컨은 대의를 위해 싸웠다. 결국 정의와 자비가 승리하기만 하면 누가 이기느냐는 그에게 별로 중요하지 않았다. 그는 이렇게 말했다.

"저는 노예제를 없애겠다는 야망이 있습니다. 제가 처음부터 노예제를 둘러싼 이 논쟁이 다시 재개되지 않기를 얼마나 진심으로 기도했는지 하느님은 아실 겁니다. 제가 정치적 명예에 관심이 없다는 말이 아닙니다.

그러나 지금 미주리 협정이 복구될 수 있다면, 그리고 노예제를 폐지하지 않고 그것이 현재 존재하는 곳에서 노예제를 허용하면서 동시에 그 확산을 막는 정책을 시행한다면, 그때는 제가 아니라 더글러스 판사가 의원직을 유지해야 한다는데 기꺼이 동의할 것입니다. 저희 두 사람이나 둘 중 하나가 살아 있는 동안 말이지요.

사실 상원의원에 더글러스 판사가 선출되느냐 제가 선출되느냐는 별로 중요하지 않습니다. 하지만 오늘 우리가 여러분 앞에 제기한 큰 문제는 누군가의 개인적 이해나 정치적 행운을 훨씬 넘어선 것입니다. 이 문제는 더글러스 판사와 저 자신의 가련하고 미약하고 더듬거리는 세 치 혀가 무덤 속에서 잠잠해진 뒤에도 살아 숨 쉬며 불타오를 것입니다."

이 논쟁 중에 더글러스는 모든 주가 어느 때든 대다수의 주민이 원할 경우 노예제를 유지할 권리가 있다는 주장을 폈다. 그러면서 그는 주민들이 투표를 통해 표결시키든 부결시키든 신경 쓰지 않았다. 그의 유명한 슬로건은 "각 주가 자기들 일에만 신경 쓰고 이웃의 일에는 간섭하지 말게 하자."였다.

링컨은 이와 정반대의 입장에 섰다. 그가 설명했다. "더글러스 판사는 노예제가 옳다고 여기고 저는 그렇지 않다고 생각한다는 것이 이 모든 논쟁의 중심에 있는 정확한 사실입니다. 그는 노예를 원하는 지역은 어느 곳이든 그들을 소유할 권리가 있다고 말합니다. 만약 노예제가 잘못된 것이 아니라면 그럴 수 있을 겁니다. 하지만 그것이 잘못된 것이라면 더글러스는 사람들에게 잘못된 일을 할 권리가 있다고 말할 수 없습니다. 더글러스는 어떤 주가 노예주가 되느냐 자유주가 되느냐에 대해서는 신경 쓰지 않습니다. 마치 그의 이웃이 자기 농장에 담배를 심느냐, 아니면 뿔 달린 소를 키우느냐에 신경 쓰지 않는 것처럼 말입니다. 하지만 대다수의 인류는 더글러스 판사와 생각을 달리합니다. 그들은 노예제가 도덕적으로 큰 잘못이라 보는 거지요."

더글러스는 전국을 누비며 링컨이 흑인들도 사회적으로 평등하게 살 수 있게 해야 한다고 주장한다며 비판했다. 이에 대해 링컨은 이렇게 받아쳤다. "아닙니다. 제가 흑인들에게 바라는 것은, 만약 여러분이 그들을 좋아하지 않으면 그냥 그들을 내버려두라는 것입니다. 만약 하느님이 그들에게 조금밖에 주시지 않았다면, 그 적은 것이나마 그들이 누리고 즐기게 하자는 것이지요. 그들은 여러 면에서 우리와 평등하지 않습니다. 하지만 그들은 우리와 마찬가지로 '생명, 자유, 행복추구권'을 누릴 권리가 있으며 자기 손으로 번 빵을 제 입에 넣을 권리가 있습니다. 그들은 저와 더글러스 판사, 그리고 모든 살아 있는 인간과 동등한 존재입니다."

계속 이어지는 논쟁 중에 더글러스는 링컨이 '백인이 흑인과 포옹하고 결혼하기를' 바란다며 공세를 폈고, 링컨은 그때마다 그것을 부인해야 했다. "저는 제가 흑인 여자를 노예로 원치 않는다고 해서 제가 그녀를 아내로 맞이해야 한다는 주장에 반대합니다. 저는 50년의 세월을 살았지만, 흑인 여자를 노예로 부린 적도 없고 아내로 맞은 적도 없습니다. 모든 백인 여성들과 결혼할 백인 남자는 충분하고, 모든 흑인 여자들과 결혼할 흑인 남자들도 충분합니다. 그러니 제발 그들이 알아서 자기들끼리 결혼하게 합시다."

더글러스는 이런 문제를 교묘히 회피하고 논점을 흐리게 했으며, 링컨은 "전혀 말도 안 되는 주장에 일일이 대응하려니 꼭 바보가 된 기분"이라고 말했다. 더글러스는 사실이 아닌 내용을 말했다. 그는 그것이 거짓임을 알고 있었고 링컨도 알고 있었다. 링컨의 말을 더 들어보자.

"만약 어떤 사람이 2 더하기 2는 4가 아니라고 계속 우겨댈 때, 저는 그 주장을 어떻게 막아야 할지 모릅니다. 저는 더글러스 판사를 거짓말쟁이라고 부르고 싶지는 않지만, 그와 정면으로 부딪치게 되면 그를 그 외에 뭐라고 불러야 할지 모르겠습니다."

이렇게 시간이 가면서 싸움은 격화되었다. 링컨은 공격을 계속했고, 다른 사람들도 이 싸움판에 끼어들었다. 리먼 트럼불은 더글러스를 거짓말쟁이라 부르며 '가장 뻔뻔스럽고 후안무치인 인간'이라고 규탄했다. 유명한 흑인 연사인 프레드릭 더글러스도 일리노이로 달려와 공격에 가세했다. 뷰캐넌을 지지하는 민주당원들 역시 더글러스에 대한 비난의 수위를 높여갔다. 자신의 당도 분열되고 사방에서 쫓기며 시달리는 상태에서 더글러스는 굉장한 강적을 상대로 싸우고 있었다. 그는 절망적인 심정으로 자신의 친구 어서 F. 린더에게 전보를 쳤다. "난 지옥의 개들에게 쫓기고 있네. 린더, 제발 와서 날 좀 도와주게." 그런데 전신 기사가 전보 사본을 공화당에 팔았고, 많은 신문들은 이 내용을 톱기사로 보도했다.

선거 당일 밤, 링컨은 전신국에 계속 남아 당선 공식 발표 결과를 확인했다. 자신의 패배를 확인한 그는 집을 향해 출발했다. 날은 어두웠고 비가 내리고 있으며 음산했다. 집으로 이어진 길은 돼지 등처럼 닳고 닳아 미끄러웠다. 갑자기 다리 한쪽이 삐끗하며 다른 쪽 발을 건드렸다. 그는 재빨리 균형을 회복한 후 혼잣말을 했다. '이건 미끄러진 거야. 넘어진 게 아냐.'

그 일이 있고 얼마 지나지 않아 링컨은 일리노이 주 한 신문에 실린 자신에 관한 사설을 읽었다. 그 내용은 이랬다.

> 에이브 링컨은 분명 일리노이 주에서 비상을 시도한 정치인 중 가장 불운한 사람이다. 정치적으로 그가 시도하는 일은 무엇이든 실패할 운명인 것 같다. 그는 보통 사람 같으면 인생이 망가졌을 법한 정치적 실패를 너무 자주 경험했다.

링컨은 자신과 더글러스의 논쟁을 구경하기 위해 몰려들었던 수많은 군중을 보고 이제는 강연을 통해 돈을 좀 벌 수 있지 않을까 하는 생각을 갖게 되었다. 그래서 블루밍턴에 있는 한 강당을 빌려 '발견과 발명'이라는 주제로 강연을 준비했고, 문 앞에 표를 팔 젊은 아가씨까지 배치했다. 그러나 그의 강연을 들으러 온 사람은 단 하나도 없었다. 단 한 사람도!

그래서 그는 다시 벽에 잉크 얼룩이 묻어 있고 책장

에 쌓인 먼지 위에 씨앗이 싹을 틔운 자신의 지저분한 사무실로 돌아왔다. 정말 돌아와야 할 시기였다. 6개월 간이나 변호사 일을 쉬어 아무 소득이 없었기 때문이다. 이제 그는 정말 무일푼이었다. 식료품비를 지불할 돈도 없었다. 그래서 다시 곧 주저앉을 것 같은 마차에 올드 벅을 붙들어 매고 초원을 유랑하기 시작했다.

때는 11월이었고, 갑자기 추위가 닥쳐왔다. 회색빛 하늘 위로는 기러기 무리가 크게 울면서 남쪽으로 날아갔고, 토끼 한 마리가 잽싸게 길을 가로질렀다. 그리고 숲 속 어디에선가 늑대가 울부짖었다. 그러나 마차 위의 이 우울한 남자는 자기 주위에서 일어나는 일을 보지도 듣지도 못했다. 몇 시간이고 그는 계속 마차를 타고 가며 고개를 숙이고 생각에 잠겼고 절망의 늪 속에 침잠했다.

공화당 대통령 후보로 뽑힌 행운의 주인공

1860년 봄, 새로 구성된 공화당이 시카고에서 대통령 후보를 지명할 때 에이브러햄 링컨에게도 기회가 있다고 생각한 사람은 거의 없었다. 이 집회가 열리기 직전에 링컨 자신도 한 신문사 편집인에게 글을 써 보냈다. "솔직히 저는 제가 대통령 후보에 적합한 인물이라고 생각하지 않습니다."

1860년에는 대통령 후보의 영광이 뉴욕 출신의 잘생긴 윌리엄 H. 수어드에게 돌아갈 것이라는 게 일반적인 중론이었다. 그 점에 대해서는 거의 의심의 여지가 없었다. 시카고 행 열차 안에서 실시된 비공식 여론 조사에서 대의원들은 수어드에게 다른 모든 후보들을 합한 것보다 두 배나 많은 표를 주었기 때문이다. 링컨에게 던져진 표는 단 한 표도 없었다. 아마 일부 대의원들은 링컨이라는 인물이 존재하는지도 몰랐을 것이다.

전당대회는 수어드의 59번째 생일에 열렸다. 참 절묘

한 타이밍이었다. 그는 후보 지명을 생일 선물로 받게 되리라 확신했다. 동료 상원의원들에게 작별인사를 하고 자기 집에서 열릴 화려한 축하 파티에 친한 친구들을 초대할 정도로 아주 자신만만했다. 대포도 빌려 앞마당에 끌어와 장전한 후 포신을 하늘을 향해 세워놓고는 마을에 기쁜 소식을 알릴 만반의 준비를 마쳤다.

만약 목요일 밤의 전당대회에서 투표를 시작했다면, 그 대포는 예정대로 발사되었을 것이다. 그리고 한 나라의 이야기도 바뀌었을 것이다. 그러나 인쇄업자가 투표용지를 가져올 때까지 투표를 시작할 수 없었다. 그 인쇄업자는 전당대회장에 오는 길에 아마 술집에 들러 맥주 한 잔을 들이켰을지도 모른다. 어쨌든 그는 늦었고, 그 결과 목요일 밤에는 그저 앉아서 그를 기다리는 것 외에는 할 일이 전혀 없었다.

강당 안은 무더운 데다 통풍이 잘 안 돼 숨이 막혔고 모기들이 윙윙거렸다. 또 대의원들은 허기와 갈증까지 느꼈다. 그래서 누군가가 전당대회를 다음 날 아침 10시까지 휴회하자고 제안했다. 휴회 제안은 언제나 적법한 사항이고, 다른 모든 제안에 우선하며 거의 항상 인기가 있었다. 당연히 이 제안은 대환영을 받았다.

전당대회가 다시 열리기까지 17시간이 지났다. 이것

은 긴 시간은 아니었지만, 수어드의 정치 인생을 파멸시키고 링컨을 기사회생시키기에는 충분히 긴 시간이었다. 수어드의 파멸에 주도적인 역할을 한 사람은 호레이스 그릴리였다. 그릴리는 링컨의 후보 지명을 지지하지는 않았지만, 수어드와 그의 매니저 설로 위드에게 당한 해묵은 원한을 되갚아주겠다며 칼을 갈고 있었다.

사연은 이렇다. 그릴리는 14년 동안 이 두 사람과 함께 동고동락하며 수어드를 뉴욕 주지사와 미국 상원의원으로 만드는데 힘을 보탰다. 또 그는 위드가 이 나라의 정치 실력자가 되고 그 자리에 머물게 하는데 아주 큰 도움을 주었다.

그런데 이 모든 노력과 수고의 대가로 그릴리가 받은 거라고는 푸대접밖에 없었다. 그는 주의 인쇄담당관이 되고 싶었지만 위드가 그 자리를 채갔다. 또 뉴욕 시 우체국장이 되고 싶었지만 위드는 그를 추천하지도 않았고, 주지사나 그것이 여의치 않으면 부지사라도 되고자 했지만 위드는 그냥 "안 된다."고 말하는 것으로 그치지 않고 그에게 상처를 주고 모욕감을 느끼게 했다. 마침내 인내심이 바닥난 그릴리는 자리에 앉아 수어드에게 장문의 신랄한 편지를 썼다. 그것은 이 책의 7쪽을 채울 만한 분량이었고, 구구절절 시퍼렇게 날이 서 있었다.

이 격앙된 편지는 1854년 11월 11일의 토요일 밤에 쓰였다. 그리고 당시는 1860년이었다. 그릴리는 6년의 긴 시간 동안 절치부심하며 복수할 기회를 노렸고, 마침내 다가온 기회를 최대한 이용했다. 공화당 대통령 후보 지명 전당대회가 시카고에서 휴회 중이던 그 운명적인 목요일 밤, 그는 한숨도 자지 않고 해질녘부터 동이 튼 후 오랜 시간이 지날 때까지 급히 대의원들을 찾아다니며 설명하고 설득하고 간청했다. 그의 신문인 <뉴욕 트리뷴>은 북부 전역에서 널리 읽혔고, 여타 신문들보다 여론에 더 막강한 영향력을 행사했다. 그릴리는 유명한 사람이었다. 그가 나타날 때마다 사람들은 하던 말을 멈추었고, 대의원들은 정중히 경청했다.

그는 수어드에게 불리한 온갖 주장들을 펼쳐보였다. 우선 수어드가 프리메이슨 교단을 누차 비난했으며 1830년에 반 프리메이슨 강령으로 상원의원에 선출되어 많은 사람들의 격렬한 분노를 자극했다는 사실을 지적했다. 그리고 뉴욕 주지사가 되었을 때는 공립초등학교 기금 모금과 외국인과 가톨릭을 위한 분리 학교 설립을 반대해 또 다른 격렬한 증오심을 유발했다고 말했다.

이 외에도 그릴리는 이 '교활한 선동가'가 너무 급진적이며, 수어드의 잔인한 계획과 헌법보다 더 높은 법에 대한 언급은 경계주(노예 제도를 채택한 남부의 주들 가운데서 탈퇴보다는 타협으로 기운 주 – 옮긴이)들을 겁에 질리게 하여 그들도 수어드에게 등을 돌렸다는 사실도 지적했다. 그러면서 그릴리는 약속했다. "제가 이 주들의 주지사 후보들을 데려오겠습니다. 그러면 그들이 제 말을 확인해 줄 겁니다." 그는 약속대로 그들을 데려왔고 분위기가 굉장히 고조되어갔다.

펜실베이니아와 인디애나의 주지사 후보들은 주먹을 불끈 쥐고 눈에 불을 켠 채 수어드의 지명은 곧 자기네 주의 불가피한 패배와 재앙을 의미한다고 단언했다. 그리고 공화당원들은 대선에서 승리하려면 이들 주에서 반드시 이겨야 한다고 생각했다.

이렇게 해서 수어드 쪽으로 쏠리던 흐름이 갑자기 약해지기 시작했다. 때를 놓칠 리 없는 링컨의 친구들은 발 빠르게 대의원들을 찾아다니며 링컨에게 관심을 돌리도록 수어드 반대파들을 설득했다. 민주당에서는 더글러스가 지명될 것이 확실하고, 이 나라에서 더글러스를 상대하기에 링컨 이상으로 더 적합한 인물은 없다는 것이 그들의 주장이었다. 링컨에게 그것은 이미 해본 일이었고, 그는 그 일에 익숙해 있었다. 게다가 링컨은 켄터키 출신이기 때문에 의심 많은 경계주에서 표를 얻을 수 있었다. 더욱이 그는 북서부 지역이 원하는 유형의 후보자였다. 즉, 링컨은 나무를 쪼개고 땅을 갈며 어렵고 힘들게 이 자리까지 올라온 사람이며, 보통사람들의 마음을 이해하고 있는 인물이라는 것이다.

그런데 이런 주장이 먹혀들지 않자 그들은 다른 논리를 폈다. 그들은 칼렙 B. 스미스에게 내각의 한 자리를 약속함으로써 인디애나 대표들의 마음을 얻었고, 사이먼 카메론을 요직에 앉히겠다고 보장하는 방법으로 펜실베이니아의 56표를 확보했다.

금요일 아침에 투표가 시작되었다. 흥분한 4만 명의 군중들이 시카고로 몰려들었다. 만여 명은 전당대회장으로 비집고 들어갔고 3만 명은 밖의 거리를 꽉 메웠다.

첫 투표에서는 수어드가 앞섰다. 두 번째 투표에서는 펜실베이니아가 그들의 52표를 링컨에게 던졌고 억류가 시작되었다. 세 번째 투표에서는 표가 링컨 쪽으로 거의 쇄도했다.

전당대회장 안에서는 흥분으로 반쯤 미쳐버린 만여 명의 군중들이 의자에서 벌떡 일어나 고함을 지르며 자신의 모자로 서로의 머리를 후려쳤다. 지붕에서는 축포가 울렸고, 거리에 모여 있던 3만여 명도 환호성을 내질렀다. 사람들은 서로 껴안고 격렬하게 춤을 추고 웃고 울고 괴성을 질러댔다. 트레몬트 하우스에서는 100발의 축포가 일제히 뿜어져 나왔고, 동시에 천 번의 종소리가 이 아우성에 가세했다. 기차와 증기선들도 경적을 울려댔고, 이렇게 24시간 동안 온 세상이 흥분으로 들끓었다.

이 모든 기쁨 속에서 호레이스 그릴리는 왕년의 '대통령 제조기'였던 설로 위드가 통한의 눈물을 흘리는 것을 보았다. 그릴리는 마침내 달콤한 복수에 성공한 것이다.

그동안 스프링필드에서는 무슨 일이 일어나고 있었을까? 그날 아침 링컨은 평소대로 자신의 변호사 사무실로 가서 소송을 준비하려 했다. 그러나 너무 불안해서 일에 집중할 수가 없자 그는 법률 서류를 옆으로 밀어놓고 가게 뒤편에서 한동안 공 던지기를 하다가 당구를 한두 게임 한 다음, 결국 소식을 알아보기 위해 <스프링필드 저널>로 갔다. 전신국이 바로 그 위층에 있었기 때문이다. 그는 큰 안락의자에 앉아 두 번째 투표에 대해 이야기하고 있는데, 갑자기 전신기사가 계단 쪽에 나타나 외쳤다. "링컨 씨, 당신이 됐어요! 당신이 후보로 지명됐어요!"

링컨의 아랫입술이 가볍게 떨렸고 얼굴이 화끈 달아

올랐다. 그는 잠시 숨을 멈추었다. 그의 인생에서 가장 극적인 순간이었다. 19년 동안 계속 패배만 당하다가 갑자기 승리의 정상에 오르게 되니 정신이 어질어질했다.

사람들은 거리를 달리며 이 소식을 전했고 시장은 100발의 축포 발사를 명령했다. 수십 명의 오랜 친구들이 링컨 주위로 몰려와 웃고 울면서 그의 손을 잡았고 모자를 공중에 던져 올리며 흥분의 환호성을 내질렀다.

"잠깐만, 친구들!" 링컨이 말했다. "8번가에 이 소식을 듣고 싶어 할 작은 여자가 있어서 말이야." 이 말과 함께 그는 코트의 뒷자락을 휘날리며 급히 달려갔다.

스프링필드의 거리는 그날 밤 내내 타르와 울타리를 태운 모닥불의 불빛으로 붉게 물들었고, 술집들은 밤새 문을 열었다. 그리고 머지않아 전 국민의 절반이 이 노래를 불렀다.

늙은 에이브 링컨, 황야에서 왔다네,
황야에서 왔다네, 황야에서 왔다네,
늙은 에이브 링컨, 일리노이 주의
황야에서 왔다네.

8 대통령에 당선된 링컨

링컨이 백악관의 주인이 되는데 스티븐 A. 더글러스보다 더 큰 역할을 한 사람은 없었다. 자신의 당인 민주당을 분열시키고 하나가 아닌 세 후보가 링컨을 상대하게 했기 때문이다. 상대당의 돌이킬 수 없는 분열로 링컨은 경합 초부터 자신의 승리를 예감했다. 그럼에도 자신의 선거구, 또는 고향에서 이기지 못할까 봐 우려했다. 한 위원회가 미리 호별 방문을 통해 스프링필드 주민들의 투표 동향을 알아보았다. 이 조사 결과를 확인한 링컨은 크게 놀랐다. 스프링필드에 거주하는 23명의 목사와 신학생들 중 3명을 제외한 모두가 그를 반대했고, 그들을 따르는 사람들 상당수도 마찬가지였다. 그러자 링컨이 신랄하게 한 마디 했다.

"저들은 《성경》을 믿고 하느님을 두려워하는 그리스도교인인 척합니다. 하지만 자신의 투표를 통해 그들은 노예제가 가결되든 부결되든 자기들은 관심 없다는 것을 증명하고 있습니다. 저는 하느님과 인류는 이 문제를 주시하고 있다는 것을 알고 있습니다. 만약 그들이 이런 일에 관심이 없다면, 그들은 분명 《성경》을 바르게 읽지 않은 것입니다."

링컨의 친가 친척 모두와 외가 친척 중 한 명을 제외한 모두가 링컨에게 반대표를 던졌다는 사실이 참 놀랍다. 왜 그랬을까? 그들이 민주당원이었기 때문이다.

링컨은 적은 표로 당선되었다. 상대 후보들이 대략 세 표를 얻었다면 링컨은 두 표를 얻은 셈이었다. 그것은 부분적인 승리였다. 그가 얻은 200만 표 중에서 2만 4천 표만이 남부에서 나왔기 때문이다.

남부의 9개 주에서 공화당에게 표를 준 곳은 한 곳도 없었다. 생각해 보라. 앨라배마, 아칸소, 플로리다, 조지아, 루이지애나, 미시시피, 노스캐롤라이나, 테네시, 그리고 텍사스에서는 링컨에게 찍은 사람이 하나도 없었던 것이다. 이것은 불길한 징조였다.

링컨이 당선된 직후에 일어난 일을 이해하려면 허리케인처럼 북부 전역을 휩쓸었던 광풍에 대해 살펴봐야 한다. 30년 동안 노예제 폐지를 위한 신성한 열정에 사로잡혔던 한 광신적인 단체는 전쟁을 준비해 왔다. 그 시기에 그들은 끊임없이 인쇄기에서 신랄한 내용의 전

단지와 책을 찍어냈다. 그리고 돈을 받고 일하는 강연자들이 북부 전역의 모든 도시와 크고 작은 마을을 찾아다니며 연설하고, 노예들의 너덜너덜해진 더러운 옷과 그들에게 채운 사슬과 수갑을 전시하며 핏자국이 있는 채찍과 못을 박아 놓은 옷깃 등의 여러 고문 도구들을 보여주었다. 도망친 노예들도 지역을 돌며 자신들이 직접 보고 당한 잔학 행위들을 격앙된 어조로 묘사했다.

목격자들이 전하는 구체적인 사례를 몇 가지 소개하면, 노예들은 강제로 손을 끓는 물에 집어넣고 벌겋게 달군 인두로 지져졌으며, 이가 부러질 정도로 얻어맞고 칼에 찔리고 사냥개에게 물려 살이 찢겨지고 죽을 때까지 채찍에 맞았으며 말뚝에 매여 화형을 당했다는 식이다. 또 울부짖는 엄마와 아이들은 강제로 영원히 헤어져 강제노동수용소와 경매대에서 팔려나갔다. 여자들은 아이들을 더 많이 낳지 못한다고 채찍질을 당했으며, 건장하고 힘센 백인 남자들은 25달러를 받고 흑인 여자와 동침했다. 혼혈아들이 더 비싼 값에 팔렸기 때문이다. 특히 여자 아이들일 경우에 그랬다.

노예제 폐지론자들이 가장 흥분하며 성토한 것은 백인과 흑인 사이의 성교와 출산이다. 남부의 남자들은 억제할 수 없는 음탕한 욕망 때문에 노예제를 포기하지 않으려 한다는 비난을 들었다. 웬델 필립스는 "남부는 50만 명의 여성들이 매질을 당하며 매춘을 하는 거대한 매음굴"이라고 외쳤다. 노예 소유주들은 자신의 혼혈아 딸을 욕보이고 그들을 다른 남자들의 정부로 팔아버린다는 비난을 받았다.

링컨 자신도 더글러스와의 논쟁 중에 1850년 현재 미국에는 혼혈아가 40만 5천751명이 있으며, 그들 거의 전부가 흑인 노예와 백인 주인들 사이에서 태어난 자식들이라고 말했다. 헌법은 노예 소유주들의 권리를 보호해 주고 있었기 때문에 노예제 폐지론자들은 그것을 '죽음과의 계약이자 지옥과의 거래'라며 규탄했다.

노예제 폐지 문학은 가난에 찌든 신학 교수의 부인이 식탁에 앉아 써내려간 《톰 아저씨의 오두막》에서 절정을 이루었다. 그녀는 흐느끼면서 격한 감정 속에서 자신의 이야기를 풀어갔으며, 그 이야기를 쓰고 있는 분은 하느님이라고까지 말했다. 이 책은 다른 무엇보다 노예제의 비극을 극적이고 실감나게 보여주어 수백만 독자의 마음을 뒤흔들었으며, 그 이전의 다른 어떤 소설보다 더 많이 판매되고 더 깊은 영향을 주었다. 이 책의 작가인 해리엇 비처 스토를 소개받았을 때, 링컨은 그녀를 '위대한 전쟁을 시작한 작은 여인'이라 불렀다.

그렇다면 북부의 노예제 폐지론자들이 의도는 좋지만 과장된 수사를 동원하며 전개한 이 광적인 캠페인의 결과는 무엇이었을까? 이를 통해 남부 사람들이 자신들의 잘못을 깨달았을까? 천만의 말씀이다. 그 결과는 예상한 바와 같았다. 노예제 폐지론자들이 조장한 증오심은 증오심 본래 역할을 충실히 해냈다. 바로 상대편의 증오심을 자극한 것이다. 이 때문에 남부는 건방지고 참견하기 좋아하는 인간들과 단절하기를 원하게 되었다.

1860년에 '흑인 공화당원들'이 링컨을 선출했을 때, 남부 사람들은 이제 노예제는 끝장을 본 것이며 자기들은 당장 노예제 폐지와 연방 탈퇴 중에서 하나를 선택해야 한다고 굳게 확신했다. 그러면 탈퇴를 못 할 이유가 뭔가? 자기들은 그럴 권리가 있지 않은가?

이 문제는 반세기 동안 격렬한 논쟁거리였고, 여러 주들이 한두 번쯤은 연방 탈퇴를 위협했다. 링컨 자신도 각 주에 탈퇴할 권리가 있다고 믿은 적이 있다. 그는 의회에서 행한 연설 중에 이렇게 말했다. "의지와 힘이 있는 사람들은 누구나 어디서든 기존의 정부와 단절하고 그들에게 더 적합한 새로운 정부를 구성할 권리가 있습니다. 이것은 매우 소중하고 신성한 권리이며, 세상을 해방시켜 줄 것으로 우리가 믿고 희망하는 권리입니다. 그리고 그 권리는 현 정부의 전 국민이 그것을 행사하기로 선택하는 경우에만 한정되는 것도 아닙니다. 일부 국민이라도 할 수만 있다면 그들이 거주하는 지역에 대변혁을 일으켜 그곳을 자기들만의 영토로 만들 수 있을 것입니다."

링컨이 이 말을 한 것은 1848년이었지만 당시는 1860년이고, 그는 더 이상 그 생각이 옳다고 여기지 않았다. 하지만 남부는 그 주장이 옳다고 믿었다. 링컨이 당선된 지 6주 뒤에 사우스캐롤라이나는 연방 탈퇴 법령을 통과시켰다. 찰스턴도 군악을 연주하고 모닥불을 피우고 폭죽을 터뜨리고 거리에서 춤을 추며 새로운 '독립선언'을 축하했다. 다른 6개 주도 발 빠르게 뒤를 따랐다. 그리고 링컨이 스프링필드를 떠나 워싱턴으로 가기 이틀 전에 제퍼슨 데이비스가 새로운 남부 연합정부의 대통령으로 선출되었다.

퇴임을 앞둔 뷰캐넌 행정부는 불성실이 만연했고 이 모든 사태를 예방하기 위해 어떤 조치도 취하지 않았다. 그래서 링컨은 3개월 동안 맥없이 스프링필드에 주저앉아 연방이 와해되고 공화국이 붕괴 직전에 기우뚱하는 것을 지켜볼 수밖에 없었다. 그는 남부 연합이 대포를 사고 요새를 짓고 군인을 훈련시키는 것을 보았고,

자신이 국민들을 고통스럽고 유혈이 낭자한 내란으로 인도할 수밖에 없다는 사실을 깨달았다. 그는 너무 괴로워 밤에 잠을 이룰 수 없었고, 걱정 때문에 체중이 16킬로그램이나 빠졌다. 링컨은 곧 자신이 워싱턴에 죽으러 가는 것임을 강하게 확신하게 되었다. 그는 교수대와 단검이 그려진 수십 장의 편지를 받았고, 거의 모든 우편물이 그에게 살해 위협을 가했다.

워싱턴으로 떠나기 3주 전, 링컨은 첫 번째 취임식 연설문을 준비하기 위해 조용하고 격리된 곳을 원했고, 한 잡화점 위의 2층 방에서 문을 걸어 잠그고 일을 시작했다. 링컨은 가진 책이 별로 없어서 많은 책을 가지고 있는 동료 변호사 헌던에게 책을 몇 권 빌렸다. 그리고 먼지투성이의 지저분한 공간과 잡동사니 물건들 틈에서 남부의 여러 주들을 향해 아름답고 호소력이 있는 문장으로 끝을 맺는 유명한 연설문을 작성했다.

말을 끝내려니 섭섭하군요. 우리는 적이 아니라 친구입니다. 우리는 서로 적이 되어서는 안 됩니다. 비록 이렇게 팽팽하게 맞서고 있지만 그것 때문에 우리 애정의 끈이 끊어져서는 안 됩니다. 모든 전쟁터와 애국자의 무덤에서부터, 살아 있는 모든 사람과 가정, 그리고 광활

한 대지에까지 퍼져 있는 기억이라는 신비로운 현(弦)을 다시 켤 때 우리 연방의 대합창은 드높이 울려 퍼질 것입니다. 우리 본성에 선한 천사가 있기 때문입니다.

일리노이 주를 떠나기 전에 그는 새어머니께 작별 인사를 하기 위해 찰스턴까지 112킬로미터를 여행했다. 늘 그랬듯이 그는 새어머니를 '엄마'라고 불렀고, 그녀는 그를 꼭 끌어안고 흐느끼며 말했다. "에이브, 난 네가 대통령에 출마하지 않기를 바랐다. 또 네가 당선되는 걸 원치 않아. 왠지 네게 좋지 않은 일이 일어나서 천국에서 만날 때까지 다시는 널 볼 수 없을 것 같구나."

스프링필드에서의 그 마지막 며칠 동안 링컨은 자주 과거와 뉴 세일럼과 앤 러틀리지를 생각했고, 다시 한 번 지상의 모든 현실과 완전히 다른 꿈을 꾸었다. 워싱턴으로 떠나기 며칠 전, 그는 옛날을 추억하고 작별인사를 하기 위해 스프링필드에 온 뉴 세일럼의 한 개척자에게 앤에 대해 많은 이야기를 했다. 그리고 고백했다. "전 앤을 깊이 사랑했습니다. 그리고 지금도 그녀를 자주 생각합니다. 아주 자주요."

이제 스프링필드를 영원히 떠나기 전날 밤에 링컨은 마지막으로 자신의 지저분한 변호사 사무실에 들러 몇 가지 업무를 처리했다. 오래도록 그의 삶의 터전이자 일터였던 곳을 마치 마지막으로 바라보듯 잠시 발걸음을 떼지 못하다가 문을 지나 좁은 복도로 나섰다.

그때 링컨은 현금이 너무 부족하여 워싱턴에 갈 여비를 마련하기 위해 친구들에게 돈을 빌려야 했다. 링컨의 가족은 스프링필드에서의 마지막 주를 체너리 하우스 호텔에서 보냈다. 떠나기 전날 밤, 링컨은 호텔 로비에 갖다 놓은 트렁크와 상자들을 직접 줄로 묶었다.

다음 날 아침 7시 30분에 오래된 낡은 버스가 호텔로 후진해 왔고, 링컨과 그의 가족은 차에 올라타고 덜컹거리며 워버시 역으로 향했다. 여기서 그들을 워싱턴으로 데려갈 특별열차가 대기하고 있었다.

어둡고 비가 내리는 날씨였지만, 역 승강장은 1천~1천500명 정도 링컨의 오랜 이웃들로 붐볐다. 그들은 줄지어 링컨 옆으로 이동하며 그의 크고 앙상한 손과 악수를 나누었다. 이윽고 종소리가 출발 시간임을 알렸다. 그는 앞쪽 계단을 통해 전용 칸에 올라탔고 잠시 뒤 뒤쪽 승강장에 나타났다. 그는 연설 계획이 없었다. 아무 말도 안 할 작정이어서 신문기자들에게도 역에 나올 필요가 없다고 말했었다. 그러나 마지막으로 정든 이웃들의 얼굴을 보면서 그는 무슨 말이든 해야 할 것 같았다.

그날 아침, 떨어지는 빗속에서 그가 토해낸 말은 게티즈버그의 연설이나 두 번째 취임식의 숭고하고 장엄한 연설에 비견될 만한 것은 아니었다. 그러나 이 고별 연설은 다윗의 시편만큼이나 아름다웠으며, 아마 그의 어떤 다른 연설보다 더 많은 개인적인 감정과 비애감이 실려 있었다. 링컨이 연설 중에 눈물을 보인 적이 딱 두 번 있었는데, 바로 이날 아침이 그중 한 번이었다.

친구 여러분, 제 입장이 되어보지 않은 사람은 누구도 이 작별에서 제가 느끼는 슬픔을 이해할 수 없을 겁니다. 저의 모든 것은 이 지역과 이곳에 모인 여러분들의 친절과 인정을 먹고 자란 것입니다. 이곳에서 저는 25년을 살았고 어린 시절부터 중년의 시기를 보냈습니다. 여기서 제 아이들이 태어났고 한 아이가 이곳에 묻혔습니다. 지금 저는 언제 다시 돌아올지, 혹은 돌아오기는 할 수 있을지 모른 채 이곳을 떠납니다. 늘 저와 함께하셨던 하느님의 도움 없이 저는 성공할 수 없습니다. 그분이 도우실 때 저는 실패를 면할 수 있습니다. 저와 함께하시고 여러분과 함께하시며 선을 위해 어디든 계시는 그분을 믿으며 모든 일이 잘 되기를 소망합시다. 여러분이 기도를 통해 저를 지켜주시기 바라듯 저도 그분의 보호하심에 여러분을 맡기며 작별인사를 마치겠습니다.

9 백악관 입성과 남북전쟁의 조짐

　　미국 비밀 경찰국과 사립 탐정들은 링컨이 취임식을 위해 워싱턴으로 가는 도중 볼티모어를 지날 때 그를 암살할 음모가 진행 중임을 간파했다. 걱정이 된 링컨의 친구들은 예정된 일정을 취소하고 밤에 은밀히 워싱턴으로 들어가라고 간청했다. 그것은 비겁해 보였다. 링컨은 그것이 굉장한 비웃음과 조롱을 불러올 것임을 알고 있었기에 그 제안을 단호히 거절했다. 그러나 그는 결국 믿을 만한 조언자들의 끈질긴 설득과 충고를 받아들여 남은 여행을 비밀리에 진행하기로 했다.

　　원래는 2월 22일에 펜실베이니아의 해리스버그에서 연설을 하고 밤을 거기서 보낸 후 다음 날 아침 볼티모어와 워싱턴으로 떠나기로 발표가 되어 있었다. 그는 예정대로 해리스버그에서 연설을 했지만, 그곳에서 밤을 보내는 대신 그날 저녁 6시에 호텔 뒷문으로 빠져나와 낡은 코트와 전에 써본 적 없는 부드러운 털모자 차림으로 변장하고는 불이 꺼진 열차에 올라탔다. 몇 분 뒤 열차는 그를 필라델피아로 실어 날랐고, 해리스버그의 전신선은 이 정보가 암살자들에게 흘러들어가는 것을 막기 위해 즉시 차단되었다.

필라델피아에서 링컨 일행은 기차를 갈아타기 위해 한 시간을 기다려야 했다. 그 시간 동안 남의 눈에 띄지 않으려고 링컨과 유명한 탐정인 앨런 핑커톤은 안이 보이지 않도록 차창을 어둡게 가린 택시를 타고 시내 거리를 달렸다. 10시 55분에 링컨은 큰 키가 주목을 받지 않도록 핑커톤의 팔에 기대고 몸을 구부린 채 옆문을 통해 역으로 들어갔다. 또 머리를 숙이고 낡은 여행용 숄을 끌어당겨 얼굴을 가렸다. 이런 모습으로 그는 대합실을 지나 열차의 침대칸 뒤쪽으로 갔다.

링컨은 그가 살아서 백악관에 들어가지 못할 거라는 내용의 협박편지를 수십 통 받았고, 육군참모총장이던 윈필드 스콧 장군을 비롯한 수많은 사람들은 링컨이 취임 연설 도중 총에 맞을까 우려했다. 워싱턴의 수많은 정계 인사들은 취임식 행사에 참석하기를 두려워했다. 그래서 스콧 장군은 링컨이 취임 연설을 할 의사당 동문의 연단 아래에 군인 60명을 배치했고 의사당 뒤편과 청중들 앞에도 군인들을 배치시켰다. 취임식이 끝난 뒤

새 대통령은 마차에 타고 여러 건물에 배치된 녹색 코트 차림의 저격병들과 곧추선 총검으로 무장한 보병들의 대열을 지나 펜실베이니아 거리를 지나갔다. 마침내 그가 총을 한 방도 안 맞고 백악관에 입성했을 때, 많은 사람들은 놀랐다. 물론 실망한 사람들도 있었다.

1861년 이전의 몇 년 동안 미국은 재정 위기로 몸살을 앓았다. 고통이 너무 심해 정부는 굶주린 폭도들이 재무성 분국에 침입하는 것을 막기 위해 뉴욕 시에 군대를 파견해야 했다. 링컨이 취임했을 때도 수많은 여위고 절망한 사람들이 일자리를 찾고 있었다. 그들은 처음으로 권력을 잡게 된 공화당 인사들이 주급 10달러짜리 사무원까지 포함해서 모든 민주당 공직자를 모조리 쓸어낼 것임을 알고 있었다.

수십 명의 구직자들이 무슨 일이든 얻으려 아귀다툼을 벌였고, 링컨은 백악관에 들어온 지 두 시간도 지나지 않아 그들의 등쌀에 시달렸다. 그들은 현관을 뚫고 돌진해 들어와 복도를 꽉 메웠고 연회장인 이스트 룸을 완전히 점령했으며 사적인 응접실까지 쳐들어왔다. 거지들도 찾아와 링컨에게 점심값을 구걸했고, 그에게 낡은 바지를 달라고 한 사람도 있었다. 그저 링컨의 사인을 받기 위해 온 사람도 수백 명이나 되었다.

한 공무원이 중병에 걸리자마자 수십 명의 지원자들이 링컨에게 떼로 몰려와 '그가 사망할 경우' 자기를 임명해 달라며 애걸했다. 모두가 추천서를 갖고 있었지만, 링컨은 그것들을 10분의 1도 읽지 못했다. 어느 날 우정성의 똑같은 일자리 하나를 놓고 경쟁하던 두 사람이 굉장히 큰 꾸러미의 문서를 들이밀었을 때 링컨은 그것들을 열어보지도 않은 채 각각 저울에 달아본 후 무게가 더 나가는 쪽 구직자를 임명하는 방식으로 문제를 간단히 처리했다.

　이런 식으로 수많은 사람들이 쉴 새 없이 링컨을 찾아와 일자리를 요구했고, 만약 거절당하면 심한 욕설을 퍼부었다. 그중 상당수는 능력도 없으면서 그저 빈둥거리며 시간을 뭉개는 게으름뱅이들이었다. 링컨은 그들의 천박한 이기심과 탐욕에 혀를 내둘렀다. 그들은 그가 점심 먹으러 가는 길을 막아서고 마차를 타고 급히 거리를 달릴 때도 자격증명서를 들이밀며 일자리를 구걸했다. 심지어 링컨이 취임한 지 1년이 지나고 온 나라가 10개월 동안 전쟁 중인 상황에서도 사람들은 떼를 이루어 그를 따라다녔다.

　"저들은 절대 멈추지 않겠지?" 링컨이 외쳤다. 그럼에도 링컨은 구직자들을 견뎌내며 동시에 전쟁을 치렀다.

하지만 그의 강철 같은 체력도 마침내 압박감을 못 견디고 비틀댔다. 천연두에 걸려 고생하던 그는 이렇게 말했다. "저 사람들한테 전부 오라 그래요. 이제야말로 그들 모두에게 줄 게 생겼으니까."

링컨은 중대하고 심각한 문제에 직면해서도 24시간을 백악관에서만 보내지는 않았다. 사우스캐롤라이나 주 찰스턴 항구의 섬터 요새를 지키던 수비대의 식량이 거의 바닥났을 때, 대통령은 그곳에 식량을 공급해야 할지, 아니면 그곳을 남부 연합에 넘겨줘야 할지 결정해야 했다. 육군과 해군의 고문들은 그에게 조언했다. "식량을 보내지 마십시오. 만약 보냈다간 전쟁이 일어날 겁니다."

그의 각료 7명 중 6명도 같은 말을 했다. 하지만 링컨은 섬터 요새에서 물러난다는 것은 곧 연방 탈퇴를 사실상 인정하고 그것을 권장하는 것이며 연방을 해체하는 셈이라는 사실을 알고 있었다. 취임 연설에서 그는 '하늘에 걸고' 연방을 '보존하고 보호하고 지킬 것' 임을 가장 엄숙하게 선서했으며, 그 선서를 지킬 작정이었다. 그래서 그는 함정 USS 포우하탄 호에 명령을 내려 섬터 요새로 베이컨과 콩과 빵을 실어 보내게 했다. 그러나 총과 병사와 탄약은 보내지 않았다.

남부 연합 대통령이던 제퍼슨 데이비스는 이 소식을 듣고 보리가드 장군에게 전신을 보내 필요하다고 판단되면 전투를 해도 좋다고 말했다. 요새를 지휘하고 있던 앤더슨 소령은 보리가드 장군에게 전언을 보내 수비대는 이미 소금에 절인 돼지고기로만 연명하고 있기 때문에 4일만 더 기다리면 그들은 굶주림을 못 견디고 요새를 철수할 것이라고 알렸다. 그런데 보리가드는 왜 기다리지 않은 걸까?

아마 그의 고문 몇 명이 '사람들의 얼굴에 피가 뿌려지지 않으면' 연방을 탈퇴한 일부 주들이 연방으로 복귀할지도 모른다고 우려했기 때문인지 모른다. 북군 병사 몇 놈에게 총을 쏘면 그것이 열정을 자극하고 남부 연합을 결속시킬 수 있다는 판단이었을 것이다. 그래서 보리가드 장군은 비극적인 명령을 내렸다. 4월 12일 새벽 4시 30분, 포탄 한 발이 공기를 가르며 요새 방벽 근처 바다에 떨어졌다. 포격은 34시간 동안 계속되었다. 일요일 오후에 북군 병사들은 요새와 함께 절인 돼지고기 4통을 내주었다. 그리고 성조기를 휘날리며 악단이 음악을 연주하는 가운데 배를 타고 뉴욕으로 물러갔다.

일주일 동안 찰스턴은 축제 분위기였다. 성당에서는 장엄하고 화려하게 신을 찬양하는 노래가 울려 퍼졌고,

사람들은 거리를 활보했으며 바와 선술집에서는 떠들썩하게 마시고 노래하며 흥청거렸다.

  사상자 수를 기준으로 판단해 볼 때, 섬터에 대한 포격은 아무것도 아니었다. 양쪽 모두 한 사람의 병사도 잃지 않았다. 그러나 그것이 촉발한 일련의 사건들로 판단할 때, 이보다 더 중요한 전투도 없었다. 그것은 그때까지 세계가 경험한 가장 피비린내 나는 전쟁의 시작을 알리는 신호탄이었다.

제3장

비극적인 남북전쟁과 노예해방

1 남북전쟁의 시작

링컨은 7만 5천 명의 병사에 대해 소집령을 내렸고 온 나라를 애국적인 열정으로 후끈 달아오르게 했다. 수천 개의 강당과 광장에서 대규모 집회가 열리고, 악단은 연주하고 깃발은 나부꼈으며 연사들은 열변을 토하고 사람들은 여기저기서 불꽃을 쏘아 올렸다. 그리고 남자들은 쟁기와 연필을 버려두고 깃발 아래로 모여들었다. 10주 만에 신병 19만 명이 훈련을 받고 행진하며 노래했다.

> 존 브라운의 몸은 흙이 되어 땅속에 누워 있지만
> 그의 영혼은 계속 진군하고 있다네.

하지만 누가 이 군대를 지휘하여 승리로 이끌 것인가? 당시 군에는 군사적 천재로 인정받는 인물이 딱 한 사람 있었다. 바로 로버트 E. 리였다. 그는 남부 사람이었다. 그럼에도 링컨은 그에게 북부 연방군의 지휘를 맡아달라고 요청했다. 만약 그가 이 제안을 받아들였다면, 전쟁의 전체 역사가 크게 달라졌을 것이다. 얼마 동안 리 장군은 수락 여부를 진지하게 고민하며《성경》을 읽고 무릎을 꿇고 이 문제를 두고 기도를 드렸으며 밤새 침실 안을 왔다 갔다 하며 올바른 결정을 내리려고 고심했다.

그는 여러 면에서 링컨과 생각이 같았다. 그는 링컨처럼 노예제를 혐오하여 오래전에 자신의 노예들을 자유롭게 풀어주었다. 또 거의 링컨만큼이나 연방을 사랑했다. 그래서 연방은 '영원하며' 탈퇴는 '혁명'이고 이 나라에 그보다 더 큰 재앙은 없다고 믿었다.

그러나 그는 버지니아 사람이었다. 이것이 문제였다. 나라보다 주를 우위에 두는 자부심 강한 버지니아 사람이었던 것이다. 200년 동안 그의 선조들은 처음엔 식민지의 운명에, 그 뒤에는 주의 운명을 결정하는데 강력한 역할을 해왔다. 그의 아버지인 유명한 '경기병 해리'라는 워싱턴 장군이 조지 왕의 영국군을 추적하는데 힘을 보탰고, 그 후에는 버지니아의 주지사가 되었다. 그는 자신의 아들 로버트 리에게 연방보다 주를 더 사랑하라고 가르쳤다.

그래서 버지니아가 남부와 운명을 같이하기로 했을 때, 그는 조용히 이렇게 말했다. "나는 내 친척과 내 아이들과 내 고향에 적대적인 군을 지휘할 수는 없습니다. 나는 내 고향 사람들의 고통을 함께 나눌 것입니다." 아마 이 결정으로 인해서 남북전쟁이 2~3년 더 지속되었는지도 모른다.

이제 링컨은 누구에게 도움과 인도를 기대했을까? 그 당시 윈필드 스콧 장군이 육군을 지휘하고 있었지만, 그는 노인이었다. 그는 1812년 런디스레인에서 벌어진 전투에서 큰 승리를 거둔 유명한 군인이었다. 그 후 49년이 흐른 1861년인 지금 그는 심신이 지쳐 있었다. 그의 팔팔한 기상과 용기는 이미 누렇게 퇴색되었다. 게다가 그는 척추 질환으로 고생하고 있었고 부종과 현기증이라는 새로운 병까지 얻어 병원에서 간호사와 물침대의 신세를 져야 할 처지였다.

링컨은 4월에 3개월 동안 복무할 7만 5천 명을 소집했다. 7월에 복무가 끝난다는 의미였다. 그래서 6월 하순에 전투를 촉구하는 외침이 터져 나왔다. 그리고 7월 말의 타는 듯이 뜨거웠던 날 아침 10시, 드디어 남북전쟁의 첫 번째 실제 전투가 시작되었다. 무슨 일이 일어났을까?

대포가 나무들 사이로 굉음을 내며 폭발하고 병사들이 비명을 지르며 입에서 피를 토하고 땅에 쓰러지는 것을 본 순간, 펜실베이니아 연대와 뉴욕 포대의 일부 경험 없는 군인들은 자기들의 90일 복무 기간이 만료되었음을 상기하고 제대시켜 달라고 요구했다. 그것도 그 자리에서 당장 해달라고 떼를 썼다.

남은 병사들은 오후 4시 반까지 놀라울 정도로 잘 싸워주었다. 그런데 남군이 갑자기 신병 2천300명을 공격에 끌어들여 전장을 압도했다. "존스턴의 군대가 오고 있다."는 보고가 입에서 입으로 퍼져나갔고 이내 공황 상태가 이어졌다. 2만 5천 명의 북군은 명령을 거부하고 극심한 혼란 속에서 전장을 이탈했다. 맥도웰 장군과 수십 명의 장교들이 사력을 다해 이탈을 막아보려 했지만 아무 소용이 없었다.

남군의 포병대는 정신없이 도망치는 군인들과 병참부 마차, 구급차, 실크 모자를 쓰고 싸움 구경을 하던 의원들이 탄 마차들로 이미 발 디딜 틈 없던 도로에 재빨리 포탄을 퍼부어댔다. 여자들은 비명을 지르며 기절했고, 남자들은 소리를 지르고 욕을 퍼부으며 서로를 밟고 지나갔다. 다리 위에서 마차 한 대가 전복되는 바람에 큰 길이 막혀버렸다. 말들은 마구 요동을 치고 발길질하면서 마차와 구급차와 대포로부터 떨어져 나왔다. 그리고 겁에 질린 남자들은 그 말들에 뛰어올라 급히 달아났다.

그들은 남군의 기병대가 바짝 추격하고 있다고 생각했다. 이 패주의 행렬은 이제 공포에 사로잡힌 폭도가 되어버렸다. 미국 역사상 이런 장면은 결코 목격된 적이 없었다. 거의 미쳐버린 병사들은 총과 옷과 모자와 벨트와 총검을 내던지고 어떤 알 수 없는 걱정에 내몰린 사람들처럼 도망쳤다. 어떤 이들은 완전히 지쳐 길바닥에 쓰러져 뒤따르던 말과 마차 밑에 깔리기도 했다.

그날은 일요일이었다. 32킬로미터 떨어진 곳에서 나는 대포 소리는 교회에서 예배를 보고 있던 링컨의 귀에까지 닿았다. 예배가 끝나자 그는 육군성으로 달려가 이미 각 전장에서 쏟아져 들어오기 시작한 전보를 읽었다. 단편적이고 불완전한 내용들이었지만, 링컨은 이에 대해 스콧 장군과 논의하고 싶어 했다. 그래서 급히 그 노장이 있는 곳으로 달려갔다. 그는 낮잠을 자고 있었다.

잠에서 깨어난 스콧 장군은 하품을 하며 눈을 비벼댔다. 하지만 누구의 도움 없이는 몸을 일으킬 수도 없을 정도로 허약한 사람에게 뭘 기대할 수 있단 말인가? 그가 북군의 총사령관이었다. 이 노장은 전장에서 날아온 몇 통의 전보를 보더니 링컨에게 전혀 걱정할 것 없다고 말하고는 등이 아프다며 다시 잠자리에 들었다.

지리멸렬한 군인들은 한밤중에 비틀거리며 롱브리지를 지나 포토맥 강을 건너 워싱턴으로 밀려들기 시작했다. 길가에는 곧 탁자들이 놓이고 어디선가 갑자기 빵을 가득 실은 마차가 나타났다. 여자들은 큰 솥에다 수프와 커피를 끓이며 음식을 나누어주었다.

완전히 지친 맥도웰은 긴급 공문을 작성하다가 문장을 완성하지 못하고 연필을 손에 쥔 채 나무 아래서 그냥 잠들어버렸다. 기진맥진한 그의 군인들도 계속 내리는 비를 아랑곳하지 않고 길가에 몸을 내던져 죽은 사람처럼 곯아떨어졌다. 소총을 손에 꼭 쥔 채 잠을 자는 병사들도 있었다.

링컨은 밤을 꼬박 새며 새벽이 한참 지난 후까지 참혹한 현장을 목격한 신문기자들과 실크 모자를 쓴 민간인들의 이야기를 들었다. 많은 공직자들도 공황 상태에 빠졌다. 호레이스 그릴리는 어떻게 해서든 당장 전쟁이 끝나기를 바랐다. 그는 남군을 절대 이길 수 없다고 확신했다.

하지만 링컨은 평생 실패와 패배를 경험했지만, 그것에 무너지지 않았다. 그는 그런 것에 익숙했다. 결국에는 자신의 대의가 승리하리라는 믿음이 확고했고 자신감도 흔들리지 않았다. 그는 사기를 잃고 낙담한 군인들과 일일이 악수를 하며 말했다. "당신에게 신의 축복이 있기를. 당신에게 신의 축복이 있기를." 그는 그들을 격려하고 자리에 앉아 함께 콩을 먹으며 그들의 기운을 북돋고 더 밝은 내일을 이야기했다.

그것은 오래 갈 전쟁이었다. 이제 링컨은 그것을 깨닫고 의회에 40만 명의 징집을 요청했다. 의회는 일단 1만 명을 모집하고 50만 명을 3년 동안 복무시키기로 결정했다.

하지만 이들을 누가 지휘한단 말인가? 걸을 수도 없고 혼자서는 침대에서 제대로 일어나지도 못하며 전투 중에도 오후 내내 낮잠이나 자는 늙은 스콧이 할 수 있을까? 절대 안 될 일이었다. 이때 시시한 장군들 중에서 가장 매력적인 한 사람이 무대에 등장했다. 그러나 링컨의 고통은 끝나지 않았다. 이제 시작일 뿐이었다.

비겁한 북군 사령관 맥클렐런

　전쟁이 시작된 후 처음 몇 주 동안 맥클렐런이라는 젊고 잘생긴 장군이 대포 20문과 휴대용 인쇄기를 가지고 서부 버지니아로 진군해 들어가 몇 안 되는 남군을 쫓아버렸다. 그가 치른 전투들은 대단한 것이 아니었다. 그저 작은 접전이었다. 그뿐이었다. 그럼에도 그것은 북군의 첫 번째 승리였기 때문에 상당히 중요해 보였다. 맥클렐런은 그 점을 잘 알고 있었다. 그래서 자신의 휴대용 인쇄기로 극적이고도 과장된 긴급 공문을 수십 장 찍어내어 자신의 업적을 온 나라에 알렸다.

　몇 년 후였다면 그의 어이없는 촌극이 웃음거리가 되었겠지만, 그때는 전쟁 초기였고 혼란을 느낀 사람들은 리더의 출현을 갈망했다. 그래서 그들은 자화자찬이 심한 이 젊은 장군의 능력을 본인이 말하는 대로 받아들였다. 의회는 공식적으로 그에게 감사를 표했으며 사람들은 그를 '젊은 나폴레옹'이라 불렀다. 그리고 불런에서의 패배 이후 링컨은 그를 워싱턴으로 불러 포토맥 군대의 사령관으로 임명했다.

그는 타고난 지휘관이었다. 그가 백마를 타고 병사들을 향해 달려오면 그들은 환호하며 갈채를 보냈다. 게다가 그는 성실하게 열심히 일했다. 그는 불런에서 패배한 군대를 데려다 훈련시키고 자신감과 사기를 회복시켰다. 이런 종류의 일에서는 그를 따를 자가 없었다. 10월이 되면서 그는 서구에서 가장 크고 가장 잘 훈련된 군대를 갖게 되었다. 그의 병사들은 전투를 위한 훈련이 되어 있었을 뿐 아니라, 실제로 싸우기를 원했다.

그래서 모두가 이제 전장으로 가자고 외쳤다. 맥클렐런만 제외하고 말이다. 링컨은 누차 그에게 공격을 촉구했지만, 그는 말을 듣지 않았다. 그는 열병식을 거행하고 자신이 할 일에 대해 많은 말을 늘어놓았지만 그저 말뿐이었고, 계속 미루고 연기하고 온갖 핑계를 대면서 출정하지 않았다. 심지어는 자기 군대가 휴식을 취해야 하기에 출정할 수 없다고 말하자 링컨은 그들이 도대체 무슨 일을 했기에 그렇게 피곤한 거냐고 묻기까지 했다.

앤티텀 전투에서는 정말 어이없는 일도 있었다. 맥클렐런은 리 장군보다 병력이 훨씬 많았다. 리 장군은 패배한 상태였고 만약 맥클렐런이 그를 추격했다면 그의 군대를 포로로 잡고 전쟁을 끝낼 수 있었을지도 모른다. 그래서 링컨은 몇 주간 계속 편지와 전보를 보내고 특사까지 파견해 리 장군을 뒤쫓으라고 다그쳤다. 그러나 맥클렐런은 말들이 피곤하고 자기의 목도 부어 더 이상 군대를 움직일 수 없다고 답했다.

또 북군 최초의 대규모 공세 작전이었던 반도 회전 (Peninsular Campaign) 기간 중에 5천 명의 병사를 거느린 매그루더 장군이 10만을 거느린 맥클렐런의 발목을 잡고 있었다. 공격이 두려웠던 맥클렐런은 흉장을 내던지며 링컨에게 더 많은 병사를 보내달라며 계속 떼를 썼다. 이에 링컨이 말했다. "만약 내가 마술이라도 부려 맥클렐런에게 10만의 병력을 보내주면 그는 뛸 듯이 기뻐하고 내게 감사하며 내일 리치몬드로 진격하겠다고 말하겠지. 하지만 내일이 되면 내게 다시 전보를 보내 적군의 수가 40만이라는 확실한 정보를 입수했다며 병력 지원이 없이는 진격할 수 없다고 말할 거야."

이 '젊은 나폴레옹'은 한 번의 도약으로 명성을 거머쥐면서 하늘 높은 줄 모르고 한껏 우쭐대며 건방을 떨었다. 그리고 노골적으로 링컨을 모욕했다. 대통령이 그를 만나러 갔을 때도 맥클렐런은 대통령을 30분이나 대기실에서 기다리게 했다. 또 그가 밤 11시에 집에 들어왔을 때 링컨이 그를 만나려고 여러 시간 동안 기다렸음을 하인이 전한 적이 있다. 그러나 맥클렐런은 링컨이 앉아 있던 방문을 지나치며 그를 무시했고 바로 2층으로 올라가 잠자리에 들었다는 소식만 전했다.

신문들은 이런 사건들을 크게 다루어 워싱턴의 가십거리와 스캔들로 만들어버렸다. 링컨 여사는 눈물을 흘리며 대통령에게 '저 건방진 허풍쟁이'를 해임시키라고 애원했다. 이에 링컨이 대답했다. "그 사람이 옳지 않다는 것은 나도 알아요. 하지만 이런 시국에 내 감정대로 움직여선 안 돼요. 그가 승리를 가져다주기만 하면 난 기꺼이 그를 붙잡아둘 것이오."

여름이 가을이 되고 가을이 겨울로 넘어가고 다시 봄이 임박한 상황에서도 맥클렐런은 병사를 훈련시키고 열병식을 하고 장광설을 늘어놓는 것 외에는 그 어떤 일도 하지 않았다. 이에 온 나라가 흥분했고 링컨은 맥클렐런의 직무 태만으로 사방에서 비난과 공격을 받았다. 결국 링컨은 "장군의 꾸물거림이 우리를 망치고 있소!"라고 외치며 공식적인 진격 명령을 내렸다.

이제 맥클렐런은 진격하거나 아니면 자리에서 물러나야 했다. 그래서 그는 하퍼스 페리로 달려가 병사들에게 즉시 자신을 따르라고 명령했다. 그는 배로 체서피크 만과 오하이오 운하를 통과하여 포토맥을 건넌 후 버지니아로 침투할 계획이었다. 그러나 마지막 순간에 모든 계획이 틀어지고 말았다. 배의 폭이 운하 수문보다 15센티미터 정도 더 넓어 그곳을 통과할 수 없었던 것이다. 맥클렐런이 링컨에게 이 상황을 전하며 다른 배들이 준비되지 않았다고 하자 오랫동안 참고 참았던 대통령도 결국은 폭발하고 말았다. "도대체 그게 왜 준비되지 않은 거요?" 전 국민도 똑같은 질문을 했다.

마침내 4월이 되자 '젊은 나폴레옹'은 원조 나폴레옹이 그랬던 것처럼 자기 병사들에게 거창한 연설을 한 후 12만 명의 군사를 이끌고 출정 길에 올랐다. 전쟁은 1년 동안 계속되었다. 맥클렐런은 자신이 지금 당장 모든 상황을 말끔히 정리하여 병사들이 집에 세때 돌아가 조금 늦게라도 옥수수와 기장을 심게 하겠다고 허풍을 떨었다.

그러나 프리드리히 대왕의 격언 중에 "네 적을 알라."는 말이 있다. 리 장군과 스톤월 잭슨은 나약하고 물렁물렁한 젊은 나폴레옹에 대해 아주 잘 알고 있었으며, 피를 보기가 두려워 전장에 나와 본 적이 없는 소심하고 겁 많고 툭하면 칭얼대는 젊은 나폴레옹 같은 사람을 상대해야 했다.

그래서 리는 그가 3개월에 걸쳐 리치몬드까지 들어오게 내버려두었다. 맥클렐런의 군대는 시간을 알리는 교회 탑들의 종소리를 들을 수 있을 정도까지 접근했다. 바로 그때 리 장군은 그에게 몇 차례 맹렬한 공격을 퍼부었고, 7일 만에 맥클렐런을 그의 포함이 있는 곳으로 쫓아버리고 그의 군사 1만 5천 명의 목숨까지 빼앗았다. 참혹한 패배였다. 그러나 늘 그랬듯이 그는 이 패배를 '워싱턴의 반역자들' 탓으로 돌렸다. 그들이 병사를 충분히 보내주지 않았고 그들의 비겁함과 어리석음에 치가 떨린다는 식이었다.

맥클렐런은 적들보다 군사가 더 많았다. 대개는 훨씬 더 많았다. 하지만 자신이 지닌 모든 자원을 한 번도 제대로 사용해 본 적이 없었다. 그럼에도 계속 더 많은 것을 요구하기만 했다. 그는 1만 명의 병력 지원을 요청했고, 그 뒤에는 5만 명, 그 뒤에는 10만 명을 요구했다. 이것은 불가능했다. 그는 이것을 알고 있었고, 링컨도 그가 그 사실을 알고 있음을 알고 있었다. 링컨은 그의 요구가 '말도 안 된다.'며 일축했다.

맥클렐런이 대통령과 스탠턴 육군장관에게 보낸 전보의 내용은 격했고 모욕적이었다. 마치 미친 사람의 헛소리 같았다. 그는 링컨과 스탠턴이 자기 군대를 어떻게든 망치려 하고 있다며 욕을 해댔다. 전신 기사가 전송을 거부할 정도로 공격의 강도가 아주 심했다. 국민들은 질겁했고 월스트리트는 공황 상태에 빠졌으며 나라 전체는 침울한 기분에 휩싸였다. 링컨은 점점 마르고 수척해졌다. "어디서도 내 슬픔을 위로받을 길이 없군요." 그가 탄식했다.

결국 맥클렐런의 장인이자 참모장인 P. B. 마시가 항복 외에는 달리 길이 없겠다고 말했다. 이 말을 들은 링컨은 분노로 얼굴이 벌겋게 달아올라 마시를 불러 이렇게 일갈했다. "장군께서는 '항복'이란 말을 사용하셨더군요. 그것은 우리 군에서는 사용해서는 안 되는 말입니다."

3 불운의 연속

링컨은 오랜 기간의 상심과 유혈 사태를 통해 기꺼이 죽을 각오가 되어 있는 50만 명의 병사를 모으고 그들에게 총과 총알과 담요를 갖게 할 1억 달러의 돈을 마련하는 것은 쉽지만, 그들을 승리로 이끌어줄 리더십을 찾아내는 일은 그야말로 하늘의 별따기라는 것을 절감했다. 그는 탄식하며 외쳤다. "군사 문제에 있어서는 지휘관 한 사람의 역할이 이토록 크고 중요하구나!"

그래서 그는 누차 무릎을 꿇고 로버트 E. 리나 조지프 E. 존스턴이나 혹은 스톤월 잭슨 같은 인물을 보내달라고 하느님께 기도드렸다. 링컨은 말했다. "잭슨은 용감하고 정직한 군인이며 장로교 신자이다. 만약 이런 인물이 북군을 지휘한다면, 이 나라가 그 많은 비극에 치를 떨지 않아도 될 텐데."

하지만 전체 연방군 중 어디서 스톤월 잭슨을 찾는단 말인가? 아무도 몰랐다. 2년 동안 링컨은 온 국민이 고

대하는 리더를 찾으려 했다. 그가 어느 장군에게 군대를 맡기면, 그는 그들을 무익한 살육의 현장으로 끌고 들어가 전국에서 수많은 미망인과 고아들이 울부짖게 만들었다. 그 뒤에 신임을 잃은 이 사령관을 해임하고 다른 사람을 임명하면, 그 역시 전임자 못지않게 무능하여 만 명의 병사가 더 목숨을 잃게 했다. 그래서 링컨은 전장의 보고에 망연자실한 채 밤새도록 잠옷과 실내화 차림으로 마루를 왔다 갔다 하며 계속 울부짖었다. "아, 국민들이 뭐라 할까? 그들을 무슨 낯으로 보나?"

그래서 또 다른 장군을 임명해도 무익한 학살은 멈추지 않았다. 오죽하면 현재 일부 군사비평가들이 결함 많고 무능하기 짝이 없는 맥클렐런이 그나마 포토맥 군대의 가장 뛰어난 지휘관이었을지도 모른다고 주장하겠는가! 그러니 다른 지휘관들은 어떠했을지 상상해 보라.

맥클렐런이 패배한 후 링컨은 존 포프를 기용했다. 그는 미주리에서 군사적 위업을 달성했고, 미시시피에 있는 섬 하나를 점령하여 수천 명의 적군을 포로로 잡았다. 포프는 두 가지 점에서 맥클렐런과 닮았다. 즉 그는 잘생겼고 허풍이 심했다. 그는 실권을 쥐고 있는 것은 자신의 사령부라고 선언했으며, 과장된 발언을 너무 많이 하여 곧 '허풍선이 포프'라고 불렸다. 장교와 사병

모두가 그를 싫어했다. 특히 그에 대한 맥클렐런의 혐오감은 더욱 맹렬했다. 포프는 그의 자리를 차지하기 위해 온 것이다. 이 사실은 누구보다 맥클렐런이 잘 알고 있었다. 그는 시기와 원한의 감정으로 불타올랐다.

포프는 군대를 이끌고 버지니아로 진군했다. 큰 전투가 임박했고 그는 지원병이 절실한 상황이었다. 그래서 링컨은 맥클렐런에게 전보를 보여주며 급히 그의 군대를 이끌고 최대한 신속하게 포프를 지원하라고 명령했다. 맥클렐런이 명령에 따랐을까? 물론 아니었다. 그는 이런저런 주장을 펼치며 꾸물대고 항의하고 전보를 통해 핑계를 대고 그가 앞서 보낸 부대까지 소환했다. 결국 포프의 군대는 불런의 옛 전쟁터에서 리의 군대에게 대패를 당했다. 살육은 끔찍했다. 연방군은 공황 상태에서 다시 도망쳤다. 첫 번째 불런 전투가 재현된 셈이었다. 다시 한 번 패배한 피투성이의 군사들이 워싱턴으로 쏟아져 들어왔다. 리 장군은 승리한 자신의 병사들과 함께 그들을 추격했다.

링컨조차 더 이상 수도를 지킬 수 없다고 믿었다. 포함을 강 쪽으로 출동시키라는 명령이 떨어졌고, 민간인이건 공무원이건 워싱턴의 모든 사무원들이 수도 방위를 위해 동원되었다. 육군장관 스탠턴은 엄청난 공포를 느끼며 6개 주의 주지사들에게 전보를 보내 그들이 지닌 모든 시민군과 지원병을 특별열차 편으로 보내달라고 간청했다. 술집은 문을 닫고 교회에서는 종이 울렸다. 시민들은 무릎을 꿇고 전능하신 신에게 워싱턴을 구해 달라고 간절히 기도했다. 스탠턴은 정부 기관을 뉴욕으로 옮길 준비를 하며 병기창에 있던 모든 무기들을 북쪽으로 이송하라고 명령했고, 재무장관인 체이스는 국가 소유의 금과 은을 월스트리트에 있는 재무부 분국으로 급히 옮기라고 지시했다.

사람들은 맥클렐런이 복수를 위해 포프가 패배하고 그의 군대가 짓밟히는 것을 보고 싶어 했을 것으로 여겼다. 스탠턴은 분노와 증오심으로 벌겋게 달아오른 얼굴로 이를 갈았고, 그를 본 사람들은 만약 그때 맥클렐런이 앞에 있었다면 스탠턴이 곧장 달려들어 그를 때려눕혔을 것이라고 믿었다. 체이스는 한층 더 격분했다. 그는 맥클렐런을 단지 때려눕히는 것으로는 성이 차지 않았다. 체이스는 말 그대로 그를 총으로 쏴 죽이고 싶어 했다.

그러나 바다같이 넓은 가슴과 예수 같은 심성을 지녔던 링컨은 아무도 비난하지 않았다. 물론 포프는 패배했다. 하지만 그도 나름대로 최선을 다하지 않았던가?

링컨 자신이 패배를 너무 많이 경험했던 터라 다른 사람의 패배를 탓할 수는 없었다.

그래서 포프를 북서부로 보내 수족 인디언의 봉기를 진압하게 했고, 군대의 지휘를 다시 맥클렐런에게 맡겼다. 왜 그랬을까? 직접 링컨의 말을 들어보자. "우리 군대가 절반만이라도 제구실을 할 수 있도록 지휘할 만한 사람은 맥클렐런밖에 없기 때문이다. 맥클렐런 자신은 싸울 능력이 없다 해도 다른 사람들에게 싸울 준비를 시키는 데는 탁월한 능력을 갖고 있다."

링컨은 맥클렐런에게 다시 지휘봉을 넘겨준 일이 거센 반발을 초래할 것임을 알고 있었다. 정말 그랬다. 그것도 아주 격렬하게. 심지어 그의 각료들도 이 대열에 동참했다. 스탠턴과 체이스는 실제로 비겁하고 비열한 맥클렐런에게 다시 군의 지휘를 맡기느니 차라리 로버트 리에게 워싱턴을 넘겨주겠다고 선언했다.

링컨은 그들의 극렬한 반대에 너무 상심하여 만약 내각이 원하면 사임하겠다고 말했다. 앤티텀 전투가 끝나고 몇 개월 뒤 맥클렐런은 리 장군을 선제공격하라는 링컨의 명령을 들은 척도 안 했다. 결국 그는 다시 군에 대한 지휘권을 빼앗겼고, 그것으로 군인으로서의 그의 인생도 영원히 끝이 났다.

포토맥 군대에는 다른 리더가 필요했다. 하지만 도대체 그는 누구이고 어디에 있는 걸까? 아무도 몰랐다. 링컨은 자포자기 심정으로 번사이드에게 지휘관 직을 제의했다. 하지만 그는 적임자가 아니었고, 자신도 그것을 알고 있었다. 그래서 두 번 거절했다. 그래도 어쩔 수 없이 그 일을 떠맡게 되었을 때 그는 울었다.

그는 곧 군대를 이끌고 프레데릭스버그에 있는 리의 요새를 성급히 공격했다가 1만 3천 명의 병사를 잃었다. 성공에 대한 희망이 전혀 없었기에 애꿎은 목숨들만 무익하게 희생되었다. 사병은 물론 장교들도 대규모로 탈영하기 시작했다.

결국 번사이드는 해임되고 이번에는 또 다른 허풍쟁이 '투사 조' 후커에게 군의 지휘권이 넘어갔다. 그는 "신께서는 리에게 자비를 베푸시는데 내게는 왜 그럴 생각이 없으신가!"라고 떠벌리며 자칭 '지상 최고의 군대'를 이끌고 리를 상대했다. 그는 남군보다 병력이 두 배였지만 대패하여 1만 7천 명의 병사를 잃었다. 그것은 이 전쟁에서 가장 참혹한 패배 중 하나였다.

이 참패는 1863년 5월에 일어났다. 대통령 비서는 잠 못 이루는 밤들의 그 끔찍한 시간 동안 링컨이 방 안을 서성이는 발자국 소리와 "잃었어! 잃었어! 모든 걸 잃었어!"라고 외치는 소리를 들었다고 기록하고 있다. 그러나 대통령은 결국 프레데릭스버그에 가서 '투사 조'와 그의 군대를 응원하고 격려했다. 링컨은 그 많은 무익한 살육으로 맹렬한 비난을 피하지 못했으며, 슬픔과 낙담의 먹구름이 온 나라를 뒤덮었다.

그리고 엎친 데 덮친 격으로 이런 군사적인 슬픔에 가정적인 비극까지 겹쳤다. 링컨은 자신의 두 아들 테드와 윌리를 너무 과하다 싶을 정도로 사랑했다. 여름날 저녁이면 종종 아이들과 야구를 하기 위해 백악관을 빠져나왔는데 코트 자락을 휘날리며 베이스와 베이스 사이를 뛰어다녔다. 때로는 백악관에서 육군성으로 가는 내내 아이들과 공기놀이를 하곤 했다. 밤에는 마룻바닥에서 아이들과 함께 뒹굴고 뛰놀며 떠들기를 좋아했고, 맑고 따뜻한 날에는 백악관 뒤쪽으로 가서 아들들과 두 마리의 염소와 함께 놀기도 했다.

테드와 윌리는 끊임없이 소란을 피우며 백악관을 들썩이게 했고 민스트럴 쇼(흑인으로 분장하고 흑인 가곡 등을 부르는 백인의 쇼 – 옮긴이)를 펼쳤으며 하인들에게 군사훈련을 시키고 마음에 드는 구직자가 있으면 바로 아버지를 만날 수 있게 조치를 취하기도 했다. 아버지인 링컨처럼 의식과 전례를 존중하지 않았던 아이들은 언젠가 국무회의 중에 뛰어 들어와 대통령 아버지에게 지하실의 고양이가 방금 새끼를 낳았음을 알려주었다. 또 한 번은 체이스가 나라의 심각한 재정 상황을 보고하고 있을 때 테드가 아버지 몸 위로 기어오른 후 어깨 위에 걸터앉아 목마를 타는 장면을 연출함으로써 근엄한 체이스의 부아를 돋우고 역겨움을 느끼게 했다.

누군가가 윌리에게 조랑말을 주었는데, 그는 추운 겨울 날씨임에도 아랑곳하지 않고 계속 타겠다고 고집을 부렸다. 결국 윌리는 몸이 젖고 오한이 나서 심한 감기에 걸리고 말았다. 그리고 그것은 곧 심한 열병으로 발전했다. 링컨은 밤마다 몇 시간이고 아이의 침대 옆에 앉아 간호했지만, 아이는 결국 목숨을 지키지 못했다. 아버지는 목메어 울며 외쳤다. "불쌍한 내 아들! 불쌍한 내 아들! 이 땅에 두기에는 너무 아까우니까 하나님이 천국으로 데려가셨구나!"

아들을 잃은 링컨 여사 역시 윌리의 사진도 보지 못할 정도였다. 아들이 좋아한 것은 무엇이든, 심지어 꽃에도 눈길을 줄 수 없었다. 슬픔을 가눌 길 없던 링컨 여사는 '콜체스터 경'이라는 직함으로 가장한 이른바 심령술사를 불러들였다. 이 지독한 사기꾼은 나중에 정체가 밝혀져 투옥 위협을 받으며 지역에서 쫓겨났는데,

어쨌든 그 당시 비탄에 젖은 링컨 여사는 백악관의 한 어두운 방에서 '콜체스터 경'으로부터 징두리 벽판을 긁는 소리와 벽과 테이블을 두드리는 소리가 죽은 아들이 보내는 사랑의 메시지라는 말을 들었다. 그녀는 그 말을 그대로 믿어버렸다. 그리고 그 소리를 들으며 울었다.

슬픔에 지쳐버린 링컨은 절망의 늪에 빠졌다. 그는 거의 공무를 볼 수 없었고, 그의 책상 위에는 회신되지 않은 편지와 전보가 쌓여갔다. 주치의는 그가 다시는 회복하지 못하고 그대로 슬픔의 늪 속에 완전히 가라앉아버릴까 우려했다.

대통령은 때로 비서와 측근만을 청중 삼아 몇 시간 동안 큰 소리로 책을 읽곤 했다. 대개는 셰익스피어의 글이었다. 어느 날 그는 측근에게 《존 왕》을 읽어주다가 콘스탄스가 죽은 아들을 애통해하는 부분에서 책을 덮고 다음 구절을 반복 암송했다.

그리고 추기경님께서 말씀하셨지요.
우리는 천국에서 친구들을 다시 만나게 되리라고.
만약 그게 사실이라면, 제 아들도 다시 볼 수 있겠군요.

"대령, 죽은 친구의 꿈을 꾼 적이 있나?" 대통령이 물었다. "그리고 그와 달콤한 교감을 나누고 있다고 느끼면서도 그것이 현실이 아님을 슬프게 의식했던 적이 있나? 난 종종 그런 식으로 내 아들 윌리의 꿈을 꾼다네." 이렇게 말하고는 테이블 위에 고개를 떨군 채 흐느껴 울었다.

4 내각의 불화를 끌어안은 관대한 대통령

　링컨은 자신의 내각에도 군대에 존재하는 것과 똑같은 종류의 다툼과 질투가 있음을 알게 되었다. 국무장관 수어드는 스스로를 '총리'로 간주하며 다른 각료들을 무시하고 그들의 일에 간섭하여 깊은 원한을 샀다. 재무장관인 체이스는 수어드를 경멸했고 맥클렐런을 혐오했으며 스탠턴 육군장관을 증오했고 우정장관인 블레어를 몹시 싫어했다.

　한편 블레어는 수어드를 '원칙 없는 거짓말쟁이'라 비난했고 그와는 어떤 일도 하지 않으려 했으며, 스탠턴과 체이스를 악당으로 치부하며 국무회의에서조차 그들과 말을 섞지 않으려 했다. 블레어는 너무 많은 분란을 일으켜 정치적으로는 결국 자신의 무덤을 판 꼴이 되었다. 그가 조장한 증오심이 너무 맹렬하고 널리 확산되어 급기야 링컨이 사임을 요청해야 할 지경에까지 이르렀다.

만연된 증오심이 내각을 온통 휘감았다. 부통령 한니발 햄린은 해군장관인 기디온 웰스와 말을 하지 않으려 했고, 웰스는 특히 그랜트, 수어드, 스탠턴을 싫어했다. 그리고 난폭하고 오만한 스탠턴이야말로 증오심이 가장 많은 사람이었다. 그는 체이스, 웰스, 블레어, 링컨 여사, 그 외에 거의 모든 인간을 경멸했다. 그랜트는 이런 글을 남겼다. "스탠턴은 다른 사람의 감정 따위는 눈곱만큼도 개의치 않았다. 그리고 남의 요구를 들어주는 것보다 거절하는 데서 더 큰 쾌감을 느꼈다." 결국 스탠턴보다 더 많은 미움을 산 사람은 거의 없다고 볼 수 있다.

내각의 거의 모든 각료들이 자신을 링컨보다 더 뛰어나다고 생각했다. 베이츠 법무장관은 1860년에 자신이 대통령 후보로 지명될 것을 기대하며 자신의 일기장에 "공화당원들이 의지도 목적의식도 없고 리더의 자질도 없는 링컨을 지명함으로써 치명적인 실수를 범했다."고 적었다. 체이스도 자신이 지명될 것으로 기대했었다가 뜻대로 되지 않자 크게 실망했으며, 죽는 날까지 링컨에게 '일종의 호의적인 경멸감'을 품었다. 수어드 역시 응어리진 감정이 있었다. 그는 만약 호레이스 그릴리만 아니었다면 자신이 대통령이 되었으리라고 확신했다. 그는 국정 운영하는 법을 알고 있었으며, 방대한 국가 문제를 처리한 경험이 20년이나 되었던 것이다.

하지만 링컨은 뉴 세일럼에서 통나무집 잡화점을 운영한 것 말고 뭘 해봤는가? 아, 우체부 일도 해봤다. 모자에다 우편물을 넣어가지고 다니면서 말이다. 그 정도가 이 '초원의 정치인'이 해본 행정 경험의 전부였다.

수어드는 자신이 국무장관이 된 것은 실질적으로 나라를 통치하기 위해서이고, 다른 많은 사람들이 링컨은 그저 명목상의 우두머리로 생각한다고 여겼다. 사람들은 수어드를 총리라고 불렀고 그는 이 호칭을 좋아했다. 그리고 미국의 구원이 바로 자신의 어깨 위에 달려 있다고 믿었다.

링컨이 취임한 지 5주도 지나지 않아 수어드는 그에게 오만방자하기 짝이 없는 메모를 보냈다. 놀라운 내용이었다. 아니, 그 이상이었다. 그것은 확실히 모욕적이었다. 이 나라 역사상 내각의 각료가 대통령에게 이렇게 무례하고 오만한 글을 보낸 적은 없었다.

수어드는 이렇게 시작했다. "새 행정부가 들어선 지 한 달이 다 되어가지만 아직 국내 정책이나 외교 정책이 마련되어 있지 않습니다." 그리고 은근히 자신의 능력과 역량이 더 우월함을 내세우며 뉴 세일럼 출신의 이 전직 잡화점 직원을 비판하고 국정을 어떻게 운영해야 하는지에 대해 이러쿵저러쿵 훈수를 두었다. 그리고 뻔뻔스럽게 지금부터 자신이 국정을 통제하고 나라가 파국에 이르는 사태를 막게 해야 한다고 말하며 대통령은 그저 뒤에 가만히 앉아 구경이나 하라는 식으로 마무리를 지었다.

그러나 링컨은 이렇게 잘난 수어드의 일부 생각이 엉뚱하고 비상식적인 것에 무척 놀랐다. 처음부터 링컨은 자신의 앞에 놓인 막중하고 힘겨운 책무를 감당하기에는 경험이 너무 부족하다는 사실을 잘 알고 있었다. 그는 도움과 지혜와 인도가 필요했다. 그래서 그런 역할을 해줄 것으로 기대하며 수어드를 임명했지만, 그는 기대에 크게 못 미치는 인물이었다.

샐먼 P. 체이스는 내각의 체스터필드(영국의 정치가이자 외교관-옮긴이)로 통했다. 187센티미터의 훤칠한 키에 아주 잘생기고 리더의 자질을 타고난 인물이었으며, 교양 있는 고전학자로 3개 국어에 능통했고 워싱턴 사교계에서 가장 매력적이고 인기 있는 여성의 아버지였다. 솔직히 그는 식사 주문하는 법도 모르는 사람이 백악관에 있는 것을 보고 충격을 받았다.

체이스는 신심이 매우 깊은 사람이었다. 그는 일요일에 세 번 예배에 참석했으며 욕조 안에서도 《성경》의 시편을 암송했으며 '우리는 신을 믿는다.'를 국시國是로 동전에 새겨 넣게 했다. 매일 밤 잠들기 전에 《성경》과 설교집을 읽는 그는 유머작가 아티머스 워드와 풍자작가 피트롤리엄 내스비의 책을 들고 잠자리에 드는 대통령을 도무지 이해할 수가 없었다. 거의 때와 장소를 가리지 않고 튀어나오는 링컨의 유머 감각은 체이스를 불쾌하고 짜증나게 했다.

체이스는 또 고등학교 여학생 클럽의 회원처럼 질투심이 많았다. 그는 자신이 국무장관이 될 것으로 기대했지만, 그 명예로운 자리를 거만한 수어드에게 빼앗기고 자기는 재무장관직에 머문 것을 분하고 원통해했다. 그는 단역을 맡은 셈이라고 여겼다. 하지만 곧 본때를 보여주겠다고 벼르고 있었다. 1864년이 오고 있었던 것이다. 그때 다시 선거를 치른 후에는 꼭 백악관을 차지하겠다고 단단히 다짐했다. 그것 외에는 다른 것을 생각지 않았다. 그래서 링컨의 말대로 '대통령직을 향한 맹렬한 사냥'에 그의 모든 것을 걸었다.

체이스는 링컨의 면전에서는 그의 친구인 척했지만, 뒤돌아서는 순간 대통령의 냉혹하고 은근한 적으로 돌변했다. 링컨은 영향력 있는 인물들의 뜻에 반하는 결정을 내려야 할 때가 많았다. 그럴 때 체이스는 기분이상한 당사자에게 달려가 그를 위로하고 그가 옳다고 맞장구 쳐주었으며, 링컨을 향한 그의 분노에 부채질을 하고 만약 자신이 국정을 운영한다면 그를 공정하게 대할 거라며 입에 발린 말을 했다. 그러자 링컨이 말했다. "체이스는 금파리 같아서 썩은 곳이면 어디서든 알을 낳는다." 수개월 동안 링컨은 이 모든 사실을 알고 있었지만, 바다 같은 마음으로 자신의 권리는 아랑곳하지 않고 이렇게 말했다.

체이스는 아주 유능한 사람이지만, 대통령직과 관련해서는 약간 비상식적인 듯합니다. 그의 최근 행동은 그다지 훌륭하지 못했지요. 사람들은 '이제 그를 내칠 때'라고 말하더군요. 글쎄요, 저는 누구든 내치는 걸 좋아하지 않습니다. 만약 어떤 사람이 잘할 수 있는 일이 있다면, 저는 그 사람이 일을 하게 놔두라고 말합니다. 그래서 그가 재무부 수장으로서 자신의 임무를 잘 감당하는 한 그가 끈질기게 백악관을 물고 늘어지는 것에는 눈을 감아주기로 했습니다.

하지만 상황은 계속 악화되었다. 일이 자기 뜻대로 되지 않을 때 체이스는 사직서를 제출했다. 그는 이런 쇼를 다섯 번이나 했고, 그때마다 링컨은 그를 찾아가 한껏 칭찬하며 다시 일을 맡아달라고 설득했다. 하지만 오래도록 참아온 링컨도 마침내 인내의 한계를 드러냈다. 그들은 서로 만나는 것을 불편해할 정도로 감정이 악화되었다. 그래서 여섯 번째에는 체이스의 말을 그대로 받아들여 사표를 수리했다. 체이스는 놀랐다. 이번에는 그의 허세가 먹혀들지 않았던 것이다.

상원 재무위원회 소속 의원들이 급히 백악관에 떼로 몰려와 이번 조치에 대해 항의했다. 체이스가 물러나면 큰 불행과 재난이 닥친다는 것이었다. 링컨은 귀를 기울이며 그들이 할 말을 다하게 했다. 그 후에 그는 그동안 체이스와의 사이에 있었던 힘들었던 경험을 이야기하며 체이스는 항상 자신이 주도하기를 원했고 대통령인 자신의 권위에 도전했다고 말했다.

그럼에도 링컨은 "내가 알고 있는 모든 대단한 인물들 중에서 가장 뛰어난 인물보다 1.5배 정도는 더 뛰어난 사람이 바로 체이스이다."라고 말하며, 그의 정치 인생에서 가장 아름답고 관대한 결정을 내렸다. 바로 체이스를 미국 대법원장에 임명함으로써 그에게 미국 대통령이 수여할 수 있는 가장 큰 영예를 안겨준 것이다.

그래도 체이스는 폭풍 같은 스탠턴에 비하면 유순한

새끼고양이였다. 키는 작지만 건장하고 황소 같은 체구를 지닌 스탠턴은 바로 그 동물의 사나움과 포악성을 지니고 있었다. 평생 그는 성급하고 변덕스럽고 괴팍했다. 자기 딸 루시가 죽었을 때는 절망에 빠져 땅에 묻힌 지 13개월이 지난 딸의 시신을 무덤에서 파내어 1년 넘게 자신의 침실에 두었다. 부인이 죽었을 때는 매일 밤 그녀의 취침용 모자와 잠옷을 자신의 침대 옆에 놓고 울었다. 참 이상한 사람이었다. 어떤 이들은 그가 반쯤 미쳐 있다고 생각했다.

링컨과 스탠턴은 필라델피아의 조지 하딩과 함께 피고측 변호인단으로 특허 소송을 진행할 때 처음 만났다. 링컨은 소송을 꼼꼼히 연구하며 굉장히 성실하고 부지런하게 준비했고 변론을 하고자 했다. 그러나 스탠턴과 하딩은 그를 부끄러워하며 경멸하고 모욕하고 상대하지도 않았으며 재판 중에 한 마디도 하지 못하게 했다.

링컨은 그들에게 자신의 변론 원고를 보여주었지만, 그들은 그것을 '쓰레기'로 치부하며 보려고도 하지 않았다. 또 그들은 법원을 오가는 길에 링컨과 함께 걸으려고도 안 했고 그들의 방에 들이지도 않았다. 심지어 같은 테이블에서 함께 식사하는 것도 거부하며, 링컨을 사회에서 버림받은 사람처럼 취급했다. 링컨은 스탠턴이 이렇게 말하는 것을 들었다. "저 흐느적대는 빌어먹을 긴팔원숭이 같은 인간하고는 상종도 하기 싫어. 만약 신사다운 외모를 지닌 사람과 소송을 진행할 수 없다면, 차라리 포기해 버리고 말겠어." 이에 대해 링컨은 "나는 그 전까지 스탠턴에게 받은 것 같은 그런 야만적인 대우는 결코 받아본 적이 없었다."고 말했다. 그는 굴욕감을 느끼며 집에 돌아왔고 다시 한 번 질척한 우울의 늪에 빠져들었다.

링컨이 대통령이 되었을 때, 그에 대한 스탠턴의 경멸과 혐오는 더욱 깊어지고 심해졌다. 그는 링컨을 '불쾌한 얼간이'라 부르며 국정 운영 능력이 전무하기 때문에 군사 독재자라도 나서서 그를 몰아내야 한다고 주장했다. 스탠턴은 누누이 원조 고릴라가 지금 백악관에 앉아 있는데 고릴라를 찾겠다며 아프리카로 달려간 인류학자 두 차일루는 바보라고 단언했다. 뷰캐넌에게 보낸 편지에서도 스탠턴은 대통령을 이 책에 실을 수 없을 정도의 격한 언어로 비방했다.

이 외에도 링컨은 노예를 무장시키는 문제를 두고 육군장관 사이먼 캐머런과 첨예하게 대립했는데, 결국 캐머런에게 사임을 요구했다. 그는 육군성을 지휘할 새 인물이 필요했다. 링컨은 나라의 미래가 자신의 선택에 달려 있음을 알고 있었다. 또 자신에게 필요한 인물이 누구인지도 정확하게 알고 있었다. 그래서 한 친구에게 이렇게 말했다. "나는 모든 자존심을 내려놓고 스탠턴을 육군장관으로 임명하기로 했네." 그리고 그것은 링컨이 단행한 가장 현명한 인사 중 하나가 되었다.

스탠턴은 그 옛날 터키의 고관 앞에 선 동양의 노예들처럼 떨고 있는 직원들에 둘러싸인 채 늘 정신없이 바쁜 전쟁 부서의 자기 책상 앞에 서 있었다. 그는 사무실에서 먹고 자며 밤낮없이 일했고, 군에 들끓고 있는 빈둥대며 허세나 부리는 무능한 장교들에 대해 굉장한 분노를 느꼈다. 그래서 사방에서 그들을 공격해댔다.

또 참견하기 좋아하는 의원들에게도 욕을 퍼부으며 모욕했으며, 헌법을 무시하고 위반한 부정한 계약자들도 냉혹하고 가차 없이 공격했다. 심지어는 장군들도 체포하여 감옥에 집어넣고는 재판도 없이 그곳에서 몇 달간 꼼짝 못 하게 했다. 그리고 마치 연대를 훈련시키듯 맥클렐런에게도 전장에 나가 싸우라고 다그쳤다. 그는 한 가지 강렬한 열정에 사로잡혀 마치 발전기처럼 정력적으로 움직였다. 그 열정이란 남부가 연방에 편입될 때까지 계속 찌르고 쏘아대는 것이었다. 링컨은 그 목표만 달성할 수 있다면 무엇이든 견딜 수 있었다.

어느 날 한 의원이 대통령을 설득하여 특정 연대를 옮기라는 명령을 내리게 했다. 명령서를 받아든 의원은 육군성으로 달려가 스탠턴의 책상 앞에 내밀었다. 그러나 그는 이런 명령은 따르지 않겠다며 "대통령이 이런 명령을 내렸다면, 그는 대책 없는 바보"라고까지 말했다.

그 의원은 대통령이 분노하며 스탠턴을 해임시킬 것으로 기대하며 다시 링컨에게 돌아갔다. 그러나 설명을 들은 링컨은 눈을 반짝이며 말했다. "만약 스탠턴이 내가 대책 없는 바보라고 말했다면, 틀림없이 그 말이 맞을 거요. 그 사람은 거의 항상 옳으니까요. 내가 그쪽에 가서 직접 만나봐야겠소." 링컨은 스탠턴을 만났고 그는 대통령의 명령이 잘못되었음을 납득시켰으며 링컨은 명령을 철회했다.

링컨은 스탠턴이 간섭받는 것을 무척 싫어한다는 것을 알고 대체로 그가 하는 대로 그냥 내버려두었다. 그의 말을 직접 들어보자.

난 스탠턴을 더 힘들게 할 수 없습니다. 그는 세상에서 가장 힘든 자리에 있지요. 수천 명의 군인들이 자신을 승진시키지 않았다고 그를 욕하며, 다른 수천 명은 자기들이 임명되지 않았다고 그를 비난합니다. 그가 받는 압박은 헤아릴 수도 없고 끝도 없지요. 그는 해변에 우뚝 버티고 선 바위 같은 존재입니다. 큰 파도들이 쉴 새 없이 포효하며 그를 향해 달려들지요. 그는 노한 파도들을 온몸으로 막아내며 그들이 땅을 침식하고 휩쓸지 못하게 합니다. 난 그가 어떻게 산산이 부서지지 않고 계속 버틸 수 있는지 이해가 안 갈 정도입니다. 그가 없다면 아마 내가 산산조각이 날 겁니다.

그러나 이따금 대통령이 결연한 의지를 보이며 물러설 기세를 보이지 않으면, 상대는 조심해야 했다. 만약 스탠턴이 어떤 일을 하지 않겠다고 말하면, 링컨은 아주 조용하게 답하곤 했다. "내 생각에 장관께서는 그 일을 하셔야 할 겁니다." 그러면 그대로 행해졌다.

한 번은 이런 명령서를 써 보낸 적이 있다. "아무런 토도 달지 말고 엘리엇 W. 라이스 대령을 준장으로 승진시키시오. 에이브러햄 링컨." 또 한 번은 스탠턴에게 특정 인물을 지명할 때 '율리우스 카이사르의 머리 색깔이 무엇인지 알든 모르든 상관없이'라는 말로 편지를 쓰기도 했다. 처음에는 링컨을 비웃고 욕하던 스탠턴, 수어드, 그리고 다른 대부분의 사람들도 결국은 그를 존경하게 되었다.

링컨이 포드 극장 건너편의 한 하숙집에 누워 죽어가고 있을 때, 한때 그를 '불쾌한 얼간이'라며 비하했던 냉혹한 스탠턴도 결국은 인정했다. "이 세상에서 가장 완벽한 통치자가 여기 누워 있다."

링컨의 비서 중 하나인 존 헤이는 백악관에서 링컨이 일하는 방식을 아주 사실적으로 묘사하고 있다.

대통령께서는 너무 체계가 없었다. 니콜레이와 나는 그분이 몇 가지 체계적인 규칙을 수용하게 하느라 4년간 상당히 애를 먹었다. 대통령은 어떤 규칙이건 만들어지기 바쁘게 깨버리곤 했다. 사람을 만나지 못하게 하는 규칙은 인정하지 않았다. 그들이 터무니없는 불평과 요청으로 거의 당신의 진을 빼놓을 경우에도 그랬다.

편지를 쓰는 일도 거의 없었고, 수신된 편지는 50통 중 한 통도 읽지 않았다. 처음에 우리는 대통령께서 그 편지들에 주목하게 하려 했지만, 결국엔 그 모두를 내게 넘겼고 내가 대통령의 이름으로 쓴 편지들도 읽어보지도 않고 서명하셨다. 당신이 직접 쓰는 편지는 아마 일주일에 6통을 넘지 않았을 것이다. 워싱턴에서 멀리 떨어진 곳에서 어떤 민감한 사안을 처리해야 할 때는 좀처럼 편지를 쓰지 않고 니콜레이나 나를 보내셨다.

대통령께서는 보통 10시에서 11시 사이에 잠자리에 드셨다가 아침 일찍 일어났다. 지방의 제대군인 보호시설에서 지내실 때는 일어나 옷을 입고 계란 하나, 토스트 한 조각, 커피 등으로 이루어진 아주 간소한 아침 식사를 마친 후 8시 전에 워싱턴으로 향하셨다. 겨울에 백악관에 계실 때는 그렇게 일찍 일어나지 않으셨다. 잘 주무시는 편은 아니었지만, 꽤 많은 시간을 침대에서 보내셨다.

정오가 되면 비스킷 한 조각과 겨울에는 우유 한 잔, 여름에는 포도나 다른 과일을 드셨고…… 음식을 절제하셨고 내가 아는 그 누구보다 적게 드셨다.

음료는 물 외에는 아무것도 안 마셨는데, 그것은 어떤 원칙 때문이라기보다 포도주나 독한 술을 즐기지 않으셨기 때문이다.

때로는 휴식을 위해 강연회나 연주회나 극장에 가셨다. …… 책은 거의 읽지 않으셨다. 내가 어떤 특별한 주제를 다룬 기사에 주의를 환기시키지 않으면 좀처럼 신문도 보지 않으셨다. 대통령께서는 자주 "그 문제에 대해서는 누구보다 내가 더 잘 알아."라고 말씀하셨다. 그분을 겸손한 사람이라 부르는 것은 맞지 않다. 위대한 인물치고 겸손한 사람은 없었다.

5 노예해방령 선언과 후폭풍

오늘날 미국에 있는 보통 시민에게 남북전쟁이 왜 일어났는지 물어보라. 그러면 그는 아마 '노예해방을 위해서'라고 대답할 것이다. 정말 그랬나?

한 번 살펴보자. 다음은 링컨의 첫 번째 취임 연설 속의 한 대목이다. "저는 직접적이든 간접적이든 현재 노예제도가 존재하는 주에서 그것의 존폐 여부를 둘러싼 논의에 간섭할 의도가 전혀 없습니다. 저는 제게 그렇게 할 만한 법적인 권리가 없다고 믿으며, 그렇게 할 생각도 없습니다."

분명한 것은 링컨이 노예해방령을 선언하기 전 거의 18개월 동안 대포가 울리고 부상자들은 신음을 토해냈다는 사실이다. 그 시기 내내 급진주의자들과 노예제 폐지론자들은 그에게 당장 행동에 나설 것을 촉구했고 신문지상과 연단에서 그를 비난하고 공격해댔다.

마침내 링컨의 꾸물거림과 행동하지 않음에 화가 난

호레이스 그릴리는 〈2천만의 기도〉라는 제목의 기사에서 대통령을 공격했다. 그릴리에 대한 링컨의 답변은 명확하고 간결하고 힘이 넘쳤으며, 고전적인 명문 중 하나로 통한다. 그는 다음과 같은 기억에 남는 문장으로 자신의 답변을 마무리했다.

이번 전쟁에서 저의 가장 중요한 목표는 연방을 지키는 것입니다. 노예제도를 유지하거나 파괴하는 것이 아닙니다. 만약 어떤 노예도 해방시키지 않고 연방을 지킬 수 있다면 저는 그렇게 할 것입니다. 또 모든 노예를 해방시켜야 연방을 지킬 수 있다면, 저는 그렇게 할 것입니다. 만약 일부의 노예만 해방시키고 나머지는 그대로 내버려두는 방법으로 연방을 지킬 수 있다면, 저는 그 일도 할 것입니다. 제가 노예제도나 유색 인종과 관련하여 지금 하고 있는 일을 하는 이유는, 그것이 연방을 지키는데 도움이 된다고 믿기 때문입니다. 또 제가 어떤 일을 하지 않는 이유는 그것이 연방을 지키는데 유익하지 않다고 생각하기 때문입니다. 제가 하고 있는 일이 이 대의를 지키는데 해가 된다고 판단되면 저는 그 일을 가급적 줄일 것이며, 반대로 이 대의에 도움이 된다고 판단되면 그 일을 더 많이 할 것입니다. 어떤 일이 잘못된 것으로 드러나면 그것을 바로잡으려 할 것이며, 어떤

견해가 옳은 것으로 드러나면 신속히 그것을 채택할 것입니다.

저는 여기서 공식적인 책무에 대한 저의 의견에 따라 제 목적을 진술했습니다. 그리고 저는 세상의 모든 인간이 자유로워지기를 바라는, 자주 표명된 저의 개인적 소망을 수정할 의도도 없습니다.

링컨은 자신이 연방을 지키고 노예제의 확산을 막는다면, 적당한 때에 노예제는 자연스럽게 사라질 것으로 믿었다. 그러나 연방이 무너지면 그것은 수백 년 더 지속될지도 몰랐다. 당시 북부에는 노예주가 4개 남아 있었는데, 링컨은 자신이 전시에 너무 성급하게 노예해방령을 선언하면 그 4개 주를 남부 연합으로 넘어가게 하여 남부의 힘을 키워주고 아마 연방을 영원히 파괴할 수도 있음을 알고 있었다. 그래서 그는 때를 기다리며 신중하게 움직였다.

링컨 자신도 노예를 소유하고 있는 경계주 가문과 결혼했다. 그의 아내가 장인의 재산을 정리할 때 받은 돈의 일부는 노예를 판 대가였다. 그리고 그의 하나뿐인 가장 친한 친구 조슈아 스피드도 노예를 소유하는 집안 출신이었다. 링컨은 남부의 관점에 공감했다. 게다가 그는 변호사로서 헌법과 법률과 재산을 존중했다. 그는 어느 누구도 곤란한 상황에 처하는 것을 원하지 않았다.

노예제의 존재에 대해서는 북부도 남부 못지않게 책임이 있다는 것이 링컨의 믿음이었다. 그리고 그것을 폐지하는 데는 양쪽 모두가 똑같이 짐을 나누어야 한다고 생각했다. 그래서 그는 상당히 마음에 드는 계획을 하나 마련했다. 이 계획에 따르면 충성스런 경계주의 노예 소유주들은 노예 한 명당 400달러를 받게 되며, 이 노예들은 아주 점진적으로 자유를 얻게 되어 있었다. 이 과정은 1900년 1월 1일이 되어서야 모두 완료될 예정이었다. 링컨은 경계주의 대표들을 백악관에 불러들인 후 이 제안을 수용해 달라고 간청했다.

하지만 그들은 전체 계획을 무시하고 거부했다. 링컨은 무척 실망하며 이렇게 말했다. "저는 가능하면 이 정부를 구해야 합니다. 제가 이 게임에서 굴복하지 않고, 이용 가능한 모든 카드를 다 쓸 작정임을 알아주시기 바랍니다. …… 저는 노예를 해방시키고 흑인들을 무장시키는 일이 이제 군사적으로 정말 불가피한 선택이 되었다고 믿습니다. 저는 그렇게 하느냐, 아니면 연방을 포기하느냐 사이에서 양자택일해야 하는 상황에 내몰렸습니다."

그는 즉시 행동해야 했다. 프랑스와 영국이 남부 연합을 인정하기 직전의 상황이었기 때문이다. 왜 그랬을까? 이유는 아주 간단하다.

먼저 프랑스의 경우를 보자. 나폴레옹 3세는 세상에서 가장 아름다운 여성이라는 명성을 얻고 있던 떼바 백작 가문의 마리 위제니 드 몽띠조와 결혼했다. 그는 이 사실을 좀 자랑하고 싶었다. 그는 자신의 유명한 삼촌 나폴레옹 보나파르트가 그랬듯이 명예를 얻고 싶어 했다. 그래서 미국의 여러 주들이 서로 치고받고 싸우는 것을 보고는 군대를 멕시코로 보내 수천 명의 원주민을 죽이고 그곳을 정복한 후 멕시코를 프랑스 제국이라 부르며 막시밀리안 대공을 권좌에 올렸다.

나폴레옹은 만약 남부 연합이 승리하면 자신의 새 제국에 호의적이겠지만, 연방군이 승리하면 미국은 즉시 프랑스를 멕시코에서 몰아내기 위한 조치를 취하리라고 믿었다. 이 믿음에는 일리가 있었다. 그래서 남부가 연방 탈퇴 상태를 유지하는 것이 나폴레옹의 바람이었고, 가능한 많은 도움을 주고자 했다.

전쟁 초기에 북군의 해군은 남부의 모든 항구를 폐쇄하고 189개 항을 경비하며 1만 5천472킬로미터 길이의 해안선, 해협, 지류, 그리고 강들을 순찰했다. 그것은 그 이전에는 볼 수 없던 세계에서 가장 거대한 봉쇄선이었다.

남부 연합은 절망했다. 그들은 목화를 팔 수 없었고 총, 탄약, 신발, 의약품, 식품을 살 수도 없었다. 또 밤과 목화씨를 끓여 커피 대신 마셨다. 신문은 벽지에 인쇄되었고 교회의 종을 녹여 대포를 만들었다. 리치몬드의 전차 철로는 모두 뜯겨져 포함의 철갑판을 만드는데 사용되었다. 철로를 수리하거나 새 장비를 구입할 수 없었기에 운송도 거의 중단되었다. 그래서 리치몬드는 조지아에서 1부셸(약 35리터)에 2달러만 주면 살 수 있는 옥수수를 15달러를 주고 들여왔다. 버지니아 사람들은 굶주리고 있었다.

뭔가 당장 조치를 취해야 했다. 그래서 남부는 나폴레옹 3세에게 만약 남부 연합을 인정하고 프랑스 함대를 동원해 봉쇄를 풀어주기만 하면 1천200만 달러 가치의 목화를 제공하겠다고 제안했다. 그 외에도 그들은 엄청난 주문을 통해 프랑스의 모든 공장 굴뚝에 밤낮으로 연기가 피어오르게 하겠다고 약속했다.

그래서 나폴레옹은 자신과 함께 남부 연합을 인정하자며 러시아와 영국을 설득했다. 영국을 지배하는 귀족들은 나폴레옹의 제안을 귀담아 들었다. 너무 부유하고 강대한 미국은 그들에게도 달갑지 않은 존재였다. 그들은 이 나라가 분열되고 연방이 붕괴되기를 바랐다. 게다가 그들은 남부의 목화가 필요했다. 영국의 수십 개 공장이 문을 닫았고 100만여 명이 할 일이 없었을 뿐 아니라 실제로 빈곤층으로 전락했다. 아이들은 먹을 것을 달라며 울부짖었고, 수많은 사람들이 굶주림으로 죽어갔다. 영국이 목화를 구할 수 있는 방법은 단 한 가지뿐이었다. 바로 나폴레옹 3세와 손잡고 남부 연합을 인정하며 봉쇄를 푸는 것이었다.

만약 그렇게 되면 미국에서는 어떤 일이 일어날까? 남부는 총, 화약, 식량, 신용, 철도 장비를 얻을 뿐 아니라 자신감과 사기도 크게 높아질 것이다.

그럼 북부는 무엇을 얻게 될까? 강력하고 새로운 적들을 맞게 될 것이다. 이미 지금도 충분히 암울한 상황이 더욱 절망적이 될 것이다. 이런 현실을 에이브러햄 링컨보다 더 잘 꿰뚫고 있는 사람은 없었다. 그는 1862년에 이렇게 고백했다. "우리는 마지막 수까지 다 썼습니다. 이제는 전술을 바꾸거나 게임에 지는 수밖에 없습니다."

영국이 보기에 모든 식민지는 이미 영국에서 떨어져 나간 상태였다. 현재 남부의 식민지들은 북부의 식민지에서 분리되었고, 북부는 그들을 지배하고 제압하기 위해 싸우고 있었다. 런던이나 파리의 권력자들에게 테네시와 텍사스가 워싱턴의 지배를 받든 리치몬드의 지배를 받든 그것이 무슨 차이가 있겠는가? 전혀 없었다. 그들에게 전쟁은 무의미하고 고상한 목적도 없는 일이었다.

링컨은 이 전쟁에 대한 유럽의 태도가 분명히 바뀔 것으로 보았고, 그렇게 하려면 어떻게 해야 할지도 알고 있었다. 유럽의 수많은 사람들이 《톰 아저씨의 오두막》을 읽고 울었으며 노예제의 아픔과 부당함을 혐오하게 되었다. 그래서 링컨은 노예해방령을 선포하면 유럽인들이 이 전쟁을 다른 관점에서 보게 될 것임을 알고 있었다. 그들에게 그것은 더 이상 아무 의미도 없는 연방을 지키기 위한 피 튀기는 싸움으로 비쳐지지 않고, 노예제를 철폐하기 위한 성전으로 격상될 것이다. 그때 유럽의 정부들은 감히 남부를 인정하려 들지 못할 것이다. 여론이 인간의 예속을 영속화하기 위해 싸우는 자들을 지원하는 일에 곱지 않은 시선을 보낼 것이기 때문이다.

그래서 1862년 7월에 링컨은 마침내 해방령을 선포하기로 결심했다. 그러나 맥클렐런과 포프가 최근 굴욕적인 패배를 당했기 때문에 수어드는 링컨에게 때가 좋지 않다며 좀 더 기다렸다가 한창 승리의 물결을 타게 될 때 선포하라고 조언했다. 일리 있는 지적이었다. 그래서 링컨은 기다렸고, 두 달 뒤에 승리가 찾아왔다. 그때 링컨은 독립선언서 이후 미국 역사상 가장 유명한 선언문의 발표 문제를 논의하기 위해 국무위원들을 불러 모았다.

그것은 매우 중대한 일이었다. 링컨은 엄숙한 어조로 입을 열었다. "반군이 프레더릭에 있을 때 저는 그들을 메릴랜드에서 몰아내는 즉시 해방령을 선포하기로 결심했습니다. 이 생각은 누구한테도 말하지 않았습니다. 하지만 저는 나 자신과 저의 창조주께 약속을 했지요. 이제 반군이 쫓겨났으니 저는 그 약속을 이행할 작정입니다. 여러분을 이 자리에 모이게 한 것은 제가 작성한 문안을 들려드리기 위해서입니다. 핵심 문제에 대해서는 조언이 필요 없습니다. 그에 대해서는 이미 결심이 섰으니까요. 이것은 제가 심사숙고해서 말해야겠다고 결심한 바를 옮긴 것입니다. 하지만 제가 사용한 표현이나 어떤 사소한 문제에 대해 고치는 편이 좋겠다 싶은 부분이 있으면, 기꺼이 그 제안을 수용하겠습니다."

링컨은 1862년 9월에 노예해방령 선언서를 내각에

제출했다. 그러나 발효는 1863년 1월 1일이 되어서야 이루어졌다. 그래서 12월에 의회가 개원했을 때 링컨은 그들에게 지지를 호소했다.

1863년 새해 첫날에 링컨은 백악관에 몰려든 손님들과 악수를 하며 많은 시간을 보냈다. 오후가 좀 지나자 그는 집무실로 돌아가 펜을 잉크에 찍고는 노예해방령에 서명할 준비를 했다. 그는 잠시 머뭇거리더니 수어드를 돌아보며 말했다.

"만약 노예제가 잘못된 게 아니라면 세상에 잘못된 건 하나도 없을 겁니다. 저는 살면서 제가 옳은 일을 하고 있음을 이보다 더 확신했던 적은 없었지요. 그런데 아침 9시부터 손님들을 맞이하고 악수를 하다 보니 팔이 뻣뻣하고 마비가 된 듯하군요. 사람들이 이 서명을 자세히 살펴볼 텐데, 내 손이 떨렸다는 흔적을 발견하면 그들은 '대통령이 좀 망설였다.'고 생각할 겁니다."

그는 잠시 팔을 쉬었다가 천천히 문서에 서명했다. 그리고 350만 명의 노예들에게 자유를 주었다.

당시 노예해방령은 많은 사람들의 지지를 받지는 못했다. 링컨의 가장 가까운 친구이자 열렬한 지지자 중 한 명이었던 오빌 H. 브라우닝은 이렇게 기록했다. "노예해방령의 유일한 효과는 남부를 분노로 결속시키며 북부를 분열시키고 혼란에 빠뜨린 것이었다."

군대에서는 폭동이 일어났다. 연방을 지키기 위해 징집되었던 병사들은 검둥이들을 해방시키고 그들을 사회적으로 평등하게 만들기 위해 총을 맞지는 않을 거라고 단언했다. 수천 명의 군인들이 탈영했고 도처에서 신병모집 활동도 줄어들었다. 링컨의 지지 기반이었던 보통사람들도 그에게서 완전히 등을 돌렸다. 가을 선거에서 링컨은 압도적으로 패배했다. 심지어 그의 고향인 일리노이 주조차도 공화당 지지를 거부했다.

선거 패배에 뒤이어 곧바로 가장 비참한 패배가 이어졌다. 번사이드가 프레더릭스버그에서 로버트 리를 무모하게 공격했다가 1만 3천 명의 목숨을 잃은 것이다. 어리석고 무익한 살육이었다. 이런 상황이 지금까지 18개월 동안 계속되었다. 도대체 끝은 없는 건가? 국민들은 공포에 떨고 절망으로 내몰렸다. 대통령은 사방에서 맹렬한 비난을 받았다. 그는 실패했고 그의 장군들도 실패했고 그의 정책들도 실패했다. 국민은 더 이상 이런 상황을 참아주지 않으려 했다. 심지어 공화당 상원의원들도 반기를 들었다. 그들은 링컨을 백악관에서 몰아내고자 그를 찾아가 정책 수정과 내각 총사퇴를 요구했다.

이것은 굴욕적인 타격이었다. 링컨은 이 일이 그의 정치 인생에서 일어난 어떤 다른 사건보다 그를 더 비참하게 했다고 고백했다. "그들은 날 끌어내리려 했고, 난 어느 정도 그들을 기쁘게 해주고 싶은 마음도 있었다."고 링컨은 말했다.

호레이스 그릴리는 자신이 1860년에 공화당원들에게 링컨을 지명하게 했던 일을 몹시 후회했다. "그건 실수였다." 그가 고백했다. "내 인생의 가장 큰 실수였다."

그릴리와 다른 유력한 다수의 공화당원들은 링컨을 사임시킨 후 부통령인 햄린을 백악관에 들어앉히고, 그 다음에 햄린이 로즈크랜스에게 모든 연방군의 지휘권을 넘겨주게 하는 계획을 주도했다. 링컨이 말했다. "우리는 지금 파멸을 눈앞에 두고 있다. 심지어 전능하신 신조차 우리를 버리신 것 같다. 좀처럼 희망의 빛이 보이지 않는다."

6 위대한 게티즈버그 연설

1863년 봄, 일련의 눈부신 승리로 한껏 고무된 리 장군은 공격 모드로 전환하여 북부로 쳐들어가기로 했다. 그는 펜실베이니아의 풍부한 공업중심지를 장악하고 식량, 의약품, 그리고 누더기 차림의 자기 병사들이 입을 새 옷들을 확보할 계획이었다. 또 아마 워싱턴을 점령하여 프랑스와 영국이 남부 연합을 인정하게 한다는 계산도 깔려 있었을 것이다.

대담하고 무모한 시도였다. 그러나 남군 병사들은 남군 병사 1명이 북군 병사 3명을 때려잡을 수 있다고 떠벌렸고, 실제로 그렇게 믿었다. 그래서 장교들이 펜실베이니아에 도착하면 하루에 2번 소고기를 먹을 수 있다고 말했을 때, 그들은 당장 출정하고 싶어 안달했다.

이윽고 리 장군은 7만 5천의 대군을 이끌고 출정 길에 올랐다. 그의 굶주린 군대는 포토맥을 가로지르며 돌진했고 주민들을 공포에 떨게 했다. 리의 포병은 해리스버그 앞에서 이미 포격을 가하고 있었다. 그때 그는 후방에서 북군이 그의 통신선을 끊으려 하고 있다는 사실을 알고는 자신의 발뒤꿈치를 물려고 덤비는 개를 뿔로 받아버리려는 성난 황소처럼 주변을 빙빙 돌았다. 그러다 정말 우연히 이 황소와 개는 신학교가 있는 펜실베이니아의 한 조용하고 작은 마을에서 만났다. 바로 게티즈버그라는 곳이었다. 그리고 여기서 미국 역사상 가장 유명한 전투가 벌어졌다.

전투 개시 후 단 이틀 만에 북군은 병사 2만 명을 잃었다. 그리고 세 번째 날에 리 장군은 조지 피켓 장군이 이끄는 용감무쌍한 군대의 대대적인 공격으로 북군을 섬멸시키려는 작전을 세웠다. 리에게 이것은 새로운 전술이었다. 그 전까지 그는 방벽 뒤나 숲 속에 숨어 몸을 드러내지 않은 채 싸웠다. 그런데 이제는 탁 트인 곳에서 필사적인 공격을 펼칠 계획인 것이다.

이 전략에 리의 가장 뛰어난 보좌관인 롱스트리트 장군은 크게 놀라며 외쳤다. "세상에! 장군님, 보십시오. 우리 전선과 저들의 전선 사이에는 가파른 언덕과 포대, 그리고 방벽이라는 넘기 힘든 장애물들이 있습니다. 또 우리 보병이 그들의 포대를 상대로 싸워야 합니다. 그리고 우리가 돌격해야 하는 지형을 보십시오. 거의 1.6

킬로미터가 탁 트인 공간입니다. 적의 산탄과 유산탄에 그대로 노출되게 됩니다. 그래서 그 어떤 1만 5천 명의 전투병들도 그곳을 점령할 수는 없으리라는 게 제 판단입니다."

하지만 리는 단호했다. "우리 군에 이런 병사들은 있어본 적이 없네. 그들을 제대로 이끌어주기만 하면 어디든 가고 무슨 일이든 해낼 걸세." 이렇게 리는 자신의 결정을 밀어붙였고, 그의 인생에서 가장 참혹한 실수를 저질렀다. 남군은 세미너리 리지를 따라 이미 150문의 대포를 배치해 놓았다.

이 경우에는 롱스트리트의 판단이 리보다 더 정확했다. 그는 이 공격으로 얻을 것은 무익한 살육밖에 없다고 믿었다. 그래서 고개를 떨구고 울면서 병사들에게 공격 명령을 내리지 않았다. 결국 다른 장교가 리를 위해 지휘를 해주어야 했다. 그래서 조지 피켓 장군이 남군을 이끌고 서구 역사상 가장 극적이고 비참한 공격을 감행했다. 피켓의 군대는 과수원과 옥수수밭을 지나고 초원을 가로지르며 계곡을 넘어 빠르고 쉽게 돌진해 들어갔다. 그동안 북군의 대포는 남군의 대열에 무시무시한 구멍을 만들었다. 그래도 그들은 결연히 저항할 수 없는 힘으로 밀고나갔다.

그때 갑자기 북군의 보병이 몸을 숨기고 있던 석벽 뒤에서 나타나 피켓의 무방비 상태의 군사들을 향해 빗발치듯 총탄을 퍼부어댔다. 언덕 꼭대기는 불바다였고 도살장이었으며 불타는 화산이었다. 몇 분 지나지 않아 한 사람을 제외한 피켓의 여단 지휘관 모두와 그의 5천 명의 병사 중 5분의 4가 쓰러졌다.

최후의 돌격에서 군을 이끈 아미스테드는 앞으로 내달려 석벽을 뛰어넘었고 자신의 칼끝에다 모자를 걸고 흔들면서 외쳤다. "놈들에게 칼 맛을 보여줘라, 병사들이여!" 그들은 그렇게 했다. 그들은 벽을 뛰어넘어 적을 총검으로 찌르고 곤봉 모양의 총으로 그들의 머리를 내리쳤으며 세미너리 리지에 남군의 깃발을 꽂았다. 그리고 그 깃발은 거기서 흔들렸다. 하지만 그것은 잠시뿐이었다. 그럼에도 그 짧은 순간은 남군 최고 절정의 순간으로 기록되었다.

피켓의 돌격은 정말 훌륭하고 영웅적이었지만, 그럼에도 불구하고 종말의 시작이었다. 리는 실패했다. 그는 북부로 침투할 수 없었고 그것을 알고 있었다. 남군은 파멸을 피할 수 없었다. 피범벅이 된 피켓의 살아남은 군사들은 치명적인 돌격으로부터 간신히 도망쳐 왔고, 리 장군은 완전히 혼자 말을 타고 나가 그들을 위로

하며 자책했다. 그는 인정했다. "이 모든 것은 내 실수였다. 이 싸움에 패한 것은 바로 나다."

7월 4일 밤에 리는 퇴각하기 시작했다. 폭우가 쏟아졌고 그가 포토맥 강에 이르렀을 때는 수위가 너무 높아져 건널 수가 없었다. 앞으로는 건널 수 없는 강이 길을 막고 있고 뒤로는 승리한 적이 버티고 있는 형국이라 리 장군은 덫에 갇힌 꼴이 되었다. 미드 장군에게 리는 이제 다 잡은 고기나 마찬가지처럼 보였다. 링컨은 기뻤다. 그는 북군이 리의 측면과 뒤를 기습하여 그의 군사들을 패주시키고 전쟁을 쉽게 승리로 종식시킬 수 있으리라 확신했다. 만약 그랜트가 거기에 있었다면, 아마 일이 이 시나리오대로 전개되었을지도 모른다.

그러나 허영심이 많은 학자 타입의 미드는 불도그 같은 그랜트가 아니었다. 일주일 내내 링컨은 매일 미드에게 공격을 재촉하고 명령했다. 그러나 그는 너무 조심스러웠고 소심했으며 싸움을 원치 않았다. 그는 주저했고 변명하는 내용의 전보를 보내고 명령을 어겼으며 전략회의를 소집하면서도 실제로는 아무것도 하지 않았다. 그동안 강물의 수위가 낮아져 리는 군대를 이끌고 도망쳤다.

링컨은 끓어오르는 화를 주체할 수 없었다. "이게 도

대체 뭐란 말인가? 도대체 이게 뭔가?" 크나큰 실망을 금할 수 없었던 링컨은 자리에 앉아 미드를 원망하고 책망하는 편지를 썼다. 다 쓰고 나서는 편지를 읽어보고 초점을 잃은 눈으로 창 밖을 응시하며 생각에 잠겼다. 아마 이런 생각이었을 것이다. "내가 미드의 입장이었다면, 내가 그의 기질을 닮고 게다가 그의 소심한 장교들의 충고까지 들었다면, 그리고 그처럼 많은 밤을 불면으로 지새우며 그처럼 많은 피를 보았다면 나 역시 리가 도망치게 내버려두었을지 모른다." 결국 그 편지는 발송되지 않았고, 미드는 그것을 보지 못했다. 그것은 링컨이 죽은 후 그의 서류더미 속에서 발견되었다.

게티즈버그 전투는 7월 첫 주에 치러졌다. 전사자 6천 명과 부상자 2만 7천 명이 전장에 남겨졌다. 교회와 학교와 헛간은 병원으로 바뀌고 부상자들의 신음이 온 세상에 진동했다. 매시간 수십 명이 죽어나갔고 무더위로 시체들은 빠르게 부패했다. 매장 작업은 신속히 진행되어야 했는데 무덤을 팔 시간이 거의 없어서 많은 경우 시체 위에 약간의 흙만 덮어둘 수밖에 없었다. 그런데 일주일 동안 폭우가 내린 후 많은 시신이 반쯤 밖으로 드러났다. 북군은 임시로 무덤을 만들어 시신들을 한 곳에 묻었다. 가을이 되자 국립묘지위원회는 봉헌식을 하기로 결정하고 미국에서 가장 유명한 연사인 에드워드 에버렛을 초청하여 기념 연설을 하게 했다.

대통령, 국무위원, 미드 장군, 전체 상하원의원, 다양한 유명 인사들, 그리고 외교 사절들에게 행사 참석을 요청하는 공식 초청장이 발송되었다. 그러나 이 초대에 응한 사람들은 매우 적었다. 위원회는 대통령이 참석하리라고는 전혀 생각지도 못했다.

사실 그들은 대통령에게 초대장을 따로 써서 보내는 수고도 하지 않았다. 그래서 링컨도 그냥 인쇄된 초대장을 받았을 뿐이다. 그런데 링컨이 행사에 참석하겠다는 뜻을 전해 왔을 때, 위원회는 깜짝 놀랐다. 조금 당황하기까지 했다. 어떻게 한다? 연설을 부탁해야 할까? 연설할 시간은 있을까? 시간이 있다 해도 과연 제대로 할 수 있을까? 뭐 하나 확실한 것이 없었다. 그래도 기왕 오겠다고 한 이상 뭔가 준비를 해야만 했다. 그래서 그들은 에버렛이 연설을 한 후에 '몇 마디 적절한 말씀'을 해주십사는 내용의 글을 보냈다.

초청장이 늦게 도착하는 바람에 링컨은 연설을 준비할 시간이 2주밖에 없었다. 그래서 옷을 입고 면도를 하거나 점심을 먹는 동안에, 또는 스탠턴의 집무실과 백악관을 오가는 사이에 짬짬이 연설 내용을 구상했다.

늦게 도착하는 전보를 기다리며 육군성에 있는 가죽 소파에 몸을 뻗고 누워 있는 동안에도 연설에 대해 고민했다. 그리고 엷은 파랑색의 대형 인쇄용지에 초안을 써서 모자에 넣어가지고 다녔다.

링컨은 봉헌식 전날 밤 게티즈버그에 도착했다. 그 작은 마을은 사람들로 넘쳐났다. 그곳의 인구는 1천300여 명이었지만 그날에는 거의 3만 명으로 불어나 있었다. 날씨는 화창했다. 그날 밤도 맑게 개어 휘영청 떠오른 보름달을 볼 수 있었다. 링컨은 그날 저녁 내내 연설 문안을 손질했다. 11시에는 수어드 장관이 머물고 있는 인접한 숙소로 가서 문안을 읽어주며 평가를 요청했다. 다음 날 아침 식사 후에도 링컨은 계속 연설 내용을 다듬고 되새김질했다. 마침내 문의 노크 소리가 묘지로 가는 행렬에 동행해야 할 시간임을 알렸다.

이날의 공식 연사였던 에드워드 에버렛은 두 가지 실수를 했다. 둘 다 고약한 실수였다. 첫째, 그는 한 시간 늦게 도착했고, 둘째, 두 시간이나 연설했다. 링컨은 에버렛의 연설문을 미리 읽었던 터라 그의 연설이 거의 끝나가고 자기 차례가 다가오고 있음을 알 수 있었다. 그는 솔직히 자신의 준비가 충분하지 못하다고 느꼈다. 그래서 점점 불안해져 의자에서 몸을 비틀었고 주머니에서 원고를 꺼낸 후 구식 안경을 쓰고는 빠르게 기억을 되살렸다.

이윽고 링컨이 원고를 들고 앞으로 나섰고 2분 동안 짤막한 연설을 했다. 그 따스했던 11월의 오후, 그 자리에 있던 청중은 자기들이 그때까지 인간의 입에서 나온 연설 중 가장 위대한 연설을 듣고 있다는 사실을 알고 있었을까? 아니다. 대다수 청중들은 그저 호기심을 느꼈을 뿐이다. 그들은 미합중국의 대통령을 본 적도 없고 그의 목소리를 들은 적도 없었다. 그래서 목을 길게 뺀 채 링컨을 쳐다보았고, 이토록 키가 큰 사람이 높고 가는 목소리를 내며 남부의 억양을 쓴다는 사실에 새삼 놀랐다. 그들은 그가 켄터키 출신이며 고향의 억양을 그대로 사용하는 것뿐임을 잊고 있었다. 그들은 링컨이 이제 서론을 끝내고 본론으로 들어갈 준비가 되었다고 느꼈을 때, 대통령은 이미 연설을 끝내고 자리에 앉았다.

이거 뭐야. 연설 내용을 잊었나? 아니면 정말 그걸로 할 말 다했다는 건가? 사람들은 너무 놀라고 실망하여 박수도 치지 못했다. 링컨은 연설이 완전히 실패했다고 생각했다. 그가 옳았다. 대통령과 연단에 앉아 있던 에버렛과 수어드를 포함한 모든 사람이 실망했다. 그들은 그가 비참하게 실패했다고 믿었고, 대통령이 참 안됐다고 느꼈다. 링컨은 너무 낙심하고 걱정하여 심하게 두통을 앓을 정도였다. 워싱턴으로 돌아오는 길에 그는 기차의 특별객차에 누워 찬물에 머리를 담가야 했다.

링컨은 게티즈버그에서 자신이 완전히 실패했다고 여기며 그의 무덤에 들어갔다. 당장의 연설 효과만 놓고 보자면 분명 그랬다. 그러니 그가 그곳에서 토해낸 불멸의 열 개 문장이 남북전쟁이 거의 잊힌 후에도 오래도록 문학적 영예이자 이 땅의 보물로 취급될 것임을 알게 된다면 얼마나 놀라겠는가?

링컨의 게티즈버그 연설은 연설 그 이상이었다. 그것은 고통에 의해 고양되고 위대해진 고결한 영혼의 신성한 표현이었다. 또 그것은 무의식적인 산문시였으며, 서사시의 장엄한 아름다움과 깊은 울림을 담고 있었다.

지금으로부터 87년 전, 우리의 선조들은 이 대륙에서 자유 속에 잉태되고 모든 인간은 평등하게 창조되었다는 명제에 봉헌된 새로운 한 나라를 탄생시켰습니다.

우리는 지금 거대한 내전의 소용돌이에 휩싸여 있으며 우리 선조들이 세운 이 나라가, 자유에 기반을 두고 평등을 중시하는 그 나라가 과연 오래도록 생명력을 유지할 수 있겠는지를 시험받고 있습니다. 오늘 우리가 모인 이 자리는 그 전쟁이 벌어졌던 큰 싸움터입니다. 우리는 이 나라를 살리기 위해 목숨을 바친 분들에게 그 싸움터의 일부를 마지막 안식처로 봉헌하고자 여기 모였습니다. 우리의 이 행위는 너무도 마땅하고 지당한 일인 것입니다.

그러나 더 큰 의미에서, 이 땅을 봉헌하고 축성하며 신성하게 하는 자는 우리가 아닙니다. 이곳에서 싸웠던, 살아 있거나 전사한 그 용감한 분들이 이미 이곳을 신성한 땅으로 만들었기 때문에 빈약한 우리의 힘으로는 여기에 더 보태고 뺄 것이 없습니다. 세상 사람들은, 오늘 우리가 여기서 한 말은 크게 주목하지도 또 오래 기억하지도 않겠지만, 그 용감한 분들이 이곳에서 행한 일만은 결코 잊지 않을 것입니다. 우리 살아 있는 자들은 여기서 피 흘려 싸운 분들이 이제까지 진행시켜 놓은 그 고귀한 미완의 임무와 앞에 남겨진 위대한 과업에 더욱 헌신해야 합니다. 이제 우리 살아남은 자들은 그분들이 최후까지 자신의 모든 것을 다 바쳐가며 지키려 한 그 숭고한 대의에 대한 충성의 마음을 더욱 다잡고, 유명을 달리하신 분들의 죽음이 헛되지 않도록 하며, 이 나라가 하나님의 가호 아래 새로운 자유의 탄생을 맞이하게 할 것입니다. 국민의, 국민에 의한, 국민을 위한 정부는 이 지상에서 결코 소멸되지 않을 것입니다.

1 그랜트 장군과 북군의 희소식

1861년 전쟁이 시작되었을 때, 초라한 행색의 실의에 빠진 한 남자가 일리노이 주 걸리나에 있는 한 피혁 가게의 포장용 상자 위에 앉아 사기 파이프를 뻐끔대고 있었다. 그가 하는 일은 회계장부를 기록하고 농부들로부터 돼지와 동물 가죽을 사들이는 것이었다.

이 가게 주인인 그의 두 남동생들은 형이 자기들 주변에 있는 것이 달갑지 않았다. 그래서 그는 몇 달간 세인트루이스의 거리를 돌아다니며 일자리를 찾았지만 번번이 헛물만 켰고, 급기야 아내와 네 자식들이 배를 곯는 지경에까지 이르렀다. 절망에 빠진 그는 결국 몇 달러를 빌려 기차표를 산 후 켄터키에 계신 아버지를 찾아가 도움을 청했다. 이 노인은 현금이 꽤 있었지만, 한 푼도 남과 나누기는 싫어했다. 그래서 걸리나에 있는 두 아들에게 편지를 써서 형에게 일자리를 주라고 지시했다.

그래서 두 동생은 형에게 회계장부를 맡기고 급료를 받게 해주었다. 그것은 무엇보다 집안일이었고 가족의 자선 행위 차원에서 이루어진 일이었다. 임금은 하루에 2달러였다. 그것은 아마 그의 능력 이상의 금액이었는지 모른다. 그의 일처리 능력은 토끼만도 못 했기 때문이다. 그는 게으르고 지저분했으며 옥수수 위스키를 좋아했고 늘 빚을 지고 살았다. 또 항상 돈을 빌리는 것이 습관처럼 되어서 그의 친구들도 그가 오는 것을 보면 못 볼 것이라도 본 듯 눈길을 돌리고 급히 길을 건너 그와 마주치는 것을 피했다. 지금까지 그가 시도한 일은 무엇이든 실패와 좌절로 결말이 났다.

지금까지는 그랬다. 그러나 더 이상은 아니었다.

좋은 소식과 놀라운 행운이 바로 코앞에 와 있었기 때문이다. 잠시 뒤면 그의 명성이 유성처럼 하늘로 솟아올라 활활 타오르게 될 운명이었다. 지금은 자기 고향에서 밥만 축내는 별 볼 일 없는 인간 취급을 받지만, 3년 뒤에는 세계에서 가장 강력한 군대를 호령하게 된다. 또 4년 뒤에는 리 장군을 꺾고 전쟁을 끝내며 불타오르는 글자로 역사의 페이지에 자신의 이름을 기록하고, 8년 뒤에는 결국 백악관의 주인이 된다. 정말 놀라운 이야기다.

그런데 주변의 모든 것은 참 이상했다. 심지어 그의 어머니의 태도조차 괴이했다. 어머니는 아들에게 별 관심이 없는 듯했다. 그녀는 아들이 대통령이 되었을 때 그를 찾아가 보지 않았고, 그가 태어났을 때는 이름조차 지어주려 하지 않았다. 그래서 그녀의 친척들이 일종의 제비뽑기로 아이의 이름을 지었다. 그랜트가 6살이었을 때 그들은 종이봉투를 찢은 쪽지에 각자 자신이 좋아하는 이름을 적고 그것들을 모자에 넣어 뒤섞은 후 하나를 뽑았다. 호머를 읽고 있던 그의 할머니 심슨 여사는 쪽지에 '하이램 율리시즈(Hiram Ulysses)'라 적었고, 그 이름이 뽑혀 그는 17년간 고향에서 이 이름으로 불렸다. 그러나 그는 수줍음이 많고 둔했기 때문에 마을의 재치 있는 사람들은 그를 '유즐리스(Useless, 쓸모없는)' 그랜트라고 불렀다.

육군사관학교 웨스트포인트에서는 그곳에 그를 추천하는 서류를 작성해 준 정치인이 그의 중간 이름이 어머니의 처녀 시절 이름인 심슨일 거라고 추정하여 'U. S. 그랜트'라고 불렀다. 그랜트가 죽을 때까지 육사 동기생들은 그를 샘 그랜트라고 불렀다. 그는 괘념하지 않았다. 그는 친구를 거의 사귀지 않았고, 사람들이 그를 뭐라고 부르든 관심 없었으며 외모에도 신경 쓰지 않았다. 또 외투 단추를 채우거나 총이나 구두를 깨끗이 닦아본 적이 없었고, 점호 시간에도 종종 늦었다. 그리고 나폴레옹과 프리드리히 대왕이 이용했던 군사 행동지침을 익히는 대신 《아이반호》와 《모히칸족의 최후》 같은 소설을 읽는데 많은 시간을 보냈다.

믿기 어려운 사실은 그가 평생 군사전략에 대한 책을 읽어본 적이 없다는 것이다. 그래서 그가 전쟁에서 승리한 후에 보스턴 사람들은 그에게 장서를 마련해 주기 위해 돈을 모금했고, 위원회를 구성하여 그가 이미 소장하고 있는 책이 무엇인지 알아보게 했다. 그 결과 위원회는 놀랍게도 그랜트가 어떤 종류의 것이든 군사 논문을 단 한 편도 갖고 있지 않다는 사실을 알아냈다.

그는 웨스트포인트와 군대와 그와 관련된 모든 것을 싫어했다. 세계적으로 유명해진 후 그는 독일 군대를 사열하는 동안 비스마르크에게 이렇게 말했다. "저는 군과 관련된 일에 대해서는 별 관심 없습니다. 사실 저는 군인보다는 농부에 더 가깝지요. 비록 두 차례의 전쟁에 참여했지만, 군대에 갈 때 후회하지 않은 적 없고 그곳을 떠날 때 기뻐하지 않은 적이 없습니다." 그럼에도 그가 군복을 입었던 것은, 뭘 해서든 입에 풀칠을 해야 했는데 군인이 되는 것이 가장 쉬운 밥벌이 수단처럼 보였기 때문이다. 그랜트는 또 자주 술을 마셨다. 외로운 데다 자신이 경멸하는 군 생활을 잊고 싶었기 때문이다. 그 때문에 사실상 군에서 쫓겨날 정도로 너무 자주 취했다.

그는 돈도 한 푼 없었고 일자리도 없었다. 그래서 그저 되는 대로 동쪽으로 떠돌아다니다 미주리까지 가서 장인이 소유한 80에이커의 농장에서 옥수수밭을 갈고 돼지 밥을 주면서 4년을 보냈다. 겨울에는 장작을 마련하여 세인트루이스까지 운반한 다음 도시민들에게 팔았다. 하지만 해가 갈수록 그는 점점 더 궁해졌고, 점점 더 많은 빚을 져야 했다. 마침내 그는 농장 일을 그만두고 세인트루이스로 옮겨 그곳에서 일자리를 구했다. 거기서 부동산을 팔아보려 했지만 완전히 실패했고, 그 후에는 몇 주 동안 시내를 전전하며 무슨 일이든 할 일을 찾았다.

전쟁이 시작되었을 때, 그랜트는 걸리나 피혁가게에서의 일이 너무 지겨워 군대로 돌아가고 싶었다. 군대가 수십만의 신병들을 훈련시켜야 하는 상황에서 웨스트포인트 졸업자에게 그 일은 별로 어려운 일이 아니었을 것이다. 하지만 생각보다 쉽지는 않았다. 걸리나는 지원병들을 모집했고 그랜트가 그들을 훈련시켰다. 군사훈련에 대해 조금이라도 알고 있는 사람은 마을에서 그가 유일했기 때문이다. 그러나 그들이 총신에 꽃다발을 매단 채 전쟁터로 나갈 때, 그랜트는 보도에 서서 그들을 지켜보기만 해야 했다. 지휘관으로 다른 사람이 선택되었기 때문이다.

그 뒤에 그랜트는 육군성으로 편지를 보내 자신의 경력을 소개하며 연대장으로 임명해 달라는 청을 넣었지만 답장은 없었다. 이 편지는 그의 대통령 재임 시절 육군성의 서류에서 발견되었다. 결국 그는 스프링필드에 있는 한 부관의 사무실에서 15살짜리 여자 아이도 할 수 있는 사무 일을 보았다. 그는 하루 종일 모자를 쓰고 일했고 줄담배를 피우며, 쓰러지지 않도록 구석에 밀어 놓은 다리가 세 개뿐인 낡은 테이블 위에서 명령서를 베껴 적었다.

그리고 그 후에 전혀 예상치 못한 일이 일어났다. 그것은 그를 명성의 길로 인도해 줄 사건이었다. 일리노이 주의 21연대 지원병들이 무장한 폭도로 변해 버린 것이다. 그들은 명령을 무시하고 장교들에게 욕을 했으며, 나이 든 구드 대령을 부대에서 쫓아내고는 만약 다시 나타나면 그의 가죽을 풋사과나무에 못 박아 매달아 놓을 거라고 으르렁댔다.

예이츠 주지사는 걱정이 되었다. 그는 그랜트를 대단하게 생각지 않았지만, 어쨌든 그래도 웨스트포인트 출신인지라 모험을 해보았다. 그래서 1861년 6월의 맑은 어느 날, 그랜트는 스프링필드 박람회장으로 걸어가 아무도 통제할 수 없던 연대에 대한 지휘권을 넘겨받았다. 그의 권위를 나타내는 눈에 보이는 유일한 표식은 지휘봉과 허리에 맨 붉은색 스카프가 전부였다. 그는 말도 없고 군복도 없고 그것들을 살 돈도 없었다. 땀에 찌든 모자 윗부분에는 구멍이 여러 개 나 있었고, 낡은 코트에서는 팔꿈치가 튀어나왔다.

그의 부하들은 즉시 그를 조롱하기 시작했다. 한 놈은 그의 등 뒤에서 그를 상대로 스파링 동작을 취했으며, 또 다른 녀석은 스파링 동작을 취하는 병사 뒤로 달려들어 그를 너무 세게 밀치는 바람에 앞으로 쏠리면서 그랜트의 등을 치고 말았다. 그랜트는 이 모든 불량한 행동을 당장 중단시켰다. 만약 누군가 명령에 불복하면 그를 하루 종일 기둥에 묶어놓았다. 욕을 하는 놈의 입에는 재갈을 물렸다. 만약 연대가 점호 시간에 늦으면 24시간 동안 쫄쫄 굶겼다. 걸리나 출신의 이 전직 가죽 구매상은 그들의 거친 기질을 길들인 후 미주리의 전장으로 데려갔다.

그 뒤 얼마 지나지 않아 또 다른 놀라운 행운이 찾아왔다. 그 당시 육군성은 수십 명에게 준장 계급장을 달아주고 있었다. 일리노이 주 북서부 지역은 일라이휴 B. 워시번을 의회로 보냈다. 정치적 야망에 불타고 있던 워시번은 고향 주민들에게 자신이 열심히 일하고 있는 모습을 보여주고 싶어 했다. 그래서 그는 육군성에 가서 자기 지역구에서 준장 한 사람이 나오게 해달라고 청했다. 그러면 누구를 준장으로 임명한단 말인가? 그건 쉬운 일이었다. 워시번 선거구민 중에는 웨스트포인트 졸업자가 딱 한 사람밖에 없었다.

며칠 뒤 그랜트는 세인트루이스 신문을 한 부 샀고 거기서 자신이 준장이 되었다는 놀라운 소식을 접했다. 그는 일리노이 주의 카이로에 있는 본부로 배속되었고 즉시 일을 시작하여 자기 병사들을 배에 싣고 오하이오로 가서 켄터키의 전략 요충지인 퍼듀커를 점령했다. 그리고 테네시로 진군하여 컴벌랜드 강이 내려다보이는 도넬슨 요새를 공격하자고 제안했다. 그러나 핼럭 같은 군사 전문가들은 말도 안 되는 소리라며 그의 제안을 일축했다.

그러나 그랜트는 자기 계획대로 밀고 나가 요새를 점령하고 어느 날 오후에 포로 1만 5천 명을 잡아들였다.

그랜트의 공격이 계속되는 동안 남군의 장군은 메시지를 보내 휴전을 요청하며 항복 조건을 협상하자고 했지만, 그랜트는 가차 없이 답했다. "나의 유일한 조건은 무조건적이고 즉각적인 항복이다. 나는 당장 너희들의 보루로 진격할 것이다."

도넬슨 요새의 함락은 엄청난 결과를 가져왔다. 그것은 북부가 켄터키를 지키게 했고 북군이 아무 저항도 받지 않고 320킬로미터를 전진하게 했으며, 남군을 테네시의 많은 지역에서 몰아내 그들의 보급품을 차단함으로써 내슈빌과 콜럼버스 요새가 함락되게 했다. 이로써 깊은 우울의 먹구름이 남부 전역을 뒤덮었다.

그것은 정말 대단한 승리였고 유럽에까지 깊은 인상을 남겼으며, 진정 이 전쟁의 전환점 중 하나였다. 마침내 온 나라가 기다리던 위대한 지도자가 나타난 것이다. 의회는 그랜트를 소장으로 진급시키고, 테네시 서부의 군부 사령관으로 임명했다. 그리고 그는 빠르게 국가적인 우상이 되었다. 한 신문이 그가 전투 중에 담배 피우기를 즐긴다고 보도하자 즉시 1만 상자가 넘는 담배가 그에게 배달되었다. 그러나 3주도 지나지 않아 그랜트는 시기심 많은 상관의 부당한 대우 때문에 분노와 굴욕감을 느끼며 눈물까지 흘리게 된다.

그의 직속상관은 핼럭이었는데, 그는 정말 대책 없는 멍청이였다. 하지만 스스로는 대단한 사람이라 여겼다. 그는 웨스트포인트의 조교수였으며 군사전략, 국제법, 광산에 대한 책을 썼고 은광 회사와 철도 회사의 사장을 지냈으며 성공적인 변호사였고 프랑스어에도 능통하여 나폴레옹에 대한 책을 번역했다. 그 자신의 의견에 의하면 그는 탁월한 학자 헨리 와그너 핼럭이었다.

하지만 그랜트는 누구인가? 그는 하찮은 존재이며 신임을 잃고 술에 절어 지내는 군 장교였다. 도넬슨 요새를 공격하기 전 그랜트가 그를 보러 왔을 때, 핼럭은 무례했고 그랜트가 제안한 전략들을 짜증을 내며 경멸스럽게 무시해 버렸다. 그런데 이제 그랜트가 대승을 거두고 나라를 자기 발밑에 두고 있는데, 핼럭은 세인트루이스에서 계속 자기 팔꿈치나 긁으며 아무런 주목도 못 받고 무시당하고 있었던 것이다. 핼럭은 화가 치밀었다. 설상가상으로 그는 전에 동물 가죽이나 사러 다니던 이 하잘것없는 인간이 자신을 모욕한다고 느꼈다.

이래저래 핼럭은 이 벼락출세한 젊은 풋내기에게 된맛을 보여주기로 했다. 그래서 맥클렐런에게 계속 전보를 보내 그랜트가 술고래에다 건방지고 게으르고 명령을 무시하며 무능하다는 식으로 험담을 늘어놓았다. 한

편 맥클렐런 역시 그랜트의 인기에 속이 뒤틀려 있던 참이었다. 그래서 그는 핼릭에게 역사적 관점에서 볼 때 남북전쟁과 관련된 가장 놀라운 전보를 보냈다. "필요하다면 주저하지 말고 당장 그랜트를 체포하시오. 그리고 C. F. 스미스를 대신 들어앉히시오." 핼릭은 즉시 그랜트의 군대를 빼앗고 사실상 그를 구금한 후 의자에 기댄 채 야비한 만족을 느끼며 자신의 팔꿈치를 긁어댔다.

전쟁이 시작된 지 거의 1년이 다 되어가는데, 북부에 큰 승리를 안겨준 유일한 장군은 모든 권한을 박탈당한 채 공공연한 수치를 당하고 있었다. 나중에 그랜트는 지휘권을 돌려받았다. 그리고 샤일로 전투에서 참담한 실수를 저질렀다. 만약 남군의 존스턴 장군이 전투 중에 피를 흘리며 죽지 않았다면 그랜트의 군사 전체가 포로로 잡혔을지도 모른다. 그 당시 샤일로는 이 대륙에서 치러진 가장 큰 전투였고, 그랜트는 1만 3천 명의 병사를 잃는 처참한 패배를 당했다. 그의 행동은 어리석었고 적의 기습을 받았다. 그는 비판을 받을 만했고 그것은 그를 향해 노도처럼 쏟아졌다. 또 샤일로에서 술에 취해 있었다는, 사실과 다른 비난을 들었고 수많은 사람들이 그 말을 믿었다. 국민적 분노의 물결이 전국을 휩쓸었고 사람들은 그의 해임을 요구했다.

그러나 링컨은 말했다. "난 이 사람이 꼭 필요합니다. 그는 싸우거든요." 사람들이 그랜트가 위스키를 너무 많이 마셨다고 말하자 링컨은 물었다. "어떤 브랜드죠? 다른 장군들에게도 몇 통 보내줘야겠어요."

1월에 그랜트는 빅스버그 원정군의 지휘를 맡았다. 미시시피 강에서 60미터 높이로 솟은 높은 절벽 위에 자리한 이 천연 요새를 상대로 한 작전은 길고도 처참했다. 결국 이 출정은 실패로 끝났다. 사람들은 그것을 바보 같고 비극적이며 범죄행위라고 할 만한 실패였다고 말했다. 셔먼, 맥퍼슨, 로건, 윌슨 등의 그랜트 휘하의 장군들도 그의 계획을 터무니없다고 여겼고 참담한 패배를 면치 못하리라고 믿었다. 전국의 언론은 신랄했고, 국민은 그랜트의 해임을 요구했다.

그러나 링컨은 "그는 이제 나 말고는 친구가 하나도 안 남아 있는 것 같군."이라 말하며 모두의 반대에도 불구하고 그랜트를 버리지 않았다. 그리고 이 믿음은 충분한 보상을 받았다. 소심한 미드가 게티즈버그에서 리를 도망치게 했던 바로 그날인 7월 4일에 그랜트는 제퍼슨 데이비스의 농장에서 말 한 필을 끌어낸 후 빅스버그로 달려가 워싱턴 이후로 미국의 어떤 장군도 해내지 못한 눈부신 승리를 거두었다.

8개월 동안의 비참한 패배 이후 그랜트는 빅스버그에서 4만 명을 포로로 잡고 미시시피 전역을 북부의 손에 넘겨주었으며 남부 연합을 분열시켰다. 이 소식은 나라 전체를 열광의 도가니로 몰아넣었다. 의회는 그랜트를 중장으로 승진시키기 위한 특별 법안을 통과시켰다. 워싱턴이 죽은 이후로 이런 영광을 누린 사람은 없었다. 그를 백악관으로 부른 링컨은 그를 전체 북군의 총사령관으로 임명하는 짤막한 연설을 했다.

 이에 대해 수락 연설을 해야 한다는 말을 미리 전해 들은 그랜트는 주머니에서 작고 구겨진 종이를 꺼냈다. 거기에는 단 세 문장만 적혀 있었다. 그런데 그가 그 문장들을 읽을 때 종이가 흔들렸고 얼굴은 벌개졌으며 무릎이 떨리고 목소리는 기어들어갔다. 점점 허물어져가던 그랜트는 두 손으로 떨리는 종이를 움켜쥐고 자세를 바꾸며 심호흡한 후 처음부터 다시 시작했다.

 걸리나 출신의 이 전직 돼지와 동물 가죽 구매상은 11명의 청중 앞에서 84단어로 된 연설을 하느니 차라리 총알에 맞서는 편이 더 쉽다는 것을 깨달았다. 워싱턴에서 그랜트가 참석한 가운데 사교 행사를 열고 싶어 했던 링컨 여사는 이미 장군을 위해 만찬과 파티를 준비해 놓은 참이었다. 그러나 그랜트는 극구 사양하고 자기는 서

둘러 전선으로 돌아가야 한다며 양해를 구했다.

"하지만 우리는 장군을 보내드릴 수 없습니다." 대통령도 물러서지 않았다. "제 아내가 준비한 만찬에 장군이 빠지신다면 햄릿이 없는 《햄릿》과 같을 겁니다." 이에 그랜트가 대답했다. "저한테 베풀어주시는 이 만찬은 이 나라가 하루에 수백 달러를 허비하는 것을 의미합니다. 게다가 저는 이것만으로도 충분히 즐겼습니다." 링컨은 이렇게 말하는 사람을 좋아했다. 바로 자기처럼 '시끄러운 음악과 불꽃놀이'를 경멸하고 '책임을 지고 행동하는' 사람 말이다.

링컨의 희망은 한껏 고무되고 부풀어 올랐다. 그는 그랜트가 지휘봉을 잡으면 모든 일이 곧 잘 풀릴 거라고 확신했다. 그러나 그것은 착각이었다. 그로부터 4개월도 지나지 않아 나라는 그 어느 때보다 더 깊은 우울과 절망의 나락으로 내던져졌고, 링컨은 다시 지치고 수척하고 절망에 빠진 모습으로 밤새 방바닥을 서성거렸다.

8 대통령 재선에서의 승리

1864년 5월, 그랜트는 12만 2천 명의 병사를 이끌고 의기양양하게 라피단 강을 건너 돌진했다. 그는 즉시 리의 군대를 궤멸시키고 전쟁에 마침표를 찍을 계획이었다. 리는 노스버지니아의 와일더니스라는 지역에서 그와 조우했다. 그곳은 이름에 어울리게 토끼 한 마리도 기어가기 어려울 정도로 나무와 덤불이 빽빽이 들어찬 완만한 언덕과 질퍽한 습지로 이루어진 밀림지대였다. 그랜트는 이곳에서 참혹하고 무자비한 전투를 벌였다. 살육전은 끔찍했고, 정글 자체에 불이 나서 부상자 수백 명이 화마에 희생되었다.

이틀째 전투가 끝났을 때는 둔감하고 무신경한 그랜트조차 너무 충격을 받아 막사로 물러가 눈물을 흘렸다. 그러나 결과가 어떻든 전투를 할 때마다 그는 똑같은 명령을 내렸다. "전진하라! 전진하라!" 6일째의 피비린내 나는 전투가 끝난 후 그는 유명한 전보를 보냈다.

"여름 한 철을 다 보낸다 해도 저는 이 전선에서 끝까지 싸울 작정입니다."

그런데 전투는 정말 여름 내내 계속되었다. 그것도 모자라 가을과 겨울을 넘기고 다음 해 봄이 온 후까지 이어졌다. 그랜트는 적군보다 병력이 두 배나 많았고 그의 뒤를 받치고 있는 북부에는 그가 끌어 모을 수 있는 예비 병력이 엄청나게 많았지만, 남부는 병력과 군수품이 거의 바닥났다. 그래서 그랜트는 전쟁을 끝내는 빠르고 유일한 길은 리가 항복할 때까지 그의 병사를 계속 죽이는 것이라고 생각했다.

남군 병사 한 명당 북군 병사 두 명이 죽는다면 어떻게 될까? 그래도 그랜트는 그 손실을 보충할 수 있었지만, 리는 그럴 수 없었다. 그래서 그랜트는 쉴 새 없이 쏘고 폭파하고 살육했다. 6주 동안 그는 5만 4천926명의 병사를 잃었다. 이는 리의 전체 병력수와 같은 규모였다. 콜드 하버에서는 한 시간 동안 7천 명이나 잃었다. 이는 게티즈버그 전투 중에 3일 동안 양측에서 전사한 병사의 수보다 천 명이 더 많은 수치였다.

그러면 이 끔찍한 희생을 통해 얻은 것은 무엇일까? 이에 대해 그랜트 자신은 "전혀 없다."고 답했다. 이것이 그의 평가였다.

콜드 하버에서의 공격은 그의 군 경력에서 가장 비극적인 실수였다. 이런 살육은 인간의 신경과 몸이 감당할 수 있는 수준을 넘어선 것이었고, 군의 사기를 곤두박질치게 했다. 사병들은 폭동을 일으키기 직전이었고, 장교들도 반란을 준비했다. 그랜트 부대의 지휘관 한 사람은 이렇게 말했다. "지금까지 36일 동안 쉴 새 없이 장례 행렬이 내 앞을 지나갔다."

링컨도 슬픔으로 가슴이 미어질 지경이었지만, 계속하는 것 외에는 달리 방법이 없다는 사실을 잘 알고 있었다. 그래서 그랜트에게 "불도그처럼 끝까지 물고 늘어져 숨통을 끊어버리라."는 전보를 보냈다. 그리고는 1년에서 3년 동안 복무할 추가 병력 50만 명에 대한 소집령을 공포했다. 이 소집령은 나라 전체를 강타했고, 온 국민이 절망의 나락으로 내던져졌다.

이제 링컨은 북부에서도 남부에서만큼이나 거센 공격을 받았다. 그의 가장 극렬한 적들은 그를 죽여야 한다고 선언했다. 그래서 그가 제대군인 보호시설에 있는 그의 하계 본부로 말을 타고 가던 어느 날 저녁, 암살자가 그에게 총을 쏘았고 총알은 그의 운두가 높은 실크 모자를 꿰뚫었다.

몇 주 뒤에 펜실베이니아 주 미드빌에 있는 한 호텔

의 주인은 창유리에 다음과 같은 글이 새겨져 있는 것을 발견했다. "에이브 링컨, 1864년 8월 13일 독살되어 생을 마감하다." 그 방은 전날 밤 존 윌크스 부스라는 인기 배우가 묵었었다.

앞서 6월에는 공화당이 링컨을 재선 후보로 지명했다. 하지만 그들은 지금 자기들이 치명적인 실수를 했다고 느꼈다. 당의 유력 인사들 몇 명은 링컨에게 물러나라고 촉구했다. 그들은 다시 전당대회를 열어 링컨이 실패했음을 인정하고 그의 지명을 취소하며 다른 후보를 내세우고 싶어 했다.

링컨 자신도 이제는 자신의 상황이 절망적이라고 믿었다. 그는 재선에서 당선된다는 생각을 모두 접었다. 그는 실패했다. 국민들은 그의 리더십에 대한 신뢰를 잃었고, 그는 연방 자체가 붕괴될까 봐 두려워했다. 마침내 링컨을 혐오한 많은 급진주의자들이 따로 전당대회를 열고 존 C. 프레몬트 장군을 후보로 지명함으로써 공화당을 분열시켰다.

상황이 심각했다. 만약 나중에 프레몬트가 경선에서 발을 빼지 않았다면, 틀림없이 민주당 후보인 맥클렐런 장군이 그의 분열된 적들을 제압했을 테고, 나라의 역사도 바뀌었을 것이다. 프레몬트가 경선에서 빠졌음에도 링컨은 맥클렐런보다 겨우 20만 표를 더 받았을 뿐이다. 자신에게 쏟아지는 격렬한 비난에도 불구하고 링컨은 차분하게 최선을 다해 자기 할 일을 하고 아무에게도 대응하지 않았다. 지치고 낙담한 그는 종종 소파에 누워 작은 《성경》책을 들고 욥기를 읽으며 위안을 찾았다. "너는 대장부처럼 허리를 묶고 내가 네게 묻는 것을 대답할지라."

1864년 여름이 되면서 링컨은 심신이 모두 변해 이제 더 이상 3년 전 일리노이 주의 평원을 떠나올 때의 신체 건장한 사람이 아니었다. 해가 갈수록 웃음이 줄어들었고, 얼굴에는 깊게 고랑이 패였으며 어깨는 구부정해졌고 뺨은 움푹 들어갔다. 또 만성적인 소화불량으로 고생했고, 두 다리는 항상 차가웠다. 잠도 거의 못 잤고 습관적으로 괴로운 표정을 지었다. 그는 한 친구에게 말했다. "이제 다시는 기쁨을 느낄 수 없을 것 같네."

유명한 조각가 아우구스투스 세인트-고든스는 1865년 봄에 링컨의 라이프마스크를 본 후, 그것이 데드마스크라고 생각했다. 이미 그의 얼굴에 죽음의 흔적이 나타나 있었기 때문이다. 노예해방령 선언 장면을 그리면서 몇 개월간 백악관에 머물렀던 화가 카핀터는 이런 글을 남겼다.

와일더니스 전투가 벌어지던 처음 일주일간 대통령은 거의 잠을 자지 못했다. 그때 어느 하루는 대통령 관저의 중앙 홀을 지나다 나는 그가 실내용 가운을 몸에 휘감고 손은 뒷짐을 진 채 이리저리 서성대는 것을 보았다. 두 눈 밑에는 크고 검은 고리가 생겨 있었고, 머리는 가슴에 닿을 듯 푹 숙이고 있었다. 영락없이 슬픔과 근심과 불안에 장악당한 인간의 전형이었다. 나는 때로 그의 깊이 주름진 얼굴을 보며 눈물이 솟구치는 것을 억누를 수 없었다.

방문객들이 와서 먼저 말을 걸 때도 그는 고개를 들거나 대꾸도 못 할 정도로 완전히 녹초가 된 모습으로 의자에 허물어져 있었다. 그는 이런 말을 한 적이 있다. "나는 때로 매일 날 찾아오는 사람들 모두가 손톱을 세운 채 내게 달려들어 내 생명력의 일부를 잡아채간다는 상상을 합니다."

《톰 아저씨의 오두막》을 쓴 스토우 부인에게는 자기는 결코 살아서 평화를 보지는 못할 것 같다고 말했다. "이 전쟁이 저를 죽이고 있습니다." 그가 말했다. 그의 외모에 나타난 변화를 보고 놀란 친구들은 그에게 휴가를 떠나라고 강력히 권했고 그는 이렇게 답했다. "2, 3

주 쉰다고 별로 달라질 건 없을 걸세. 온갖 생각으로부터 도망칠 수가 없어. 난 쉬는 방법을 모르겠네. 피곤이 내 안에 붙박여 있어 도저히 어떻게 떼어낼 수가 없어."

그의 비서는 이렇게 말했다. "과부와 고아의 울부짖음이 항상 링컨의 귓가에 맴돌았습니다."

총살형을 선고받은 남자들의 어머니와 애인과 아내들이 매일 그에게 달려와 울면서 사면을 간청했다. 그러면 아무리 지치고 탈진한 상태라도 링컨은 항상 그들의 이야기를 듣고 대개는 그들의 청을 들어주었다. 여자가 우는 모습을 도저히 참고 볼 수 없었기 때문이다. 특히 그녀가 팔에 아기를 안고 있을 때 더욱 그랬다.

장군들은 이런 링컨을 꾸짖었고 스탠턴은 노발대발했다. 링컨의 유약한 태도가 군의 기강을 무너뜨리고 있으니, 참견하지 말라는 것이었다. 하지만 사실 링컨은 준장들의 잔인한 방식과 정규군의 폭정을 혐오했다. 한편 전쟁 승리를 위해 그가 의지해야 했던 지원병들은 매우 좋아했다. 이들이야말로 링컨 자신처럼 숲과 농장에서 온 사람들이었다.

그들 중 한 사람이 비겁한 행위로 총살형을 선고받았다면? 링컨은 이렇게 말하며 용서했을 것이다. "제가 전투에 참여했다면, 저 역시 총을 내던지고 줄행랑을 쳤을 겁니다." 지원병이 향수병을 못 이기고 탈영했다면? "글쎄요. 총살형이 그에겐 별로 좋지 않을 것 같군요."

피곤하고 지친 버몬트의 농장 출신 소년이 보초 근무 중 잠을 자 사형을 선고받았다면? 링컨은 "그런 상황에서는 저도 그렇게 했을지 모릅니다."라고 답했을 것이다. 그가 사면해 준 사람들의 목록만 다 적는다 해도 책에서 꽤 많은 부분을 차지할 것이다.

한 번은 미드 장군에게 이런 전보를 보냈다. "18세 미만의 소년은 누구든 총살시키지 않기 바랍니다." 그런데 북군에는 그 나이보다 적은 소년들이 100만 명도 넘었다. 사실 그중 20만 명이 16세 미만이었고, 10만 명이 15세 미만이었다.

사별한 어머니들의 고통은 링컨의 가슴을 아주 깊이 후벼 팠다. 1864년 11월 21일, 그는 그의 생애에서 가장 아름답고 유명한 편지를 썼다. 옥스퍼드 대학에는 '그 누구도 따를 수 없는 순수하고 정교한 어법의 모델'로서 다음 편지의 사본이 벽에 걸려 있다. 비록 산문 형식으로 쓰였지만, 사실 그것은 울림이 있는 한 편의 시와 같다.

1864년 11월 21일
워싱턴 대통령 관저에서
매사추세츠 주 보스턴 시 빅스비 부인께

빅스비 부인 귀하!

저는 육군성의 서류 중 매사추세츠 주 부관 참모의 보고서를 통해 부인께서 전장에서 장렬하게 전사한 다섯 아들의 어머니라는 사실을 알게 되었습니다.

그토록 형언할 길 없는 슬픔을 제 몇 마디 말로 위로하려는 시도가 얼마나 가당찮고 부질없는 일이겠습니까! 그럼에도 아드님들이 목숨 바쳐 구한 공화국이 깊이 감사하고 있음을 알려드리며 위로를 전하지 않을 수 없습니다.

부디 하늘에 계신 아버지께서 부인의 고통을 어루만져주시고, 사랑했던 자식들의 소중한 추억만을 남겨주시기를 기원합니다. 또 자유의 제단에 그토록 값진 희생물로 바쳐졌음에 틀림없다는 성스러운 자부심을 부인께서 갖게 해주시기를 기도합니다.

– 에이브러햄 링컨 드림

어느 날 노아 브룩스가 링컨에게 올리버 웬델 홈즈의 시집 한 권을 주었다. 링컨은 그 책을 열고 〈렉싱턴〉이라는 제목의 시를 큰 소리로 읽기 시작했고, 곧 다음과 같이 시작하는 연에 이르렀다.

순교자들이 누워 있는 대지의 풀은 푸르디푸른데,
수의도 무덤도 없이 그들은 한줌 흙으로 부서졌구나!

이 대목에 이르러 목소리가 떨리고 목이 메인 링컨은 책을 브룩스에게 건네며 속삭였다. "자네가 읽게. 난 못 읽겠네." 몇 개월 뒤에 그는 전체 시를 한 마디도 놓치지 않고 백악관에 모인 친구들 앞에서 낭송했다.

1864년의 끔찍한 여름이 몹시도 더디게 끝이 나고 가을이 되면서 좋은 소식이 들려왔다. 셔먼이 애틀랜타를 점령하고 조지아를 지나서 진군했다. 패러컷 제독은 극적인 해전을 치른 후에 모빌 만을 점령하고 멕시코 만을 더욱 단단히 봉쇄했다. 셰리던은 셰넌도어 계곡에서 눈부신 승리를 거두었다. 그리고 리 장군은 개방된 공간으로 나오기를 두려워했기에 그랜트는 피터즈버그와 리치몬드를 포위했다. 남부 연합은 거의 종점에 다다른 상황이었다.

링컨의 장군들은 지금 승리하고 있었고, 그의 정책들은 그 정당성을 인정받았으며, 북군의 사기는 날개를 달았고 11월에 링컨은 재선에 성공했다. 하지만 그는 그것을 개인적인 승리로 받아들이는 대신 국민이 '강을 건너는 동안에 말을 갈아타는 것'은 현명하지 못하다고 생각한 게 분명하다고 간단하게 말했다.

4년 동안 싸우고 난 후에도 링컨의 마음에는 남부 사람들에 대한 미움이 없었다. 그는 누차 이렇게 말했다. "'비판을 받지 않으려거든 비판하지 말라.' 우리도 그들의 입장에 처했다면 그들처럼 행동했을 겁니다."

1865년 2월, 남부 연합은 이미 다 허물어진 상태였고, 리 장군의 항복을 겨우 두 달 남겨놓은 시점에 링컨은 연방 정부가 남부의 여러 주에 그들이 소유한 노예에 대해 4억 달러를 지불하자고 제안했다. 그러나 내각의 모든 각료가 그 생각에 비우호적이었기 때문에 그는 제안을 철회했다.

그리고 다음 달, 링컨은 두 번째 취임식 연설을 했다. 옥스퍼드 대학 총장을 역임한 커전 백작은 이 연설을 가리켜 '가장 순수한 황금과도 같은 인간의 웅변, 아니 거의 신적인 경지에 이른 웅변'이라고 평가했다.

링컨은 앞으로 나아가서 이사야 5장을 펼쳐놓은《성경》에 입을 맞춘 후 희곡 속의 어떤 위대한 인물의 웅변처럼 들리는 연설을 시작했다.

칼 슈르츠는 이렇게 기록했다. "이것은 마치 신성한 시와 같다. 어떤 미국 대통령도 미국 국민에게 이렇게 말한 적이 없었다. 미국은 이제껏 마음속 깊은 곳에서 이런 말을 찾아낸 대통령을 만나본 적이 없다." 이 연설의 종결부는 인간의 입에서 나온 가장 고결하고 아름다운 외침이라는 것이 칼 슈르츠의 평가였다. 그는 이 글을 읽을 때마다 대성당의 부드러운 빛 속에서 연주되는 오르간을 떠올리게 된다고 말했다.

우리는 순진하게, 또 열렬하게 이 극심한 전쟁의 고통이 빨리 사라지기를 소망하고 기원합니다. 그러나 250년 동안 아무런 보답 없이 흘린 노예들의 땀방울을 밑거름으로 쌓아올린 그 모든 부가 다 사라질 때까지, 또 3천 년 전의 말씀대로 채찍질로 흘린 모든 핏방울 하나하나를 칼로 흘린 다른 피로 다 되갚을 때까지 전쟁이 계속되는 것이 신의 뜻이라 해도, 그래도 여전히 "하느님의 뜻은 전적으로 참되며 의롭다."고 말해야 할 것입니다.

누구에게도 원한을 품지 말고 만인을 향한 자비심으로, 또 신이 우리에게 주신 정의를 볼 수 있는 능력에 힘입어 그 정의에 대한 확고한 신념을 가지고, 우리 모두 당면한 문제를 해결해 나갑시다. 나라의 상처를 싸매며, 전쟁의 짐을 짊어진 자와 그의 미망인과 고아가 된 그의 자녀를 보살피고, 우리 자신 사이에, 그리고 모든 민족 사이에 정의롭고 영구적인 평화를 심고 뿌리내리기 위해, 우리가 할 수 있는 모든 일을 다해 나갑시다.

그로부터 꼭 두 달 뒤에 이 연설문은 스프링필드에서 열린 링컨의 장례식에서 낭독되었다.

9 북군의 승리와 종전

1865년 3월 하순에 버지니아의 리치몬드에서는 매우 의미심장한 일이 일어났다. 남부 연합 대통령 부인 제퍼슨 데이비스 여사가 마차 끄는 말을 처분했고 개인 소지품을 팔려고 내놓았으며 남은 물건을 꾸려서 더 남쪽으로 이동했다. 무슨 일이 일어나기 직전이었다.

그랜트는 남부 연합의 수도를 9개월 동안 포위하고 있었다. 리 장군의 군대는 누더기 차림으로 굶주리고 있었다. 돈이 부족했고 병사들은 급료도 제대로 못 받았다. 받는다 해도 남부 연합의 지폐는 이제 거의 가치가 없었다. 커피 한 잔에 3달러, 장작 하나에 5달러, 그리고 밀가루 한 통에 천 달러나 되었다.

연방 탈퇴는 실패한 명분이 되었고 노예제도 역시 그랬다. 리는 그것을 알고 있었다. 그의 병사들도 알고 있었다. 그들 중 10만 명이 이미 탈영을 했다. 모든 연대가 짐을 싸서는 함께 떠나고 있었다. 남은 병사들은 종교에서 위안과 희망을 찾았다. 거의 모든 막사에서 기도회가 열렸고, 병사들은 소리를 지르고 울고 환상을 보았으며, 전체 연대가 전투에 임하기 전 무릎을 꿇었다. 그러나 이 모든 경건과 신심에도 불구하고 리치몬드는 기우뚱거리며 쓰러져갔다.

4월 2일 일요일, 리의 군대는 목화와 담배 창고에 불을 지르고 병기고를 태웠으며 반쯤 건조된 항구의 함선들을 파괴한 후 어둠 속에 치솟는 불길을 뒤로한 채 도시를 빠져나갔다. 그들이 도시를 벗어나자마자 그랜트는 7만 2천 명의 병사를 이끌고 맹추격에 나서 남군의 양쪽 측면과 뒤에서 포를 쏘아댔고, 셰리단의 기병대는 그들의 앞을 차단하고 철로를 끊고 군수품 수송 열차를 장악했다. 셰리단은 본부에 전보를 쳤다. "이대로 몰아붙이면 리가 항복할 것 같습니다." 이에 링컨이 답신을 보냈다. "그럼 계속 몰아붙이시오."

그랬다. 128킬로미터에 걸친 추격전 끝에 그랜트는 마침내 남군을 사방에서 에워쌌다. 그들은 덫에 갇혔고, 리 장군은 이제 더 이상 피를 보는 일은 의미가 없다는 것을 깨달았다.

한편 그동안 그랜트는 극심한 두통으로 반쯤 시력을 잃어 자기 군대에서 뒤처진 채 토요일 저녁에 한 농가에서 쉬고 있었다. 그런데 다음 날 아침, 그의 두통이 기적처럼 치유되는 일이 일어났다. 한 기마병이 리 장군의 항복 편지를 들고 달려온 것이다. 편지 내용을 보는 순간 그랜트의 두통은 씻은 듯이 사라졌다.

두 장군은 그날 오후 항복 조건을 논의하기 위해 한 벽돌집의 작고 텅 빈 응접실에서 만났다. 그랜트는 평소처럼 옷차림이 단정치 못했다. 군화는 더러웠고 칼도 차지 않았으며 자기 군대의 사병과 똑같은 제복을 입고 있었다. 그저 어깨 위에 달린 세 개의 은별만이 그의 지위를 나타내줄 뿐이었다.

구슬로 장식한 긴 장갑을 끼고 보석이 박힌 칼을 찬 귀족적인 리 장군과는 너무도 대조적이었다. 리는 강판 조각을 하고 이제 막 걸음을 내딛는 당당한 정복자의 모습이었던 반면, 그랜트는 돼지와 동물 가죽을 팔려고 읍내에 나온 미주리의 농부처럼 보였다. 이번만은 그랜트도 자신의 초라한 행색에 부끄러움을 느껴 옷을 제대로 갖춰 입지 않은 것에 대해 리에게 사과했다.

20년 전, 그랜트와 리는 미국이 멕시코와 전쟁 중이었을 때 둘 다 정규군 장교였다. 그래서 그들은 그 시절을 떠올리며 멕시코 국경에서 보낸 겨울, 밤새 계속되었던 포커 게임, 그들이 서툴게 《오셀로》를 연출하고 그랜트가 아름다운 데스데모나 역을 맡았던 일 등을 추억했다. "우리의 대화는 매우 즐거워져 나는 만남의 목적을 거의 잊어버릴 정도였다."고 그랜트는 기록했다.

마침내 리가 항복 조건에 대한 이야기를 꺼냈지만, 그랜트는 아주 간단하게 대답한 후 다시 20년 전의 일들을 더듬었다. 만약 리가 끼어들어 만남의 목적을 일깨워주지 않았다면 그랜트는 오후 내내 이런 식으로 대화를 이끌어갔을지 모른다.

그래서 그랜트는 펜과 잉크를 달라고 한 뒤 항복 조건을 급하게 작성했다. 굴욕적인 항복 의식 같은 것은 없었다. 보복도 없었다. 피비린내 나는 4년의 전쟁 동안 북부의 급진주의자들은 반역자가 된 리와 웨스트포인트 출신의 장교들을 교수형에 처할 것을 요구해 왔다. 그러나 그랜트가 쓴 항복 조건에는 이런 독소 조항이 없었다. 리의 장교들은 무기를 그대로 소지하도록 허용되었고 포로가 된 병사들은 석방되어 집에 갈 수 있었다. 말이나 노새에 대한 소유권을 주장한 병사들은 누구나 그것을 타고 자신의 농장이나 목화밭으로 돌아가 다시 한 번 농사일을 시작할 수 있었다.

왜 이렇게 항복 조건이 관대하고 부드러웠을까? 링컨 자신이 원했기 때문이다. 이렇게 50만 명의 목숨을 앗아간 전쟁은 아포맷톡스 코트하우스라는 버지니아의 작은 마을에서 마침표를 찍었다. 항복은 라일락 향기가 진동하는 평화로운 어느 봄날 오후에 이루어졌다. 그날은 종려 주일이었다.

바로 그날 오후에 링컨은 리버 퀸 호에 올라 워싱턴으로 돌아오고 있었다. 그는 몇 시간 동안 친구들에게 셰익스피어를 큰 소리로 읽어주었다. 이윽고 《맥베스》의 다음 대목에 이르렀다.

> 던컨은 무덤 속에 있네.
> 인생의 발작적인 열병에 시달리다 이제 편히 쉬는구나.
> 반역이 그에게 최악을 행하였지만,
> 이젠 칼도, 독약도, 안방의 음모도, 외국의 군대도,
> 아무것도 더 이상 그를 건드릴 수 없다네.

이 구절은 링컨에게 깊은 울림을 주었다. 그는 한 번 읽고 잠시 멈추었다. 그리고 멍한 눈으로 배의 둥근 창을 통해 밖을 응시했다. 그러다 다시 크게 읽었다.

5일 후, 링컨 자신도 최후를 맞았다.

10 23년 동안 조용히 견딘 가정의 불행

　이쯤해서 발길을 되돌려보자. 리치몬드 함락 직전에 있었던 놀라운 일을 이야기하고 싶기 때문이다. 그것은 링컨이 거의 23년 동안 침묵 속에서 견뎌냈던 가정의 불행을 생생하게 보여주는 사건이었다.

　이 사건은 그랜트의 본부 근처에서 일어났다. 그랜트 장군은 전선 근처에서 함께 일주일을 보내자며 링컨 부부를 초청했다. 그들은 기꺼이 응했다. 대통령도 거의 탈진한 상태였기 때문이다. 그는 백악관에 들어온 후로 한 번도 휴가를 갖지 못했으며, 두 번째 임기가 시작되면서 다시 진드기처럼 달라붙던 구직자들의 무리로부터 몹시 벗어나고 싶었다.

　그래서 링컨 부부는 리버 퀸 호를 타고 시티 포인트에 도착했다. 걸리나에서 온 동물 가죽 구매상 출신은 물에서 60미터 높이로 솟아오른 절벽 위에 앉아 지친 모습으로 담배를 뻐끔대고 있었다.

며칠 뒤에는 프랑스 장관 M. 제프루아를 비롯한 워싱턴에서 온 한 무리의 귀빈들이 대통령 일행과 합류했다. 손님들은 당연히 19킬로미터 떨어진 포토맥 군대의 전선을 보고 싶어 했다. 그래서 다음 날 그들은 유람을 떠났다. 남자들은 말을 탔고 링컨 여사와 그랜트 부인은 반개마차를 타고 뒤를 따랐다.

그랜트의 보좌관이자 부관이며 가장 친한 친구 중 하나인 아담 바도 장군이 그날 부인들의 호위를 위해 파견되었다. 그는 말에게 등을 보이고 부인들과 마주한 채 마차의 앞좌석에 앉았다. 그는 일어난 모든 일의 목격자였고, 지금부터의 글은 그의 책 《평화 시대의 그랜트》 중 일부를 인용한 것이다.

대화하는 동안 나는 우연히 전선에 있는 모든 장교 부인들에게 후방으로 이동하라는 명령을 받았다는 사실을 언급했다. 이는 실제 군사작전이 계획되고 있음을 보여주는 확실한 표시였다. 나는 대통령의 특별 허가를 받은 찰스 그리핀 장군의 부인만 빼고 나머지 부인들은 한 사람도 전선에 머물 수 없다고 말했다.

이 말을 들은 링컨 여사가 발끈하여 외쳤다. "그게 무슨 말인가요, 장군? 그 여자가 대통령을 독대했다는 말인가요? 내가 대통령께서 어떤 여인이든 결코 혼자 만나는 걸 허락하지 않는다는 것을 아시나요?" 그녀는 분명 불쌍하고 못생긴 에이브러햄 링컨에 대한 질투심이 아주 심했다.

나는 그녀를 달래고 내 발언을 변명하려고 했지만, 그녀는 분노로 부글부글 끓어오르고 있었다. "장군의 그 웃음이 아주 수상쩍군요. 당장 이 마차에서 내리겠어요. 대통령이 그 여자를 독대했는지 직접 물어봐야겠어요."

그랜트 부인도 흥분한 그녀를 달래려 했지만 소용이 없었다. 링컨 여사는 다시 내게 마차를 세우라고 명했고, 내가 주저하자 나를 밀치고 자기 팔을 마차 앞쪽으로 뻗더니 마부를 꽉 잡았다. 하지만 그랜트 부인이 마침내 그녀를 설득하여 모두가 내릴 때까지 기다리게 했다.

밤에 캠프로 돌아왔을 때 그랜트 부인은 나와 이 문제에 대해 논의하고 이 일이 너무 낯뜨겁고 굴욕적이니까 우리 둘 다 입을 다물고 있어야 한다고 말했다. 적어도 나는 입을 굳게 다물었지만, 그랜트 부인은 남편에게만은 사실을 털어놓았을지 모른다. 그러나 다음 날 나는 그 맹세로부터 자유로워졌다. 더 끔찍한 일이 벌어졌기 때문이다.

똑같은 일행이 아침에 오드 장군이 지휘하는 강 북쪽의 제임스 부대를 방문하러 갔다. 행렬은 전날과 대체로

제3장 비극적인 남북전쟁과 노예해방

비슷했다. 증기선을 타고 강 상류로 올라간 다음, 다시 남자들은 말을 탔고 링컨 여사와 그랜트 부인은 포장마차를 타고 이동했다. 나는 어제처럼 호위를 위해 파견되었지만, 함께 임무를 수행할 동료를 요청했다. 한 번 된맛을 본 터라 마차에 부인들과 혼자 타고 싶지 않았기 때문이다. 그래서 호레이스 포터 대령이 일행에 합류하라는 지시를 받았다. 오드 부인은 남편과 동행했다. 군 지휘관의 부인이었기 때문에 귀환 명령을 따르지 않아도 되었다. 그녀는 말에 올랐고, 마차에 공간이 없자 계속 말을 타고 한동안 대통령 옆에서 달려 결국 링컨 여사가 탄 마차를 앞서갔다.

링컨 여사는 이 모습을 보자마자 걷잡을 수 없는 분노를 폭발시켰다. "저 여자 무슨 의도로 대통령과 나란히 달리다 나를 앞질러가는 거죠? 대통령이 자기를 옆에 두고 싶어 한다고 생각하는 건가요?" 그녀는 미칠 듯이 흥분하며 언어와 행동 모두가 점점 더 격해졌다. 그랜트 부인이 그녀를 달래려 했지만, 그녀는 그랜트 부인에게도 화를 냈다. 포터와 내가 할 수 있는 일이라곤 그저 일이 더 이상 악화되지 않기를 바라는 것뿐이었다. 우리는 그녀가 마차에서 뛰어내려 행렬에 대고 소리를 지를까 봐 두려웠다.

한 번은 그녀가 흥분하며 그랜트 부인에게 이렇게 말

했다. "내 생각에는 부인도 자신이 백악관의 안주인이 될 거라고 여기는 것 같은데요, 그렇죠?" 그랜트 부인은 차분하고 위엄 있게 자신은 현재 위치에 아주 만족하며 이것도 자신이 기대했던 것보다 훨씬 대단한 것이라고만 대답했다. 하지만 링컨 여사는 소리쳤다. "오, 할 수 있다면 백악관에 가보세요. 아주 좋아요." 그리고 그녀는 다시 오드 부인에 대해 격한 말을 쏟아냈고, 그랜트 부인은 링컨 여사의 분노를 더욱 자극할 위험을 무릅쓰고 자신의 친구를 변호했다.

행렬이 멈추었을 때 국무장관의 조카이자 오드 장군의 참모인 수어드 소령이 말을 타고 달려와서는 분위기를 띄운다는 것이 그만 뇌관을 밟고 말았다. "링컨 여사님, 대통령님의 말이 여성에게 아주 친절한 것 같습니다. 녀석이 오드 부인의 옆에서만 달리려고 하네요."

물론 이 말은 불에 기름을 부은 격이었다. "그게 무슨 뜻인가요?" 그녀가 외쳤다. 수어드는 '아차' 하며 자신이 엄청난 실수를 범했음을 깨달았다.

마침내 일행이 목적지에 도착했고 오드 부인이 마차로 왔다. 그때 링컨 여사는 장교들이 있는 앞에서 그녀를 모욕하고 온갖 험한 말을 쏘아대며 무슨 의도로 대통령을 따라간 것이냐고 물었다. 이 불쌍한 여인은 울음을 터뜨리며 자신이 뭘 잘못한 거냐고 물었지만, 링컨 여사

제3장 비극적인 남북전쟁과 노예해방　▌313

는 조금도 수그러들지 않고 지칠 때까지 퍼부어댔다. 그랜트 부인은 계속 친구의 곁을 지키려 했고, 그 자리에 있던 모든 사람들은 충격을 받고 겁에 질렸다. 그러나 결국 모든 일이 끝나고 얼마 뒤에 우리는 시티 포인트로 돌아왔다.

그날 밤 대통령 부부는 증기선 위에서 열린 만찬회에서 그랜트 부부와 장군의 참모들을 환대했다. 그때도 링컨 여사는 우리 모두 앞에서 대통령에게 오드 장군을 욕하며 그를 해임하라고 요구했다. 그 사람의 부인은 말할 것도 없고 그도 그 자리에 적합하지 않다는 거였다. 옆에 앉아 있던 그랜트 장군이 용감하게 자신의 부하를 변호했다. 물론 오드 장군은 해임되지 않았다.

이 여행 기간 내내 이와 비슷한 일들이 계속 발생했다. 링컨 여사는 그리핀 부인과 오드 부인의 일로 장교들이 있는 앞에서 남편을 계속 공격했고, 나는 이런 중차대한 시기에 국가의 모든 짐을 짊어진 국가 원수가 차마 말로 표현할 수 없는 이런 공개적인 굴욕을 당하는 것을 보고 그 전에는 경험한 적 없는 큰 수치와 고통을 느꼈다. 대통령은 보는 이의 가슴을 미어지게 하는 고통스럽고 슬픈 표정을 지으면서도 최대한 차분하고 위엄 있게 이 모든 일들을 그리스도처럼 견뎌냈다.

이런 일들이 일어나기 얼마 전에 스탠턴 부인이 시티

포인트를 방문했고, 나는 그녀에게 링컨 여사에 대해 질문을 하게 되었다. "저는 링컨 여사를 찾아가지 않습니다." 이것이 그녀의 대답이었다.

그때 나는 내가 뭔가 잘못 알아들었다고 생각했다. 육군장관의 부인은 영부인을 방문해야 하기 때문이다. 그래서 나는 다시 물었다. 대답은 똑같았다. "이해하셨어요, 장군님? 저는 백악관에 가지 않습니다. 링컨 여사도 찾아가지 않고요." 나는 스탠턴 부인과 전혀 친하지 않았고, 이 대답은 너무 이상하게 들려 절대 잊지 못했다. 그러다 나중에 나는 그녀의 말뜻을 이해하게 되었다.

링컨 여사는 그랜트 부인에 대한 행동도 바꾸지 않았다. 그랜트 부인이 링컨 여사를 달래려고 하면 그녀는 더욱 화를 냈다. 한 번은 그랜트 부인이 자기 앞에 앉아 있다며 질책한 적이 있다. "내가 허락하지도 않았는데 어떻게 감히 앉아 있을 수 있죠?"

오노레 윌지 모로는 《메리 토드 링컨》이라는 책에서 이렇게 말하고 있다. "처음 만나는 미국인 아무에게나 링컨의 아내는 어떤 사람이었느냐고 물어보라. 그러면 100명 중 99명이 그녀는 성질이 괴팍스럽고 남편인 링컨에게는 저주였으며, 천박한 멍청이이자 정신이상자라고 대답할 것이다."

링컨의 인생에서 정말 큰 비극은 암살이 아니라 결혼이었다. 부스의 총을 맞았을 때, 그는 자신을 강타한 것이 무엇이었는지 몰랐다. 그러나 23년 동안 그는 불행한 결혼이 빚어내는 쓰디쓴 독주를 거의 매일 들이마셔야 했다.

리 장군이 항복을 한 뒤 그랜트 부부가 워싱턴에 왔다. 도시는 불빛으로 빛났고 사람들은 모닥불을 피우며 흥겹게 노래를 불렀고, 먹고 마시며 한껏 흥을 냈다. 그래서 링컨 여사는 대통령과 함께 마차를 타고 '불빛을 구경하자'며 장군을 초대했다. 그러나 그랜트 부인은 초대하지 않았다.

그로부터 며칠 밤이 지난 후 링컨 여사는 연극 관람 파티를 주관하여 그랜트 부부와 스탠턴 부부를 대통령 특별석으로 초대했다. 스탠턴 부인은 초대장을 받자마자 급히 그랜트 부인에게 달려가 파티에 갈 것인지 물어보면서 말했다. "만약 부인께서 가지 않으시면 저도 안 가겠습니다. 부인이 참석하지 않으면 저도 링컨 여사와 그 특별석에 앉지 않을 겁니다."

그랜트 부인도 초대를 받아들이기가 두려웠다. 그녀는 만약 그랜트 장군이 특별석에 들어서면 청중들이 분명히 요란한 박수갈채와 함께 '아포맷톡스의 영웅'을 환영할 것임을 알고 있었다. 그때 링컨 여사는 어떤 반응을 보일까? 아무도 몰랐다. 또 한 차례 수치스럽고 굴욕적인 장면을 연출할지도 모를 일이었다.

　결국 그랜트 부인은 초대를 거절했고 스탠턴 부인도 거절했다. 이를 통해 그들은 자기 남편의 목숨을 구했는지도 모른다. 그때가 바로 부스가 대통령 특별석으로 몰래 들어와 링컨을 쏜 밤이었기 때문이다. 만약 스탠턴과 그랜트가 그곳에 있었다면, 그들 역시 부스의 총에 맞았을지 모른다.

11 부스, 링컨을 저격하다

1863년에 버지니아의 노예상들은 링컨 암살을 목적으로 한 비밀조직을 결성하고 뒷돈을 댔다. 1864년 12월에는 앨라배마의 셀마에서 발행되는 한 신문에 같은 목적에 쓰일 자금의 기부를 요청하는 광고가 등장했고, 남부의 다른 신문들도 링컨의 암살을 두고 현상금을 걸었다. 그러나 결국 링컨을 쏜 사람은 애국적인 열망이나 상업적인 동기에서 일을 저지른 것이 아니었다. 존 윌크스 부스는 명성을 얻기 위해 링컨을 쏘았다.

부스는 어떤 사람이었을까? 그는 배우였고 사람의 마음을 잡아끄는 강한 매력을 타고난 인물이었다. 프랜시스 윌슨은 부스의 전기에서 "그는 세계에서 가장 사랑받는 연인 중 하나였으며…… 여성들은 그가 지나갈 때 가던 길을 멈추고 감탄하며 반사적으로 그에게 눈길을 돌렸다."고 기록했다.

23살 때 부스는 여성들에게 인기 있는 미남 배우로

인정받았고, 당연히 그가 맡은 가장 유명한 역할은 로미오였다. 그가 공연하는 곳마다 요염한 아가씨들이 사랑의 밀어를 적은 글을 들고 몰려들었다. 그가 보스턴에서 공연할 때는 엄청난 수의 여성들이 트레몬트 하우스 앞의 거리에 쇄도하여 그들의 우상이 지나갈 때 눈도장이라도 한 번 찍어두려고 안달했다.

어느 날 밤, 질투에 사로잡힌 여배우 헨리에타 어빙은 호텔 방에서 그를 칼을 찌른 후 스스로 목숨을 끊으려 했다. 그런데 여성들의 이런 넘칠 것 같은 과도한 사랑이 부스를 행복하게 했을까? 그렇지 못했다. 그의 인기는 대부분 촌구석의 수준 낮은 청중들에게 국한되었던 반면, 그의 마음속에서는 대도시 중심가에서 인정받고 싶은 강렬한 욕망이 꿈틀대고 있었기 때문이다.

그러나 뉴욕의 비평가들은 그를 별 볼 일 없는 배우로 보았고, 필라델피아에서는 청중의 야유를 받으며 무대에서 쫓겨났다. 정말 분통 터지는 일이었다. 그의 다른 가족들은 무대에서 꽤 이름을 날리고 있었기 때문이다. 그의 아버지 주니어스 브루터스 부스는 거의 30년 동안 연극계에서 알아주는 1급 스타였고, 그의 셰익스피어 해석은 온 나라의 화젯거리였다. 미국의 무대 역사상 이렇게 엄청난 인기를 누린 사람은 없었다. 그리

제3장 비극적인 남북전쟁과 노예해방

고 아버지 부스는 사랑하는 아들 존 윌크스가 부스 가문의 가장 훌륭한 일원이 되어야 한다고 가르쳤다.

하지만 존 윌크스 부스는 사실 재능이 거의 없었고, 자신이 지닌 얼마 안 되는 재주나마 최대한 활용하지 못했다. 그는 잘생겼지만 버릇이 없고 게을렀으며, 힘들게 공부하려 하지 않았다. 그 대신 말을 타고 메릴랜드 농장 숲을 질주하며 나무와 다람쥐들을 상대로 영웅적인 연설을 하고 멕시코 전쟁에서 사용된 오래된 군용 창으로 하늘을 찔러대며 청춘 시절을 보냈다. 나중에 그는 체서피크 만에서 굴 도둑질을 하다가 배우가 되었다.

26살이 된 부스는 매우 감상적인 고등학교 여학생들의 우상이 되었지만, 자신이 보기에 그는 실패자였다. 게다가 질투심이 아주 많았다. 그는 자기 형 에드윈이 자신이 그토록 원한 명성을 거머쥐는 것을 보고 눈에 이글이글 불이 타올랐다. 부스는 오래도록 이 일을 되새김질하다가 마침내 하룻밤 사이에 자신을 영원히 유명하게 만들 일을 하기로 결심했다.

그의 첫 번째 계획은 이랬다. 어느 날 밤 링컨을 극장까지 따라가서 그의 공모자 중 하나가 가스등을 끄면 바로 대통령 특별석으로 돌진하여 그를 밧줄로 묶어 무대 아래로 내던진 후 뒤쪽 출구로 끌고나와 마차 안으로 던져 넣고는 급히 어둠 속으로 사라진다. 그리고 정해진 경로를 거쳐 버지니아 주 남쪽으로 질주한 후 리치몬드에 있는 남군에게 북군의 최고사령관을 넘긴다.

그 다음은? 남부가 조건을 제시하고 즉시 전쟁을 종결시킨다. 그럼 이 눈부신 업적의 공로는 누구에게 돌아갈까? 바로 대천재 존 윌크스 부스다. 그는 형 에드윈보다 2배, 아니 100배나 더 유명해질 것이다. 그는 역사 속에서 윌리엄 텔과 같은 인물로 기억될 것이다. 이런 것이 그의 꿈이었다.

부스는 당시에 극장에서 1년에 2만 달러를 벌고 있었으나 그는 이 모든 것을 포기했다. 이제 돈은 그에게 아무런 의미도 없었다. 물질적인 소유보다 훨씬 더 중요한 뭔가를 위해 연기해야 했다. 그는 북부 연합에 적대적인 남부 연합 측의 공모자들을 그러모았다. 부스는 그들 각자에게 자신이 부자가 되고 유명해질 거라고 약속했다. 이런 말에 현혹될 정도이니 얼마나 한심한 족속들이었겠는가?

부스는 이 최저 수준의 조연들과 자기 인생의 위대한 주역을 연기하기 위한 준비를 했다. 그는 시간과 돈을 아끼지 않고 세세한 부분까지 철저하게 계획했다. 수갑을 구입하고 적절한 장소에서 갈아탈 빠른 말들을 준비했으며, 배 세 척을 사서 필요할 때 즉시 그들을 운용할 수 있는 뱃사공들과 노를 준비시켜 토바코 크리크 항에 대기시켜 놓았다.

1865년 1월, 부스는 마침내 위대한 순간이 왔다고 믿었다. 링컨이 18일에 연극 관람을 위해 포드 극장에 행차할 예정이었던 것이다. 그래서 부스는 만반의 준비를 하고 기다렸지만 링컨은 나타나지 않았다. 그로부터 두 달 뒤인 어느 날 오후에 링컨이 병사들의 야영지 근처에서 연극 공연을 관람하기 위해 도시를 벗어날 것이라는 소문이 돌았다. 이에 부스와 그의 패거리들은 다시 만반의 준비를 한 채 대통령이 지나가기로 되어 있는 숲에 몸을 숨기고 기다렸다. 그러나 백악관의 마차가 지나가긴 했지만, 링컨은 그 안에 없었다.

또다시 일이 틀어지자 부스는 분통을 터뜨리고 욕을 해댔다. 이제 더 이상 참지도 않고 좌절하지도 않으리라. 그래서 만약 링컨을 잡을 수 없다면 그를 죽이겠다고 결심했다. 몇 주 뒤에 리 장군이 항복했고 전쟁이 끝났다. 부스는 링컨을 납치하는 것은 이제 별 의미가 없어졌다고 여기고는 그를 즉시 죽이기로 작심했다.

부스는 오래 기다릴 필요가 없었다. 다음 금요일에 그는 이발을 한 후 우편물을 찾으러 포드 극장에 갔다.

그리고 거기서 그날 밤 공연을 위해 대통령 특별석이 예약되었다는 사실을 알게 되었다.

"뭐! 그 늙은 악당이 오늘 밤 여기 온다고?" 그가 외쳤다.

무대담당자들은 이미 축하공연을 준비 중이었고, 부스는 그중 한 사람에게 뇌물을 주고 그가 원하는 정확한 지점에 의자를 놓게 했다. 그리고 흔들의자 바로 뒤의 안으로 통하는 문에 작은 구멍을 뚫어두었다. 그 외에 몇 가지 준비를 마친 후에 부스는 호텔로 돌아가 <내셔널 인텔리전서>의 편집자에게 장문의 편지를 써서 애국심의 이름으로 자신이 계획한 암살을 정당화하고 후손들이 자신의 이름을 빛내줄 거라고 말했다. 그는 편지에 서명한 후 한 배우에게 주면서 그것이 다음 날 발표될 수 있게 하라고 지시했다.

그 뒤에 말 대여소에 가서 작은 암갈색 암말을 빌리고 공모자들을 불러 모아 그들 역시 말을 타게 한 후 한 사람에게는 총을 주면서 부통령을 쏘라고 했고, 다른 공모자에게는 권총과 칼을 주면서 수어드를 죽이라고 명령했다.

그날은 성 금요일로 대개 연중 극장이 가장 한산할 때였지만, 도시는 군 최고사령관을 보려는 장교들과 사병들로 북적거렸다. 그리고 도시는 종전을 축하하며 한껏 들뜬 분위기였다. 거리는 춤추는 횃불들의 행렬로 흥겨웠고 시민들은 마차를 타고 극장에 가는 대통령을 보고 크게 환호했다. 그가 도착했을 때 포드 극장은 이미 사람들로 꽉 차 있었고, 미처 입장하지 못한 수백 명이 발길을 돌리고 있었다.

대통령 일행은 1막 중간쯤에 입장했다. 정확히 9시 20분이었다. 공연자들은 잠시 공연을 멈추고 인사했고, 화려하게 차려 입은 청중들은 환호성을 질렀다. 악단은 '대통령 찬가'를 연주했고, 링컨은 고개를 숙이며 답례한 후 코트 뒷자락을 벌리고 의자에 앉았다. 로라 킨은 유명한 희곡 《우리 미국인 사촌》의 마지막 공연을 펼치고 있었다. 그것은 유쾌하고 즐거운 행사였고, 청중들 사이로 활기찬 웃음이 잔잔한 파문을 일으키며 퍼졌.

링컨은 그날 오후 아내와 함께 오랜 시간 마차를 탔다. 나중에 그녀는 남편이 그 어느 때보다 그날 더 행복해 보였다고 회고했다. 그는 그날 오후 메리에게 두 번째 임기를 마치고 백악관을 떠난 후 무엇을 할지에 대해 이야기했다. 먼저 그들은 유럽이나 캘리포니아에서 긴 휴식을 취할 것이다. 돌아온 후에는 시카고에 법률 사무소를 열거나 스프링필드로 돌아가 순회법정 일을 하며 여생을 보낼지도 모른다. 그날 오후에는 또 일리노이 주에서 알고 지내던 옛 친구 몇 명이 백악관을 찾아왔고, 그는 농담을 하며 너무 즐거워하여 링컨 여사가 저녁 식사를 하게 하는데 애를 먹을 정도였다.

그 전날 밤, 링컨은 이상한 꿈을 꾸었고, 그날 아침 각료들에게 그 꿈 이야기를 해주었다. "제가 기이하고 말로 표현하기 힘든 어떤 배에 타고 있었던 듯합니다. 그 배는 어둡고 끝이 안 보이는 해안을 향해 아주 빠르게 나아가고 있었지요. 큰 사건이 일어나기 전이나 승리를 거두기 전에도 이런 이상한 꿈을 꾸었어요. 앤티텀 전투, 스톤 강 전투, 게티즈버그 전투, 빅스버그 전투를 치르기 전에도 그랬죠."

그는 이 꿈이 좋은 징조이고 좋은 소식을 예언한 것이며, 뭔가 기분 좋은 일이 일어날 것이라고 믿었다.

10시 10분에 부스는 그의 생애 마지막으로 극장에 들어갔고 대통령의 위치를 살폈다. 그는 손에 검정색 소프트 모자를 들고 특별석으로 연결된 계단을 올라가서, 의자가 가득 채워진 통로를 따라 조금씩 이동하여 특별석으로 이어지는 복도에 이르렀다.

대통령 경호원 중 한 사람의 제지를 받자 그는 허세를 부리며 당당하게 자신의 명함을 보여주며 대통령이 자기를 보고 싶어 한다고 말했다. 그런 다음 허가도 기다리지 않고 밀고 들어가서 자기 뒤의 복도 문을 닫고 악보대로 쓰는 굵은 나무를 대어 문이 열리지 않게 고정시켰다. 이어 대통령 뒤에 있는 문에 송곳으로 뚫어 놓은 구멍으로 안을 살펴보며 거리를 가늠한 후 조용히 문을 열었다. 그리고 대통령의 머리 가까이에 권총의 총구를 갖다 댄 후 방아쇠를 당기고 재빨리 무대 아래로 뛰어내렸다.

총에 맞은 링컨은 머리를 앞으로 떨구더니 의자에 푹 주저앉는 것과 동시에 옆으로 굴러 떨어졌다. 그는 전혀 소리를 내지 않았다.

잠시 동안 청중은 총소리와 무대로의 뜀박질이 연극의 일부인 줄 알았다. 아무도, 심지어는 배우들 자신도 대통령이 해를 입었으리라고는 생각도 못 했다. 그때 어느 부인의 날카로운 비명이 극장을 뒤흔들었고 모든 시선이 휘장이 쳐진 특별석으로 쏠렸다. 래스본 소령이 한쪽 팔에 피를 흘리며 외쳤다. "저놈 잡아라! 저놈 잡아라! 저놈이 대통령을 죽였다!"

한 순간 정적이 일었다. 대통령 특별석에서 한 줄기 연기가 피어올랐다. 다음 순간 긴장이 풀리며 공포와 광적인 흥분이 청중을 휘어잡았다. 그들은 자리에서 벌떡 일어나 바닥의 의자들을 비틀어 떼어내고 난간을 부수고 무대 위로 기어 올라가려다 서로를 거칠게 잡아 끌어내리고 노인과 약한 사람들을 짓밟았다. 대혼란 속에서 뼈들이 부러지고 여자들은 비명을 지르며 기절하고, 고통의 울부짖음이 "그놈을 목매달아라." "그놈을 쏴 죽여라." "극장을 불태워라." 등의 격한 외침과 뒤섞여 아비귀환의 생지옥을 연출했다. 공포와 혼란은 두 배, 세 배로 증폭되었다.

청중 자격으로 온 의사들이 대통령의 부상을 살펴보았다. 그들은 상처가 치명적이라 판단하고는 죽어가는 링컨을 백악관으로 돌아가는 자갈길에서 덜컹거리게 해서는 안 된다고 말했다. 그래서 군인 네 명이 링컨의 길고 축 늘어진 몸을 들어 올리고는 극장 밖으로 옮겨 거리로 나갔다. 상처에서 뚝뚝 떨어진 피가 도로를 붉게 물들였다. 병사들은 무릎을 꿇고 자신의 손수건으로 그 피를 닦았다. 그것은 그들이 평생 소중히 간직하며 죽을 때 자녀들에게 귀중한 유산으로 물려줄 손수건이었다.

기병대는 번쩍이는 군도와 앞발을 들어 올리며 흥분한 말들을 이용하여 공간을 만들었고, 충성스런 손길들이 총 맞은 대통령을 한 재봉사가 소유한 길 건너의 싸구려 하숙집으로 옮겼다. 그리고 링컨의 몸을 받히기에는 너무 작은 축 처진 침대에 비스듬하게 그의 긴 몸을 눕힌 후, 노랗게 깜박이는 음침한 가스등이 있는 곳으로 침대를 끌어왔다.

이 비극적인 소식은 토네이도처럼 워싱턴을 휩쓸었다. 그리고 뒤이어 또 다른 재앙의 충격이 후속타를 날렸다. 링컨이 저격을 받던 같은 시간에 국무장관 수어드가 침대에서 칼에 찔려 생명이 위독하다는 것이었다. 이런 참담한 사실들 속에서 존슨 부통령이 살해되고 스탠턴이 암살되었으며 그랜트가 총에 맞았다는 식의 무시무시한 소문이 어둠을 가르는 번갯불처럼 삽시간에 곳곳으로 퍼져나갔다.

이제 사람들은 리 장군의 항복이 사실은 계략이었고, 남군이 몰래 워싱턴으로 잠입해 들어와 일격에 정부를 쓸어버리려 하고 있으며, 남군이 재무장하여 전보다 더욱 잔혹한 전쟁이 다시 시작되고 있다고 확신했다.

횃불과 밧줄을 든 무리들이 도시 여기저기서 아우성치며 울부짖었다. "극장을 불태워라." "배신자를 목매달아라." "반역자들을 죽여라." 그날 밤은 이 나라 역사상 가장 흥분된 광란의 밤 중 하나였다.

대통령은 죽어가고 있고 존슨 부통령은 완전히 술에

취해 침대에 큰대 자로 뻗어 있었고 국무장관 수어드는 칼에 찔려 저승 문턱을 기웃거리고 있는 상황에서 권력의 고삐는 퉁명스럽고 변덕스러우며 격정적인 육군장관 스탠턴이 장악하게 되었다.

스탠턴은 정부의 모든 관료들이 살해의 표적이 되었다고 믿고는 몹시 흥분한 상태로 죽어가는 대통령의 침대 옆에 앉아 자신의 실크 모자 위에다 급히 각종 명령문을 써내려갔다. 그는 경비대에 명하여 그의 집과 동료들의 집을 보호하라고 명했고, 포드 극장을 몰수하고 그와 관련된 모든 사람을 체포했다. 또 워싱턴에 계엄을 선포하고 컬럼비아 특별구의 전체 군대와 경찰력, 주변 야영지, 막사, 요새에 배치된 모든 군인들, 미국 첩보기관 요원들, 군사재판국 소속의 정보원들을 소집했다. 그리고 전체 도시에 15미터 간격으로 경계병을 배치하고 모든 선착장에 보초를 세웠으며 예인선과 증기선, 그리고 포함에 명하여 포토맥을 순찰하게 했다. 스탠턴은 뉴욕 경찰국장에게 전보를 쳐서 급히 최고의 형사들을 보내달라고 했으며, 역시 전보를 보내 캐나다 국경선을 감시하라는 명령을 내렸다. 또 메릴랜드 남부에 보병 여단을 풀고 기병 천 명을 보내 암살자를 쫓게 하며 반복해서 말했다. "그는 남부로 가려 할 거야. 워싱턴에서부터 포토맥 일대에 감시망을 펴."

부스가 쏜 총알은 링컨의 왼쪽 귀 아래에서 비스듬하게 머리를 관통해 들어가 오른쪽 눈에서 1.2센티미터 안쪽에 박혔다. 체력이 약한 사람이었다면 즉시 목숨을 잃었겠지만, 링컨은 심하게 고통스러워하며 9시간을 버텼다. 링컨 여사는 옆방에 머물렀지만 매시간 남편의 옆에 가겠다며 울며 소리쳤다. "오 하느님! 제가 남편을 죽게 만든 건가요?"

한 번은 그녀가 남편의 얼굴을 어루만지며 자신의 눈물 젖은 뺨을 그의 뺨에 갖다 댔을 때, 그가 갑자기 이전보다 더 크게 숨을 쉬며 신음하기 시작했다. 깜짝 놀란 아내는 비명을 지르며 뒤로 물러나더니 바닥에 쓰러지면서 정신을 잃었다. 시끄러운 소란에 스탠턴이 방으로 달려 들어와 외쳤다. "여사를 모시고 나가. 다신 여기 못 오시게 해."

7시가 지나자 신음도 멎고 링컨의 숨도 잠잠해졌다. 그 자리에 있던 비서 한 사람은 이렇게 기록했다. "그의 몹시 지친 얼굴 위로 이루 말할 수 없는 평화가 드리워졌다."

완전히 소멸하기 직전에 인식과 이해가 의식의 비밀스러운 방을 노크할 때가 있다. 그 마지막 평화의 순간에 행복한 추억의 깨진 파편들이 그의 마음속 깊은 동굴을 지나서 한순간 밝게 비추었을 것이다. 인디애나주 버크혼 계곡의 문 없는 오두막 앞에서 타오르던 장작불, 뉴 세일럼에서 물방아용 연못 위로 떨어지던 생거먼 강의 포효, 물레에서 노래하는 앤 러틀리지, 옥수수를 달라며 울부짖는 올드벅, 벽에 잉크 얼룩이 묻어 있고 책장 위에는 씨앗이 싹을 틔우던 스프링필드의 변호사 사무실…….

링컨이 죽음과 사투를 벌이던 그 긴 시간 동안 군의관 릴 박사는 대통령의 손을 잡고 그의 침대 곁을 지켰다. 7시 22분에 박사는 링컨의 맥박 없는 팔을 접어 포갠 후 눈을 감기기 위해 눈꺼풀에 50센트 은화를 올려놓고 손수건으로 턱을 단단히 묶었다.

그곳에 있던 목사가 기도를 했다. 차가운 빗발이 지붕 위를 두들겨댔다. 반즈 장군은 숨을 거둔 대통령의 얼굴 위로 천천히 천을 덮었다. 스탠턴은 블라인드를 내려 새벽의 빛을 가리고 눈물을 흘리며 그날 밤, 유일하게 기억할 만한 한 마디를 토해냈다. "그는 이제 역사가 되었다."

다음 날 어린 테드가 백악관을 찾은 한 손님에게 아빠가 천국에 계신지 물었다.

"그야 물론이지." 그가 대답했다.

"그럼 아빠가 돌아가셔서 기뻐요." 테드가 말했다. "아빠는 이곳에 온 후로 한 번도 행복한 적이 없었으니까요. 이곳은 아빠한테 좋은 곳이 아니었어요."

제 4장

모든 이의 가슴에 묻힌
위대한 대통령 링컨

1 온 국민의 애도 속에 마지막 길을 떠나다

일리노이 주로 가는 장례 열차는 링컨의 시신을 싣고 대규모 애도 인파 사이를 천천히 지나갔다. 열차는 검은 크레이프 상장喪章으로 뒤덮였고, 엔진은 은빛 별들로 장식한 크고 검은 덮개로 휘감았다.

열차가 증기를 내뿜으며 북쪽으로 나아가자 선로 옆에서 사람들이 나타나기 시작했다. 그 숫자는 빠르게 불어났고 슬픔도 커져갔다. 필라델피아 역에 이르기 수 마일 전에 걸쳐 열차는 사람들의 두터운 벽 사이를 달렸고, 시내에 다다랐을 때는 수천 명의 인파가 서로 밀고 밀리면서 거리를 가득 채웠다. 조문객들은 독립기념관에서부터 줄을 이루어 5킬로미터나 길게 늘어서 있었다. 그들은 겨우 1초 남짓 링컨의 얼굴을 마지막으로 보기 위해 10시간 동안 조금씩 앞으로 나아갔다. 토요일 한밤중에는 문들이 닫혔지만 조문객들은 흩어지지 않고 밤새도록 자기 자리를 지켰다. 일요일 새벽 3시 경에 인파는 더욱 불어나 소년들은 자신들이 서 있던 자리를 10달러에 팔기도 했다.

뉴욕에서 장례식이 열리기 전 24시간 동안 특별열차가 밤낮으로 달리며 그 유례가 없을 정도로 많은 인파를 실어 날랐다. 다음 날 흑인들이 탄 16마리의 백마가 영구마차를 끌고 브로드웨이로 향했고, 그 사이 슬픔에 압도당한 여인들이 마차가 지나가는 길에 꽃을 뿌렸다. 그 뒤로는 16만 명에 달하는 애도 인파가 깃발을 들고 터벅터벅 발소리를 내며 따라왔다.

50만 명의 구경꾼들은 그 긴 행렬을 보기 위해 서로 밀치고 싸우고 짓밟았다. 브로드웨이와 인접한 2층 창문은 각각 40달러에 대여되었고, 가능한 많은 사람을 수용하기 위해 창유리도 떼어냈다. 흰색 옷을 입은 성가대는 길모퉁이에서 찬송가를 불렀고, 행군 악대는 진혼곡을 연주했으며, 60초 간격으로 100번의 대포 소리가 도시를 진동시켰다. 군중들은 시청에 안치된 관대 옆에서 흐느꼈고, 많은 이들이 망자에게 말을 걸었으며 어떤 이들은 그의 얼굴을 만지려고 했다. 그리고 경비가 보고 있지 않을 때 한 여인은 허리를 굽혀 고인의 시신에 키스를 했다.

화요일 정오에 뉴욕에서 관이 닫히자 유해를 보지 못한 수천 명이 급히 열차에 올라 장의 열차가 멈출 예정인 다른 지점으로 향했다. 그때부터 스프링필드에 도착할 때까지 장의 열차는 종소리나 대포 소리를 전혀 내지 않았다. 낮에는 상록수와 꽃들로 이루어진 아치형 구조물 아래를 달려 깃발을 흔드는 아이들로 뒤덮인 산비탈을 지나갔고, 밤에는 대륙의 절반을 가로지르며 수많은 횃불과 모닥불들이 그 지나는 길을 비추었다.

온 나라가 흥분에 휩싸였다. 역사상 이런 장례식은 없었다. 마음 약한 사람들은 심신의 긴장을 견디지 못했고, 뉴욕의 한 젊은이는 면도칼로 자기 목을 그으며 외쳤다. "나도 링컨을 따라 죽겠다."

암살이 일어난 지 48시간 뒤에 스프링필드의 한 위원회가 급히 워싱턴으로 달려와 링컨 여사에게 남편이 고향에 묻히게 해달라고 간청했다. 처음에는 그 제안을 단호히 거부했지만, 7일 동안의 거듭되는 요청에 그녀는 시신을 스프링필드로 데려가는데 동의했다. 스프링필드는 모금운동을 통해 4개 블록으로 이루어진 아름다운 땅을 구입했고 밤낮으로 그곳을 팠다.

5월 4일 아침, 마침내 장의 열차가 시에 들어오고 무덤도 준비를 마친 상태에서 링컨의 옛 친구 수천 명이 의식을 위해 한 자리에 모였다. 그런데 그때 링컨 여사가 갑자기 모든 계획을 취소하고 거만하게 남편의 시신을 무덤이 조성된 곳이 아닌, 약 3킬로미터 떨어진 숲속의 오크리지 묘지에 매장해야 한다고 선언했다.

이에 대해 토를 다는 것은 용납되지 않았다. 그녀는 만약 자기 뜻대로 되지 않으면, '폭력적인' 수단을 동원해서라도 유해를 워싱턴으로 옮겨가겠다고 위협했다. 왜 그랬을까? 그 이유가 참 어이없었다. 스프링필드 중앙에 조성된 그 무덤이 '마더 블록'이라는 곳에 있었고, 링컨 여사는 마더 가문을 경멸했던 것이다. 오래전 마더 가문의 누군가가 그녀를 몹시 노하게 한 적이 있었다. 그런데 지금 남편의 장례를 치러야 하는 엄숙한 자리에서 해묵은 원한을 들추어내 남편의 시신을 단 하룻밤도 마더 가문이 오염시킨 땅에 눕게 할 수 없다며 고집을 부리고 있는 것이다.

스프링필드는 결국 그녀의 고집에 굴복해야 했다. 그래서 11시에 유해는 오크리지 묘지에 있는 공공 지하묘지로 옮겨졌다. 투사 조 후커가 앞서서 영구차를 이끌었고, 그 뒤로는 '에이브의 정든 말'이라는 글귀를 수놓은 적색, 백색, 청색의 덮개로 뒤덮인 올드벅이 따라

왔다. 올드벅이 마구간으로 돌아왔을 때는 덮개가 한 조각도 남아 있지 않았다. 기념품 사냥꾼들이 그를 완전히 발가벗겼던 것이다.

암살이 일어난 후 5주 동안 링컨 여사는 백악관의 침대에 누워 울기만 하고 밤이든 낮이든 자기 방을 떠나려 하지 않았다. 그 시기 내내 그녀의 침대 곁을 지켰던 엘리자베스 케클리는 이런 기록을 남겼다.

나는 그때 목격했던 장면들을 결코 잊지 못할 것이다. 비탄에 젖은 통곡, 섬뜩한 비명, 끔찍한 경련, 영혼에서 나오는 슬픔의 미친 듯한 폭발. 나는 링컨 여사의 머리를 찬물로 씻기며 내 능력껏 그 격렬한 토네이도를 진정시키려 했다.

테드의 슬픔도 어머니 못지않았다. 그러나 어머니의 끔찍한 폭발에 기가 질려 감정 표현을 제대로 하지 못하고 잠잠히 있었다. 밤에 어머니의 흐느끼는 소리가 들릴 때 테드는 종종 흰색 잠옷을 입고 어머니의 침대 곁으로 와 말했다. "울지 마세요, 엄마. 엄마가 우시면 제가 잠을 잘 수 없어요. 아빠는 좋은 분이셨으니까 천국에 가셨어요. 그곳에서 행복하실 거예요. 거기서 하나님과 윌리 형이랑 함께 있을 거예요. 울지 마세요, 엄마. 안 그러면 저도 울 거예요."

2 암살자 부스의 최후

부스가 링컨을 쏜 순간, 대통령과 특별석에 앉아 있던 래스본 소령은 즉시 뛰어올라 암살자를 붙잡았다. 그러나 그는 부스를 계속 잡고 있을 수가 없었다. 부스가 필사적으로 사냥칼을 휘두르며 소령의 팔을 베어 깊은 상처를 냈기 때문이다. 소령을 떼어낸 부스는 특별석의 난간을 넘어 3.6미터 아래에 있는 무대 바닥으로 뛰어내렸다. 하지만 그 과정에서 왼쪽 다리의 작은 뼈가 부러지고 말았다. 심한 통증이 전신을 훑고 지나갔다. 그래도 움찔하거나 주저하지 않았다. 지금 그는 자기 인생에서 최고의 역을 연기하는 것이다. 이것은 그에게 불후의 명성을 안겨줄 장면이었다.

재빨리 몸을 추스른 그는 단도를 휘두르며 버지니아 주의 모토인 "폭군의 말로는 언제나 이렇다!"를 외치면서 무대를 가르며 돌진했고, 우연히 자기 앞을 가로막은 음악가를 칼로 찔렀다. 한 여배우를 때려 쓰러뜨리고 뒷문으로 내달려 대기하고 있던 말에 올라타 미친 듯이 박차를 가해 도로로 나섰다. 그리고 3킬로미터 정도 도시를 질주하여 국회의사당 지역을 통과한 후, 애너코스티아 다리를 향해 전속력으로 달렸다. 얼마 후에 공범 중 한 명인 데비 헤럴드와 만나기로 한 장소에서 합류했다. 두 사람은 그들이 받게 될 열렬한 찬사를 꿈꾸며 메릴랜드 남쪽의 어둠 속을 질주했다.

한밤중에 그들은 서래트빌에 있는 잘 아는 선술집 앞에서 멈춰 헐떡이는 말에게 물을 먹였다. 그리고 그날 오후 서래트 부인에게 미리 맡겨두었던 쌍안경, 총, 탄약을 찾은 후 1달러어치의 위스키를 마시고 자기들이 링컨을 쏘았노라고 떠벌리며 말에 박차를 가해 어둠 속으로 사라졌다.

원래 그들은 다음 날 아침 일찍 포토맥 강에 도착하여 배를 타고 버지니아로 들어갈 작정이었다. 그래서 여기서 곧장 포토맥으로 직행할 계획이었다. 그러나 부스의 다리가 부러지는 예기치 못한 변수가 생겼다. 더 이상 통증을 참기 힘들어지자 부스와 헤럴드는 말머리를 왼쪽으로 돌려 토요일 아침 동트기 직전에 워싱턴에서 남동쪽으로 32킬로미터 지점에 사는 새뮤얼 A. 머드라는 시골 의사의 집을 찾아갔다.

부스는 너무 힘이 빠지고 통증도 심해 혼자서는 말에서 내릴 수도 없어 안장에 들려서 2층 침실로 옮겨졌다. 이 외딴 곳에는 전신선이나 철도가 없었기 때문에 마을 사람들은 그때까지도 암살에 대해서는 전혀 몰랐다. 그래서 의사도 아무런 의심을 안 했고 여느 환자를 대하듯 부스를 대했다. 그는 왼쪽 다리에서 신발을 잘라내고 골절된 뼈를 바로잡은 후 판지 부목을 대고 묶어주었다. 그리고 조악한 목발을 만들어주고 신고 갈 신발을 하나 주었다.

부스는 낮에 머드 박사의 집에서 하루 종일 잠을 잔 후에 날이 어두워지자 힘겹게 침대에서 몸을 움직였다. 그는 아무것도 먹지 않았으며, 자신의 멋진 수염을 밀어내고는 가짜 수염을 붙여 변장하고, 어깨에 회색의 긴 숄을 둘러 그 끝으로 오른쪽 팔에 문신한 자기 이름의 머리글자를 덮으려 했다. 그리고 의사에게 25달러를 지불하고는 다시 헤럴드와 함께 말에 올라 강을 향해 달렸다.

그러나 그들이 가려고 한 길 앞에는 거대한 제카이아 늪지대가 있었다. 그곳은 도마뱀과 뱀들의 서식지이기도 했다. 두 사람은 어둠 속에서 몇 시간을 헤매다 결국 길을 잃었고 그날 밤늦게 오스왈드 스완이라는 흑인에 의해 구출되었다. 부스는 말에 앉아 있을 수 없을 정도로 다리의 통증이 심했다. 그래서 스완에게 7달러를 주고 밤사이에 자신을 그의 마차에 태워 데려다 달라고 했다. 부활절 아침 동틀 무렵, 스완은 '리치 힐' 앞에서 자신의 흰 노새를 멈춰 세웠다. 그곳은 부유하고 유명한 남부 연합 지지자 콕스 선장의 집이었다.

부스는 콕스 선장에게 자신이 누구이고 무슨 일을 했는지 밝혔다. 그리고 자신의 신분을 증명하기 위해 팔에 새겨진 이름 머리글자를 보여주며 자신의 상황을 설명하고 도움을 요청했다. 그는 말이나 마차를 타고 몸을 움직일 수 없는 처지였다. 그래서 콕스는 두 도망자들을 집 근처의 소나무 덤불숲에 숨겨주었다. 사실 그곳은 단순한 덤불숲이 아니라, 월계수와 호랑가시나무가 빽빽이 들어찬 진정한 밀림이었다. 거기서 도망자들은 5박 6일을 머물며 여행을 계속할 수 있을 정도로 부스의 다리가 낫기를 기다렸다.

콕스 선장에게는 토머스 A. 존스라는 수양 형제가 있었다. 존스는 노예 소유주였고, 다년간 남부 연합의 첩보원으로 활동하며 도망자와 밀수품을 강 건너로 건네주었다. 콕스는 존스에게 부스와 헤럴드를 돌봐주라고 부탁했고, 존스는 매일 아침 그들에게 바구니에 음식을 담아 갖다 주었다.

  부스는 음식에 대한 허기도 심했지만, 정보에 대한 허기가 더 심했다. 그는 존스에게 바깥소식을 전해줄 것과 국민이 자신의 행동에 어떤 평가를 하는지 알려달라고 계속 부탁했다. 존스는 그에게 신문을 갖다 주었고, 부스는 반색을 하며 열심히 읽었지만 그가 그토록 원하던 찬사의 기사는 어디서도 찾을 수 없었다. 그가 찾은 것은 환멸과 비통함뿐이었다.

  그는 육체의 고통에 이를 악물고 버티며 30시간 넘게 버지니아로 달려갔다. 육체의 고통이 극심했다 하지만, 그가 지금 겪고 있는 정신적 고통에 비하면 견디기 쉬운 편이었다. 북부의 분노는 아무것도 아니었다. 그것은 예상한 일이었다. 그러나 버지니아의 신문들을 통해 남부가, 자신의 남부마저! 그에게 등을 돌리고 그를 비난하며 버렸다는 사실을 알게 되었을 때, 그는 실망과 절망으로 머리가 돌아버릴 지경이었다. 제2의 브루투스이자 현대판 윌리엄 텔로 한방에 명예와 영광을 거머쥐고자 했던 그가 이제는 겁쟁이, 멍청이, 돈만 주면 뭐든지 하는 비열한 살인자로 지탄을 받고 있었던 것이다. 이런 공격들은 살무사의 독처럼 그를 쏘았고, 죽음만큼이나 가차 없었다.

그럼 그는 자기 자신을 탓했을까? 천만의 말씀이다. 부스는 자신과 신을 제외한 모두를 비난했다. 그는 단지 전능하신 신의 도구였을 뿐이라는 식으로 스스로를 변호하며, 자기는 신의 명령을 받아 링컨을 쏜 것이고, 그의 유일한 실수는 자신의 진가를 알아보기에는 '너무 타락한' 국민을 위해 봉사한 것이었다.

부스가 제카이아 늪 주변에 머무는 동안 형사 3천여 명과 1만 명의 기병대가 메릴랜드 남부의 구석구석을 돌아보며 가택과 동굴을 수색하고 건물들을 샅샅이 살피고 제카이아 늪지대까지 이 잡듯이 뒤지며 현상금도 걸었다. 이따금씩 부스는 그를 추적하는 기병대가 약 200미터 정도밖에 떨어지지 않은 큰길을 달려가는 소리와 그들의 말울음 소리도 들을 수 있었다.

무엇보다 부스는 다른 의사를 만나봐야 할 것 같았다. 그래서 링컨을 저격한 지 일주일이 지난 4월 21일 금요일 저녁에 그는 부축을 받으며 토머스 존스의 말에 올라탄 후 헤럴드와 포토맥으로 출발했다. 존스는 탁 트인 들판과 큰 도로와 농장을 지나 그들을 은신처에서 강으로 인도했다.

거의 일주일 동안 북군은 포토맥 강을 오르내리며 메릴랜드 해안에 있는 모든 배를 부숴버렸다. 그러나 존스가 그들보다 한 수 위였다. 그는 흑인 헨리 롤랜드가 매일 배를 이용하여 청어를 잡는다는 것과 그 배를 매일 밤 덴트의 풀밭에 숨겨놓는다는 사실을 알고 있었다. 그래서 그날 저녁 도망자들이 물가에 도착했을 때는 모든 것이 준비되어 있는 상태였다. 부스는 존스에게 고맙다고 낮은 목소리로 말하고, 배와 위스키 한 병 값으로 17달러를 지불한 후 배에 올라 8킬로미터 떨어진 버지니아 연안의 한 지점을 향해 출발했다.

버지니아 연안과 가까운 곳까지 이른 그들은 하루 종일 난제모이 후미의 습지대에 숨어 있었다. 그리고 다음 날 밤 강을 건넜다. 그때 부스는 이렇게 외쳤다. "이제 안심이다! 하나님 감사합니다. 위대한 버지니아에 영광 있으라!"

그리고 곧장 리처드 스튜어트 박사의 집으로 급히 달려갔다. 그는 남부 연합 정부의 첩보원이자 킹 조지 카운티에서 제일가는 부자였다. 부스는 자신이 남부의 구세주로 환영받을 것으로 기대했다. 그러나 스튜어트는 남부 연합을 도운 혐의로 몇 차례 체포된 적이 있었고, 이제 전쟁도 끝난 마당에 링컨을 죽인 사람을 돕다가 괜히 위험을 자초하고 싶지 않았다. 그래서 부스를 집 안에 들이지도 않고, 마지못해 음식만 조금 주고는 헛간에서 먹게 한 다음 밤에는 흑인 가족에게 보내서 하룻밤을 지내게 했다. 그런데 이 흑인들조차 부스를 꺼려했다. 그래서 그는 그들에게 겁을 주어 자신을 받아들이게 해야 했다.

이 모든 일이 다른 곳도 아닌 바로 버지니아에서 일어났다. 이곳은 그의 이름을 대기만 해도 온 산과 들이 열렬한 환호의 함성으로 메아리칠 것으로 그가 확신했던 곳이었다.

이제 끝이 다가오고 있었다. 그것은 3일 뒤에 다가왔다. 부스는 자기 신분을 속이고 다음 이틀 동안 가레트 농장에서 머물렀다. 그곳에 머문 지 이틀째 되는 4월 25일 오후, 부스와 헤럴드가 가레트의 마당에 있는 아카시아 나무 아래 누워 있을 때 그들이 래퍼해넉 강을 건널 때 도움을 준 남군 기병대 소속의 러글스 소령이 갑자기 달려와 외쳤다. "북군들이 강을 건너고 있어. 조심하게."

그들은 숲으로 황급히 몸을 피했지만, 어둠이 내리자 몰래 집으로 돌아왔다. 가레트에게는 이런 일련의 행동이 영 석연치 않아 보였다. 그는 이 수상한 '손님들'을 당장 내보내고 싶었다. 그들을 링컨의 암살범으로 의심해서였을까? 전혀 아니다. 그런 가능성은 전혀 생각도 못 했다. 그는 그들이 말 도둑일지 모른다고 생각했다. 그들이 저녁 식사 중에 말 두 마리를 사고 싶다고 말했을 때 의혹은 더 커졌고, 잠잘 시간이 되었을 때 안전을 염려한 이 도망자들이 2층으로 올라가기를 거부하고 현관문 앞이나 헛간에서 자겠다고 하는 순간 가레트는 모든 의심을 걷어냈다.

이제 가레트는 그들이 말 도둑임을 확신했다. 그래서 건초와 가구를 쌓아두고 있던 오래된 담배 창고에 들어가게 하고는 맹꽁이자물쇠로 문을 감가 가둬버렸다. 또 두 아들 윌리엄과 헨리에게 근처의 옥수수 창고에서 밤을 보내며 말이 도둑맞지 않도록 감시하게 했다. 가레트 가족은 그날 저녁 뭔가 흥분되는 일이 일어날 것으로 기대하며 잠자리에 들었다. 그리고 아침이 되기 전에 정말 그런 일이 일어났다.

북군 병사들은 이틀 밤낮으로 온갖 단서를 모으며 두 도망자를 맹추격한 끝에 그들이 래퍼해넉 강을 건널 때 평저선에 태워준 흑인 뱃사공 롤린스를 찾아냈다. 롤린스는 도망자들이 강을 떠날 때 부스를 말에 태워준 남군 병사가 윌리엄 제트 대위이며, 그의 애인이 약 20킬로미터 떨어진 볼링그린에 살고 있는데, 그가 아마 거기에 있을지 모른다고 말해 주었다. 그럴듯해 보였다.

그래서 병사들은 급히 말에 올라 달빛을 받으며 볼링그린으로 질주했다. 한밤중에 그곳에 도착한 그들은 소리를 지르며 집안을 들이쳐 제트 대위를 발견하고 침대에서 끌어낸 후 권총을 그의 갈빗대에 찔러 넣고는 부스의 행방을 캐물었다.

제트는 자신의 조랑말에 올라탄 후 북군 병사들을 가레트의 농장으로 안내했다. 새벽 3시 반에 가레트의 집 앞에 도착한 병사들은 신속하고 조용하게 집을 포위하고는 모든 문과 창문을 향해 총구를 겨누었다. 그들의 지휘관은 총의 개머리판으로 현관문을 치며 문을 열어달라고 했다.

이윽고 손에 초를 든 가레트가 문을 열자 베이커 부관이 재빨리 그의 목을 틀어쥐고 머리에 권총을 갖다대며 부스를 넘기라고 했다. 공포로 입이 거의 굳어버린 이 노인은 그 사람들은 집 안에 없으며 숲으로 갔다고 말했다. 그것은 거짓말이었고 또 거짓말처럼 들렸다. 그래서 기병들은 그를 출입구 밖으로 끌어낸 후 목에 밧줄을 걸고는 당장 마당에 있는 아카시아 나무에 목을 매달겠다고 위협했다. 그 순간 옥수수 창고에서 자고 있던 가레트의 아들 한 명이 집으로 달려와 사실을 털어놓았고, 기병들은 즉시 담배 창고를 에워쌌다.

총격을 시작하기 전에 많은 이야기가 오갔다. 15분에서 20분 동안 북군 장교들은 부스와 논쟁하며 항복을 촉구했다. 헤럴드는 기가 죽어 항복을 결심하고는 밖으로 나와 수갑을 채우도록 팔을 내밀며 자비를 베풀어달라고 간청했다. 그러나 부스는 항복을 거부했다. 그는 자신이 후대를 위해 이런 행동을 하고 있다고 느꼈다. 그래서 추적자들에게 자기 사전에 '항복'이란 단어는 없다고 소리쳤다.

칸저 대령은 연기를 피워 그를 끌어내기로 하고는 가레트의 아들 한 명에게 헛간 가까이에 마른 덤불을 쌓으라고 지시했다. 부스는 소년의 행동을 보고 그를 욕하며 멈추지 않으면 총알을 박아버리겠다고 위협했다. 소년은 멈췄다. 하지만 칸저 대령은 뒤쪽의 헛간 모퉁이로 몰래 돌아가 벌어진 틈새에서 건초 한 움큼을 잡아당긴 후 불을 붙였다. 기병들은 틈을 통해 부스가 탁자를 들고 타오르는 불길과 싸우는 것을 보았다.

부스를 생포하라는 엄한 명령이 내려졌다. 정부는 그를 재판을 통해 교수형에 처할 계획이었다. 얼빠진 하사관이자 광신도였던 '보스턴' 코베트만 아니었다면 아마 그렇게 될 수도 있었을 것이다. 모두가 명령 없이는 사격하지 말라고 반복해서 주의를 들었다.

코베트는 자기는 전능하신 신으로부터 명령을 받았다고 말했다. 불타는 헛간의 넓은 틈새를 통해 코베트는 부스가 목발을 집어던지고 카빈총을 떨어뜨리고는 권총을 들고 문으로 뛰어오는 것을 보았다. 코베트는 그가 뛰어나오면서 총을 쏘며 최후의 필사적인 저항을 할 것이라고 확신했다. 그래서 더 이상의 무익한 유혈 사태를 막기 위해 앞으로 나서서 총을 들고는 틈새 사이로 조준을 하고 부스의 영혼을 위해 기도한 후 방아쇠를 당겼다. 총성과 함께 부스는 비명을 지르며 공중으로 뛰어오르더니 얼굴을 건초더미에 처박으며 앞으로 고꾸라졌다. 치명상이었다.

치솟는 불길이 마른 건초더미로 빠르게 옮겨 붙었다. 베이커 중위는 그가 불에 타기 전에 끌어내고자 불붙은 건물 속으로 뛰어들어 그를 덮치고 그의 손에서 총을 빼낸 후 혹시 죽은 척하고 있을지도 모른다고 여겨 그의 팔을 묶었다. 부스는 신속하게 농가의 현관문 쪽으로 옮겨졌고, 한 병사가 말에 올라 5킬로미터 떨어진 로열 항구로 급히 의사를 모시러 갔다.

가레트 부인에게는 핼러웨이라는 여동생이 있었는데, 그녀는 언니와 함께 살며 학교에서 아이들을 가르치고 있었다. 그 죽어가는 남자가 멋진 배우이자 위대한 연인 존 윌크스 부스임을 알아본 핼러웨이 양은 그분을 부드럽게 모셔야 한다고 말하고는 매트리스를 끌어와 부스를 그 위에 눕혔다. 또 자신의 베개를 가져와 부스의 머리에 괴이고는 그의 머리를 자신의 무릎 위에 올려놓고 포도주를 주었다. 하지만 목구멍이 마비가 되었는지 부스는 삼키지 못했다. 그러자 그녀는 손수건을 물에 적셔 그의 입술과 혀를 자주 축여주었고 관자놀이와 이마도 문질러주었다.

부스는 2시간 반 동안 극심한 고통 속에 괴로워하며 울부짖었다. "죽여줘! 날 좀 죽여줘!"

그리고 어머니에게 마지막 말을 전해 달라며 더듬거리며 속삭였다. "어머니께 전해줘…… 나는 내가…… 최선이라고 생각한…… 행동을…… 한 거라고…… 나는 내 조국을 위해…… 죽었다고."

최후가 임박한 가운데 그는 자기 손을 볼 수 있도록 그것을 들어 올려달라고 부탁했다. 하지만 손은 완전히 마비된 상태였다. 그리고 이렇게 중얼거렸다.

"소용없어! 소용없어!"

이것이 그의 마지막 말이었다.

부스는 가레트의 마당에 있는 늙은 아카시아 나무 위로 해가 솟아오를 때 숨을 거두었다. 7시였다. 그는 링컨이 숨을 거둔 시각보다 22분 전에 죽었다. 코베트의 총알은 부스의 머리 뒤에 박혔다. 그가 링컨을 쏜 부위에서 약 2.5센티미터 아래 위치였다.

    의사는 부스의 곱슬머리를 잘라 핼러웨이 양에게 주었다. 그녀는 그 머리카락과 부스의 머리를 받쳤던 피 묻은 베갯잇을 간직했다. 그리고 그녀는 그것들을 소중히 간직했지만 훗날 생활이 궁핍해지자 그 피 묻은 베갯잇의 반쪽을 밀가루 한 통과 바꿔야 했다.

3 부스의 죽음을 둘러싼 의혹의 시선들

부스가 호흡을 멈추자마자 형사들은 무릎을 꿇고 그의 몸을 뒤졌다. 그리고 파이프, 사냥칼, 리볼버 권총 두 개, 일기장, 촛농으로 기름이 많이 묻은 나침반, 약 300달러 가치의 캐나다 은행 수표, 다이아몬드 핀, 손톱 다듬는 줄, 그를 흠모한 아름다운 다섯 여인의 사진 등을 찾아냈다.

그러고 나서 도허티 대령은 네드 프리먼이라는 늙은 흑인에게 2달러를 주며 시신을 배가 기다리고 있는 포토맥 강으로 운반하게 했다. 마차가 출발할 때 피가 거의 멈추었던 부스의 상처에서 다시 피가 흐르기 시작했다. 피는 마차의 틈 사이로 떨어져 차축으로 흘러나왔고 길에 흉측한 얼룩을 남겼다.

이 과정에서 예상치 못한 일이 발생했다. 네드 프리먼의 낡은 마차는 곧 부서지고 분해될 것처럼 아주 위태롭게 덜덜거렸는데, 그것이 이동 속도와 긴장 때문에 실제로 길 위에서 분해되기 시작한 것이다. 중심 볼트가 뚝 부러지면서 마차가 분리되었고 앞바퀴가 뒷바퀴에서 떨어져 나가고 마부석의 앞쪽 끝이 쿵 소리를 내면서 땅에 떨어져 부스의 시신이 마치 마지막 탈출을 시도하려는 듯 앞쪽으로 기우뚱했다.

베이커 중위는 이 마차를 포기하고 근처에 사는 농부로부터 다른 마차를 징발한 후 부스의 시신을 그 안에 던져 넣고는 급히 강으로 향했다. 강에 도착한 후에는 시신을 정부의 예인선으로 옮겨 싣고 워싱턴으로 길을 잡았다.

다음 날 새벽에 부스가 총에 맞았다는 소식이 도시 전체로 퍼져 나갔다. 바로 그 시간 부스의 시신은 포토맥 강에 정박해 있던 몬터크 포함에 누워 있었다. 워싱턴이 매우 흥분했고, 수천 명이 급히 강으로 달려와 섬뜩한 매혹을 느끼며 그 죽음의 배를 응시했다.

그날 오후에 첩보부 수장인 베이커 대령은 명령을 어기고 몬터크 호에 승선한 일단의 민간인들을 체포했으며 그중 한 여성이 부스의 머리카락을 잘랐다는 소식을 듣고 급히 스탠턴에게 달려갔다. 스탠턴은 경악하며 외쳤다. "부스의 머리카락 한 올도 반역자의 유품으로 보관될 것이다."

스탠턴은 그것들이 유품 이상의 것이 될까 봐 두려했다. 링컨의 암살은 제퍼슨 데이비스와 남부 연합 지도자들이 계획하고 지시한 사악한 음모였다는 것이 그의 확신이었다. 그래서 그는 그들이 부스의 시신을 탈취한 후 그것을 성전에 이용하여 남부의 노예 소유주들을 재무장시키고 다시 전쟁을 시작할지도 모른다며 두려워했다.

그래서 스탠턴은 부스를 최대한 빨리 은밀하게 매장하라고 명령했다. 부스의 시신과 함께 그의 장신구, 옷 조각, 머리카락 한 올 등 남군이 성전에 이용할 만한 것은 무엇이든 하나도 남기지 않고 모조리 없애야 했다.

스탠턴은 명령을 내렸고, 그날 저녁 해가 붉게 물든 구름 뒤로 가라앉을 때 베이커 대령과 그의 사촌인 베이커 중위는 소형 보트를 타고 이동하여 몬터크 호에 승선한 후 물가에서 사람들이 입을 벌리며 쳐다보는 가운데 세 가지 일을 했다.

먼저, 그들은 소나무 상자에 넣은 부스의 시신을 배의 옆으로 해서 소형 보트로 내려 보냈고, 다음에는 큰 공과 무거운 체인을 내려 보냈다. 마지막으로 그들 자신이 배에서 내려가 보트를 떠밀고는 하류로 움직였다.

강가에서 잔뜩 호기심 어린 눈으로 지켜보던 군중들은 그들이 해주기를 고대했던 일들을 정확히 그 두 사람이 하는 것을 지켜보았다. 그들은 강둑을 따라 달리며 서로 밀치고 물에 텀벙 뛰어들어 흥분해서 소리 지르며 장의선의 움직임과 시신이 가라앉는 지점을 놓치지 않으려 했다.

그들은 3킬로미터가 넘는 거리까지 배를 타고 움직이는 그 두 사람과 보조를 맞추며 계속 따라왔다. 그런데 강 위에 어둠이 내리고 구름이 달과 별을 가리자 제아무리 시력이 좋은 사람도 더 이상 강 한가운데 떠 있는 작은 배를 알아볼 수는 없었다.

포토맥에서 가장 외진 곳에 속하는 기스보로 곶에 도달했을 때, 베이커 대령은 그들이 사람들의 시야에서 완전히 벗어났다고 확신했다. 그래서 그곳에서 시작되는 큰 습지대로 배를 몰고 갔다. 이곳은 골풀과 진창에서 자라는 잡초들이 무성했고 악취가 진동했으며, 군인들이 용도 폐기된 말과 죽은 노새들을 갖다버리는 일종의 매장지이기도 했다.

자정이 되자 두 사람은 숨소리까지 죽여 가며 극도로 조심스럽게 상류를 향해 노를 저었다. 마침내 오래된 교도소 담장에 이르자 그들이 안으로 들어가기 위해 단단한 석조 건축물에 구멍이 나 있는 지점으로 노를 저어갔다. 그곳에서 수하하는 장교에게 암호를 댄 후에 그들은 뚜껑에 '존 윌크스 부스'라는 이름이 적힌 흰색 소나무 관을 건네주었다. 30분 뒤에 그 관은 탄약이 보관되어 있는 정부 병기고의 큰 방 남서쪽 모퉁이에 있는 얕은 구멍에 묻혔다. 무덤의 윗부분은 매끄럽게 감쪽같이 다듬어 다른 땅바닥과 다름없이 보이게 했다.

다음 날 아침 해가 떠오르자 쇠갈고리를 든 흥분한 사람들이 포토맥 강을 훑었고, 기스보로 곶 뒤의 습지대에 죽어 있는 노새들의 시체 사이를 쿡쿡 찔러보았다.

온 국민이 부스의 시신이 어떻게 됐는지 궁금해 했지만, 오직 8명만이 그 답을 알고 있었다. 절대 비밀을 누설하지 않기로 맹세한 충성스러운 8명이었다.

이 모든 수수께끼의 중심에서 이상한 소문들이 생겨났고 신문들은 그것들을 도처로 실어 날랐다. <보스턴 애드버타이저>는 부스의 머리와 심장이 워싱턴의 군의학 박물관에 보관되어 있다고 전했고, 다른 신문들은 시신이 바다에 수장되었다고 보도했다. 또 화장되었다고 주장한 신문들도 있었고, 한 주간지에는 시신이 한밤중에 포토맥 강에 가라앉는 장면을 보여주는 '목격자'의 스케치가 실렸다.

한편 군인들이 엉뚱한 사람에게 총을 쏘고 정작 부스는 달아났다는 소문도 생겨났다. 아마 이 소문은 부스의 죽은 모습이 살았을 때의 모습과 너무 달랐던 데서 비롯되었을 것이다. 워싱턴의 저명한 의사 존 프레더릭 메이 박사는 스탠턴의 명령을 받아 시신 확인을 위해 몬터크 포함에 올랐다. 유해를 덮고 있던 방수포를 걷어내고 시체를 본 메이 박사는 생전의 부스와 너무도 다른 얼굴에 놀라 반즈 장군에게 이렇게 말했다. "이 시신은 부스와 전혀 닮지 않았군요. 이게 그 사람 시신이라는 걸 믿을 수 없을 정도입니다." 그 뒤에 메이 박사의 요청에 따라 시체를 앉은 자세로 놓고 메이 박사가 선 채로 내려다보았다. 그때서야 그는 불완전하게나마 부스의 얼굴을 알아볼 수 있었다.

시체를 본 다른 사람들은 심지어 '불완전하게나마' 부스를 알아보지 못해 의구심을 표현했고, 이 소문은 빠르게 퍼져나갔다. 수도에서 발행되는 신문인 <컨스티튜셔널 유니온 *Constitutional Union*>은 이 모든 일이 장난질이라고 말했고, 다른 신문들도 이 주장에 추임새를 넣었다.

싸움은 더욱 격화되었다. 이런 경우에 흔히 그렇듯이 가레트의 헛간에서 충격전이 벌어진 뒤 오랜 시간이 지난 후에 부스를 만나 직접 대화까지 했다는 목격자들이 수백 명 등장했다. 그가 이곳저곳 도처에서 목격되었다는 것이다. 부스가 캐나다로 도망했고, 다시 멕시코로 들어왔고, 배를 타고 남아메리카로 여행했고, 유럽으로 급히 이동했고, 버지니아에서 연설을 했고, 동양의 한 섬에 숨어 있다는 식이었다.

이렇게 해서 미국 역사상 가장 인기 있고 끈질기고 신비한 신화가 탄생했다. 그것은 거의 75년 동안이나 사라지지 않고 생명력을 유지해 왔으며, 오늘날까지도 수많은 사람들이 그 신화를 믿고 있고 그중 상당수는 상당한 지성을 갖춘 인물들이다. 심지어 이 신화를 믿는다고 공언하는 대학의 학자들도 있다. 이 나라에서 가장 유명한 성직자 한 사람은 전국을 돌며 자신의 강연을 통해 수많은 청중들에게 부스는 도망쳤다고 단언했다. 이 장을 쓰는 동안 저자에게도 한 과학적 사고의 소유자가 진지한 어조로 부스는 무사히 달아났다고 알려주었다.

물론 부스는 사살되었다. 그 점에 대해서는 의심의 여지가 없다. 가레트의 담배 창고에서 총에 맞은 그 남자는 자기 목숨을 구하기 위해 자신이 생각할 수 있는 모든 논리를 다 동원했다. 그는 상상력이 아주 놀라웠다. 그러나 가장 절망적인 순간에도 그는 결코 자신이 존 윌크스 부스임을 부인하지 않았다. 비록 목숨을 부지하기 위한 단말마의 몸부림이라 해도 자신의 실체를 부정하는 것은 정말 우스꽝스럽고 말도 안 되는 짓일 것이다. 병사들은 그가 부스임을 확실히 알고 있었고, 부스 자신도 그 사실을 알고 있었다.

사살된 인물이 부스임을 이중으로 확인하기 위해 스탠턴은 시신이 워싱턴에 도착한 후 10명의 사람을 보내 확인하게 했다. 이미 말했듯이 한 사람은 메이 박사였다. 그는 부스의 목에서 '큰 섬유성 종양'을 잘라냈고, 치유 과정에서 생긴 상처는 '크고 보기 흉한 흉터'를 남겼다. 그 흉터를 보고 부스의 신원을 확인한 메이 박사는 이렇게 말하고 있다.

> 시신에서는 살았을 때의 거의 모든 흔적이 사라졌다. 그러나 생전에 외과용 메스에 의해 생긴 흉터는 죽은 후에도 그대로 남아 있어, 대통령을 암살한 사람의 신원을 둘러싼 그 당시의 모든 의문과 미래의 모든 억지 주장들을 불식시켰다.

치과의사 메릴 박사는 최근에 자신이 부스의 치아 한 곳에 박아 넣은 충전재를 통해 그의 신원을 확인했다. 부스가 투숙했던 내셔널 호텔의 직원 찰스 도슨은 부스의 오른손에 새겨진 머리글자 'J. W. B.'를 통해 그를 알아보았다. 워싱턴의 유명한 사진사 가드너도 그를 확인했고, 부스의 가장 친한 친구의 하나인 헨리 클레이 포드도 확인해 주었다.

1869년 2월 15일, 앤드류 존슨 대통령의 명령으로 부스의 시신을 파냈을 때 부스의 가까운 친구들이 다시 그의 신원을 확인했다. 그 뒤에 시신은 볼티모어로 옮겨져 그린마운트 공동묘지에 있는 부스 가족 묘지에 다시 묻혔다. 그러나 다시 묻히기 전에 부스는 그의 형제와 어머니, 그리고 평생 그를 알고 지낸 친구들에 의해 다시 신원 확인 절차를 거쳤다. 죽은 후에 부스만큼 그토록 철저하게 신원을 확인받은 사람은 아마 세상 어디에도 없을 것이다.

4 메리 링컨의 불행한 여생

　백악관을 떠난 후 링컨 여사는 심한 어려움에 처했고 온 국민의 험담거리와 웃음거리가 되었다. 가계 지출 문제에 있어 그녀는 지나치게 인색했다. 시즌마다 대통령이 공식 만찬을 여는 것은 오래전부터의 관례였다. 하지만 메리 링컨은 이런 만찬은 비용이 아주 많이 들고, 또 전시이니만큼 공식적인 연회는 더 검소해야 한다고 주장했다. 링컨은 그녀에게 "우리는 절약 이외의 것들도 생각해야 한다."는 사실을 일깨워줘야 했다.

　그러나 옷이나 보석류 같은 자신의 허영심을 충족시키는 물건들을 구입할 때는 절약 정신만이 아니라 이성도 완전히 잃고 흥청망청 돈을 뿌려댔다.

　1861년에 메리 링컨은 자신이 '영부인'으로서 화려한 워싱턴 사교계의 중심이 될 것으로 기대하며 초원을 떠나왔지만, 놀랍고 굴욕스럽게도 그 남부 도시의 오만한 귀족들이 자신을 무시하고 배척한다는 사실을 알게 되었다. 그들이 보기에 켄터키 출신의 메리 링컨은 남부에 충실하지 못한 데다, 자기들을 상대로 전쟁을 벌이고 있는 '흑인 비호자'와 결혼한 여자였다. 게다가 그녀에게는 호감을 끌 만한 인간적 매력이 거의 전무했던 것이다. 사실 그녀는 천박하고 평범했으며 시기심이 많고 잘난 척하고 예의도 없고 잔소리가 심했다.

스스로는 사교계의 총아가 될 수 없었기에 메리는 그 인기를 한 몸에 받고 있는 다른 여인들을 몹시 시기했다. 그래서 돈으로 인기를 사리라 결심하고 자신의 옷과 보석을 구입하는데 돈을 물 쓰듯 했다. 그녀는 엘리자베스 케클리에게 이렇게 말했다. "외모를 가꾸고 치장을 하려면 돈이 있어야 해. 남편이 벌어다주는 것으로는 어림도 없어. 그 양반은 너무 정직해서 자기 봉급 외에는 한 푼도 더 못 벌지. 그래서 나는 빚을 질 수밖에 없었고, 지금도 마찬가지야."

메리 링컨은 7만 달러 정도의 빚을 졌다. 링컨이 대통령으로서 받는 연봉이 2만 5천 달러였고, 그의 2년 9개월 이상의 수입이 몽땅 아내의 품위 유지비로 지출된 사실을 생각하면 정말 어마어마한 액수가 아닐 수 없다.

엘리자베스 케클리는 돈을 주고 자유를 사서 워싱턴으로 와 양장점을 차린 아주 똑똑한 흑인 여성이었다.

짧은 시간 안에 그녀는 워싱턴 사교계의 몇몇 주요 명사들을 단골로 만들었다. 1861년부터 1865년까지 케클리는 백악관에서 거의 매일 링컨 여사와 함께 생활하며 옷을 만들고 영부인의 개인 시녀 역할을 했다. 마침내 그녀는 영부인의 심복이자 조언자일 뿐 아니라, 가장 친한 친구가 되었다. 링컨이 죽어가던 날 밤, 메리 링컨이 계속 찾던 유일한 사람이 엘리자베스 케클리였다.

케클리는 링컨이 재선 출마 중이던 1864년 여름에 "영부인이 불안과 두려움으로 거의 제정신이 아니었다."고 기록하고 있다. 왜 그랬을까? 뉴욕의 채권자 한 사람이 그녀를 고소하겠다고 위협했던 것이다. 그녀를 거의 미치게 만든 것은 링컨의 정적들이 자신의 빚에 관한 소문을 정치적 무기로 이용할 가능성이었다.

그녀는 히스테리를 부리며 흐느꼈다. "남편이 재선되면 계속 내 문제를 모르게 할 수 있지만, 만약 패배하면 청구서들이 날아올 테고 그러면 그이가 모든 걸 알게 될 거야." 링컨에게는 이렇게 울면서 말했다. "난 무릎을 꿇고 당신에게 표를 달라고 애원할 수도 있어요." 이때 링컨은 이렇게 타일렀다. "메리, 난 당신이 이런 지나친 불안 때문에 병이라도 날까 두렵소. 내가 재선되면 좋겠지만, 그렇지 않다 해도 실망을 견뎌내야 하오."

케클리가 이렇게 물은 적이 있다. "대통령께서 영부인의 빚이 얼마인지 눈치 채셨나요?" 이에 대해 메리는 이렇게 대답했다. "맙소사! 안 돼! – 이것은 그녀가 즐겨 쓰는 표현이었다. – 난 그이가 눈치 채지 못하게 할 거야. 만약 내가 일을 이 지경까지 이르게 한 걸 알게 되면 그이는 아마 화가 나서 미쳐버릴지도 몰라." 케클리는 '링컨의 암살과 관련하여 유일하게 다행스러운 점은 그가 이 빚을 모른 채 죽었다는 것'이라고 기록했다.

링컨이 무덤 속에 들어간 지 일주일도 지나지 않아 메리 링컨은 남편의 이름 머리글자가 새겨진 셔츠를 팔기 위해 펜실베이니아 대로에 위치한 한 가게에 물건을 내놓았다. 이 소식을 들은 수어드는 무거운 마음으로 그 가게에 들러 직접 물건들을 샀다.

링컨 여사는 백악관을 떠나면서 트렁크 20개와 포장 상자 50개를 들고 나갔다. 이 일로 아주 많은 고약한 소문들이 생겨났다. 그녀는 이미 나폴레옹 왕자의 접대를 위한 소요 경비를 부풀려 미국 재무부를 속였다며 계속 공개적인 비난을 받았다. 메리 링컨의 적들은 그녀가 처음에 대통령 관저에 들어올 때 트렁크 몇 개만 가져왔었는데, 이제 떠나면서 차 한 대 분량의 짐을 갖고 나간다는 사실을 지적했다. 어떻게 그럴 수 있었을까? 백악관을 약탈한 것인가? 그곳을 먼지 하나 안 남기고 탈탈 털었단 말인가?

실제로 '장미 황후'가 군림하던 시기에 백악관에서 아주 많은 것들이 도난당했다. 그러나 그것이 그녀의 잘못만은 아니었다. 물론 메리가 실수를 하기는 했다. 그녀가 제일 먼저 한 일 중의 하나는 자신이 직접 백악관을 관리하고 그곳을 경제적으로 안정된 토대 위에 올려놓겠다며 집사와 다른 많은 직원들을 해고한 것이다.

해고된 하인들은 문고리와 취사용 스토브를 제외한 거의 모든 것을 훔쳐갔다. 1861년 3월 9일자 <워싱턴 스타> 지는 첫 백악관 환영회에 참석한 많은 손님들이 그들의 외투와 이브닝 가운 위에 입는 겉옷인 이브닝 랩을 잃어버렸다고 보도했다. 얼마 지나지 않아 백악관의 세간들이 수레에 실려 나갔다.

포장 상자 50개와 트렁크 20개라고? 그 안에 무엇이 들어 있었을까? 대부분 쓰레기 같은 것들로 별 가치 없는 선물, 조각상, 시시한 그림과 책, 밀랍 화환, 사슴 머리, 그리고 오래전 스프링필드에서 입었던 유행이 한참이나 지난 낡은 옷과 모자들 등이었다. 케클리는 "영부인은 오래된 물건을 보관하는 일에 굉장한 열정을 느꼈다."고 말했다.

그녀가 짐을 싸고 있을 때, 얼마 전 하버드를 졸업한 아들 로버트가 어머니에게 그 오래된 잡동사니들을 태워버리라고 충고했다. 어머니가 그 생각을 무시하자 아들이 말했다. "시카고로 가는 길에 이 상자들을 실은 차에 불이 나서 어머니의 그 퀴퀴한 것들을 모조리 태워버렸으면 좋겠어요."

케클리의 기록에 의하면 링컨 여사가 백악관을 떠나던 날 아침, "그녀에게 작별인사를 하는 친구가 하나도 없었으며 그 침묵은 거의 고통스러울 정도였다."고 했다. 새 대통령 앤드류 존슨조차도 그녀에게 인사를 나오지 않았다. 사실 그는 암살이 일어난 후에 유감과 동정을 표현하는 글을 단 한 줄도 쓰지 않았다. 그는 그녀가 자신을 경멸한다는 사실을 알고 있었고, 같은 감정으로 되갚아준 것이다. 역사적 관점에서 볼 때 지금은 터무니없는 생각처럼 보이지만, 링컨 여사는 그때 남편 암살 음모의 배후에 앤드류 존슨이 있다고 확신했다.

링컨의 미망인은 두 아들 테드와 로버트와 함께 시카고로 가서 일주일간 트레몬트 하우스에 머물다가 그곳이 너무 비싸다고 생각하고는 하이드파크라는 여름 휴양지에 있는 '가구가 소박하게 비치된 작은 방'으로 옮겼다.

더 나은 거처를 이용할 수 없는 현실에 몹시 상심한 메리는 과거의 친구나 친척을 만나거나 심지어 서신을 교환하는 일도 거부하고, 테드에게 철자법 가르치는 일에만 전념했다. 테드는 아버지의 귀염둥이였다. 그의 실제 이름은 토머스였지만, 링컨은 그를 '테드'나 '올챙이(Tadpole)'라는 애칭으로 불렀다. 테드가 아기였을 때 머리가 비정상적으로 컸기 때문이다. 테드는 보통 아버지와 잠을 잤다. 보통 백악관의 아버지 집무실 주변에 누워 있다가 잠이 들면 아버지가 그를 어깨에 짊어지고 침대로 데려가 뉘곤 했다.

메리 링컨은 의회를 설득하여 남편이 살아서 두 번째 임기를 마쳤을 경우 받았을 10만 달러를 챙기기 위해 자신이 지닌 모든 수단을 다 동원했다. 의회가 거부하자 그녀는 '비열하고 극악무도한 거짓'으로 자신의 계획을 방해한 '악마들'을 통렬하게 비난했다. 마침내 의회는 그녀에게 2만 2천 달러를 주었다. 이것은 대략 링컨이 그해 남은 기간의 임기를 마쳤을 경우 받게 될 금액이었다. 이 돈으로 그녀는 시카고에 있는, 정면이 대리석으로 된 집을 사서 가구를 들여놓았다.

그러나 2년이 지나자 링컨의 재산이 처분되었고, 그 시기 동안 메리 링컨의 지출은 늘어 채권자들이 화를 냈다. 결국 그녀는 세를 놓았고, 그 다음엔 하숙인을 들이고 급기야는 그녀 자신이 집을 포기하고 하숙집으로 이사해야 했다. 그녀의 재정 상황은 점점 더 악화되어 1867년 9월쯤에는 생계에 위협을 느낄 정도가 되었다.

그래서 메리 링컨은 자신의 많은 오래된 옷과 레이스와 보석들을 챙긴 후 얼굴을 두꺼운 크레이프 베일로 가린 채 신분을 숨기고 급히 뉴욕으로 가서 '클라크 부인'이라는 이름으로 등록하고는 거기서 케클리를 만났다. 그리고 낡은 옷들을 한 아름 마차에 싣고는 7번가에 있는 한 중고의류 판매점으로 가 그것들을 팔려고 했다. 그러나 제시된 가격이 실망스러울 정도로 낮았다.

다음에는 다이아몬드 중개업체인 브로드웨이 609번지의 브래디 앤 키스사와 접촉했다. 메리의 이야기를 듣고 놀란 그들은 이렇게 말했다. "일을 우리에게 맡겨주시면 몇 주일 안에 10만 달러를 모아드리겠습니다." 그들의 말은 희망적으로 들렸다. 그래서 그녀는 그들의 요청에 따라 자신의 곤궁한 처지를 알리는 두세 통의 편지를 썼다. 키스는 이 편지들을 공화당 지도자들의 면전에서 흔들어 보이며 돈을 내놓지 않으면 그것들을 공개하겠다고 위협했다. 그러나 그가 공화당 지도자들로부터 얻은 것은 링컨 여사에 대한 그들의 평판뿐이었다. 그래도 메리 링컨은 브래디 앤 키스 측에 도처의 사람들에게 도움과 관용을 호소하는 15만 장의 회람장을 발송할 것을 요구했다. 그러나 그 편지에 유명 인사들의 서명을 받아내는 일은 거의 불가능했다.

공화당에 대한 분노로 속이 뒤집어진 메리는 이제 링컨의 적들에게 도움을 청했다. 뉴욕의 <월드>는 정부 명령으로 발행이 정지되고 링컨에 대한 격렬한 공격으로 편집자가 체포되기까지 했던 민주당 신문이었다. 그곳의 칼럼을 통해 링컨 여사는 자신의 궁색한 처지를 알리고, 자신의 오래된 옷뿐만 아니라 시시한 물건들도 매물로 내놓았음을 인정했다.

당시는 주 선거를 치르기 직전이었다. 그래서 <월드>는 그녀의 편지를 인쇄하여 설로 위드, 윌리엄 H. 수어드 같은 공화당 인사들과 <뉴욕 타임스>의 헨리 J. 레이몬드를 맹공격했다. <월드>는 조롱하는 투로 민주당 독자들에게 버림받고 고통 받는 최초의 공화당 대통령 미망인에게 현금을 기부해 줄 것을 엄숙하게 요청했다. 그러나 기부는 거의 없었다.

그러자 메리는 흑인들에게 시선을 돌리고는 케클리에게 이 일에 주력해 줄 것을 강력히 요청하며, 만약 흑인들이 2만 5천 달러를 모아주면 케클리에게 자신의 생전에는 1년에 300달러의 수수료를, 자신이 죽을 때는 2만 5천 달러 모두를 주겠다고 약속했다.

브래디 앤 키스는 링컨 여사의 옷과 보석류를 판매한다는 광고를 냈다. 사람들이 가게로 몰려들어 옷을 살펴보더니 옷들이 유행이 지났고 너무 비싸며 질도 형편없다며 비난했다. 브래디 앤 키스는 사람들이 옷은 사지 않아도 혹시 링컨 여사를 위해 돈은 기부해 주지 않을까 싶어 가게에 기부대장도 갖춰놓았다.

마침내 브래디 앤 키스는 필사적으로 그녀의 옷과 보석들을 로드아일랜드의 프로비던스로 가져가 전시회를 열고 25센트의 입장료를 받을 계획을 세웠다. 그러나 시 당국은 들으려고도 안 했다. 결국 브래디 앤 키스는 링컨 여사의 물건을 팔아 824달러를 벌어들였지만, 그들의 서비스와 경비 명목으로 820달러를 청구했다.

링컨 여사의 모금 캠페인은 실패했을 뿐 아니라, 엄청난 대중의 비난을 불러왔다. 이 기간 내내 그녀는 만인 앞에 자신의 수치스러운 모습을 노출시켰다. 올버니의 <저널> 지는 링컨 여사가 '자기 자신과 조국, 그리고 세상을 떠난 남편에 대한 기억을 더럽혔다.'며 질타했다. 설로 위드는 <커머셜 애드버타이저>에 보낸 편지에서 그녀는 거짓말쟁이에다 도둑이라고 비난했다.

<하트포드 이브닝 프레스>지는 일리노이 주에 머물던 오랜 세월 동안 그녀는 '스프링필드 마을의 공포'였으며 '온갖 괴팍한 행동은 사람들의 화젯거리'였고 '인내심 많은 링컨은 마을에서 제2의 소크라테스'였다며 그녀를 성토했다. 그러나 스프링필드의 <저널>은 사설을 통해 오랫동안 메리 링컨은 제정신이 아닌 것으로 알려져 있었으니 그 모든 이상한 행동에 대해 오히려 그녀를 불쌍히 여겨야 한다고 말했다. 매사추세츠 주 스프링필드의 <리퍼블리컨>은 '이 끔찍한 여성은 세상에 대고 자신의 불쾌한 성격을 계속 흩뿌려대는데, 이는 나라의 엄청난 수치'라고 질타했다.

이제 자매와 일가친척들하고의 사이가 틀어진 것도 모자라 아들 로버트와의 관계도 어그러졌다. 그녀는 아들을 너무 심하게 무시하고 욕을 해댔기 때문에 그녀가 쓴 편지의 일부 구절은 출판 전에 삭제해야 했다. 49세에 링컨 여사는 케클리에게 보낸 편지에서 "세상에 당신 말고는 내 친구가 하나도 없는 것 같다."고 한탄했다.

미국 역사상 어떤 남자도 에이브러햄 링컨만큼 존경받고 사랑받지 못했다. 그리고 아마 미국 역사상 어떤 여성도 그의 아내만큼 거센 비판의 대상이 된 인물도 없을 것이다.

링컨 여사가 자신의 옷가지를 팔려고 한 지 한 달도 지나지 않아 링컨의 재산이 처분되었다. 총 11만 295달러였고, 링컨 여사와 두 아들 사이에 동등하게 분배되어 각자 3만 6천 765달러를 받았다.

링컨 여사는 테드를 데리고 해외로 나가 모든 미국인을 피한 채 프랑스 소설을 읽으면서 고독하게 살았다. 그러나 머지않아 그녀는 다시 가난을 호소했다. 그녀는 자신에게 매년 5천 달러의 연금을 지급해 줄 것을 미국 상원에 청원했고, 상원은 그 법안에 야유와 욕설로 응답했다. 몇 달간 법안 처리가 지연되고 비난과 공격이 이어진 끝에 메리 링컨은 결국 1년에 3천 달러를 받게 되었다.

1871년 여름에 테드가 장티푸스에 걸려 극심한 고통 속에 숨을 거두고, 살아 있는 유일한 아들 로버트는 결혼했다. 친구도 없이 홀로 외롭게 절망 속의 삶을 살던 메리 링컨은 망상의 포로가 되었다. 어느 날 플로리다의 잭슨빌에서 커피 한 잔을 샀는데, 그 속에 독이 들어 있다고 확신하고는 마시기를 거부했다.

시카고 행 열차에 탑승한 후에는 가족의 주치의에게 전보를 보내 로버트의 목숨을 구해 달라고 애원했다. 하지만 로버트는 아프지 않았다. 역에서 어머니를 맞은 로버트는 그랜트 퍼시픽 호텔에서 일주일을 함께 보내며 어머니의 마음을 안정시키려고 했다.

메리 링컨은 종종 한밤중에 아들의 방으로 뛰어와 악마들이 자기를 죽이려 한다거나, 인디언들이 자기 뇌에서 철사를 빼내고 있다거나, 의사들이 자기 머리에서 강철 스프링을 꺼내고 있다는 식의 헛소리를 했다. 낮에는 가게에 들러 엉뚱한 물건들, 가령 걸어놓을 집도 없으면서 300달러를 주고 레이스 커튼 등을 구입했다.

로버트 링컨은 착잡한 심정으로 시카고 지방법원에 어머니의 정신이상 심리를 신청했다. 12명의 배심원단은 그녀의 정신이 온전치 못하다고 판단했고, 이에 따라 그녀는 일리노이 주의 바타비아에 있는 사설 정신병원에 수용되었다. 그러나 13개월이 지나자 메리 링컨은 불행히도 그곳에서 풀려나왔다. 치유된 것이 아니라 풀려나온 것이다. 그 뒤에 이 불쌍하고 병약한 여인은 해외로 나가 낯선 사람들 틈에서 살았고 로버트에게 편지를 쓰지도 않았고 자신의 주소를 알려주지도 않았다.

프랑스의 포에서 혼자 지내던 어느 날, 그녀는 난로 위에 그림을 걸려고 사다리에 올랐다가 사다리가 부러지면서 떨어지는 바람에 척추를 다치고 말았다. 이 사고로 그녀는 오랫동안 걷지도 못했다.

죽을 자리를 찾아 고국으로 돌아온 메리 링컨은 얼마 남지 않은 시간을 스프링필드에 있는 에드워즈 언니의 집에서 보냈다. 그리고 언니에게 거듭 당부했다. "이제 언니는 나를 남편과 아이들 곁으로 보내달라고 기도해야 해." 그때 메리 링컨은 현금 6천 달러와 7만 5천 달러 가치의 정부 채권을 갖고 있었음에도 가난에 대한 터무니없는 공포로 마음의 고통을 겪고 있었다. 또 당시 육군장관이었던 로버트가 아버지처럼 암살당할지도 모른다는 두려움에 시달렸다.

　자신을 짓누르는 가혹한 현실에서 도피하고자 메리 링컨은 사람을 일체 만나지 않았으며 자기 방의 문과 창문을 닫고 블라인드를 내려 방을 어둡게 하고 햇살이 화창할 때도 촛불을 켰다. 그녀의 주치의는 "아무리 권해도 부인에게 신선한 바깥바람을 쐬게 할 수 없다."고 전했다.

　그 고독과 촛불의 고요한 침묵 속에서 그녀의 기억은 틀림없이 험난했던 시절을 배회하다가 젊은 시절의 소중한 추억 속에 머물며, 다시 한 번 자신이 스티븐 A. 더글러스와 왈츠를 추고 그의 우아한 매너에 매료되며 그의 감미로운 모음과 명쾌한 자음이 만들어내는 풍부한 음악에 귀 기울이는 모습을 상상했을 것이다.

한편에서는 또 다른 애인이었던 에이브러햄 링컨이라는 청년이 그날 밤 자기에게 구애하러 오는 모습을 떠올렸을 것이다. 물론 그는 그저 스피드의 가게 위층의 다락에서 기생하는, 가난하고 못생기고 아등바등 힘들게 살아가는 변호사에 불과했다. 하지만 메리는 자신이 자극을 주고 독려하기만 하면 그가 대통령이 될지도 모른다고 여겼고, 그의 사랑을 얻기 위해 자신을 아름답게 꾸미고자 했다.

비록 그녀는 15년 동안 짙은 검정색 옷만 입었지만, 이 시기에 종종 스프링필드의 여러 가게에 행차하곤 했다. 그리고 그녀의 주치의에 따르면 "실크와 옷가지들을 몇 트렁크씩 구입해서 수레에 한 짐 가득 실을 정도로" 많이 사서 쌓아놓았다고 한다. "하지만 그녀는 이것들을 전혀 입지 않고 쌓아놓기만 하여 보관실의 바닥이 무너져 내릴까 걱정이 될 정도였다."

1882년의 어느 평화로운 여름날 저녁, 이 가련하고 지치고 격정적인 영혼은 마침내 그토록 원하던 해방을 얻었다. 마비성 발작 후에 메리 링컨은 언니의 집에서 조용히 눈을 감고 이승의 끈을 놓았다. 40년 전, 바로 에이브러햄 링컨이 '사랑은 영원하다.'는 문구가 새겨진 반지를 그녀의 손가락에 끼워주었던 곳에서.

5 링컨과의 영원한 작별

1876년, 일단의 화폐위조범들이 링컨의 시신을 훔치려고 했다. 링컨 관련 서적 중 이 사건에 대해 언급하는 책은 거의 없지만, 사실 정말 놀라운 이야기이다.

미국 첩보부를 괴롭히고 당혹하게 만든 가장 교활한 화폐위조단의 하나인 '빅 짐' 키닐리의 조직은 1870년대에 일리노이 주의 링컨이 살았던 지역에 본부를 두고 있었다. 빅 짐의 패거리들은 오랫동안 은밀히 전국을 돌며 남을 잘 믿는 순진한 상인들의 계산대 위에 5달러짜리 위조지폐를 들이밀었다. 여기서 나오는 이익은 어마어마했다. 그러나 1876년 봄, 이 조직에 치명적인 마비 증상이 찾아왔다. 그들에게 공급되는 위조화폐가 거의 바닥이 났고, 위조지폐를 만들던 최고 솜씨의 조판공 벤 보이드가 철창신세를 지게 되었기 때문이다.

몇 달 동안 빅 짐은 세인트루이스와 시카고 일대를 훑으며 가짜 돈을 만들 다른 조판공을 찾으려 했지만

성과를 거두지 못했다. 마침내 그는 어떻게든 꼭 필요한 존재인 벤 보이드를 감방에서 데려오기로 결심했다.

그래서 빅 짐은 에이브러햄 링컨의 시신을 훔쳐 숨겨둔다는 아주 불경한 생각을 하게 되었다. 북부 전체가 도난당한 시신을 두고 들끓는 동안 빅 짐은 태연하게 대담하고 엄청난 거래를 추진하는 것이다. 말하자면 그 신성한 시신을 내주는 조건으로 벤 보이드의 사면을 얻어내고 막대한 양의 금을 우려낸다는 계획이었다.

위험한 계획일까? 전혀 그렇지 않다. 당시 일리노이주 법령집에는 시체 절도를 처벌하는 법이 없었기 때문이다. 그래서 1876년 6월에 빅 짐은 작전 준비에 착수했다. 그는 공모자 5명을 스프링필드에 보냈다. 그들은 거기서 술집과 댄스홀을 열어 바텐더로 위장하며 준비 작업을 진행했다.

그런데 빅 짐에게는 참 운수 사납게도 그의 '바텐더' 중 하나가 6월의 어느 토요일 밤, 위스키를 너무 많이 마시고 스프링필드의 홍등가를 어슬렁거리다가 너무 많은 말을 해버렸다. 자신이 곧 많은 금덩이를 갖게 될 거라며 떠벌리던 그는 자세한 작전 계획을 불어버렸다. 그러니까 7월 4일 밤, 스프링필드가 불꽃을 쏘아 올리는 동안 자기는 오크리지 묘지에 가서 링컨의 유골을 빼내고 그날 밤 늦게 생거먼 강 다리 밑의 모래톱에 묻어둘 것이라고.

그로부터 한 시간 뒤에 홍등가의 마담은 급히 경찰서로 달려가 이 소식을 전했다. 아침까지 그녀는 10여 명의 다른 남자들에게 이 사실을 지껄여댔고, 곧 도시 전체가 이 이야기를 알게 되었다. 바텐더로 위장한 공범들은 화들짝 놀라며 황급히 줄행랑을 쳤다.

그러나 빅 짐은 포기하지 않았다. 단지 연기했을 뿐이다. 그는 본부를 스프링필드에서 시카고의 웨스트 매디슨가 294번지로 옮겼다. 그는 그곳에 술집을 소유하고 있었다. 앞방에서는 그의 부하인 테렌스 물렌이 노동자들에게 술을 팔았고, 뒤쪽에는 일종의 클럽 룸이 있어 바로 여기서 공모자들이 비밀리에 회동했다. 판매대 위에는 링컨의 흉상이 서 있었다.

여러 달 동안 루이스 G. 스웨글스라는 이름의 도둑이 이 술집에 자주 드나들었고, 빅 짐 일당의 호의를 사려고 했다. 그는 말 절도범으로 두 번 복역했다는 사실을 고백했고, 지금은 '시카고 시체 도굴꾼의 우두머리'라며 자랑했다. 그는 바로 자신이 이 도시의 의과대학에 대부분의 시체를 공급했다고 말했다. 이 말은 꽤 그럴듯하게 들렸다. 당시에 도굴은 전국적인 공포였기 때문이다. 의과대학들은 교실에서 쓸 해부용 시체를 얻기 위해 새벽 2시에 눈 위로 모자를 푹 눌러쓰고 등에는 불룩 튀어나온 자루를 메고 뒷문으로 몰래 들어온 도굴꾼들로부터 그것들을 사들일 수밖에 없었다.

스웨글스와 키닐리 일당은 링컨의 무덤을 약탈하기 위한 세부 계획을 완벽하게 마무리했다. 그 내용은 이렇다. 시신을 긴 자루에 집어넣은 후 스프링이 달린 마차 바닥에 던져놓고 말을 바꿔 타며 전속력으로 인디애나 북쪽으로 달린다. 그리고 그곳에서 물새만이 바라보는 가운데 시신을 인적 드문 모래 언덕 사이에 숨기면, 곧 호수 위에서 불어오는 바람이 모든 증거의 흔적들을 움직이는 모래 속으로 지워버릴 것이다.

시카고를 떠나기 전에 스웨글스는 런던 신문을 한 부 샀다. 그 신문의 한 조각을 떼어낸 후 나머지를 웨스트 매디슨가 294번지의 술집에 서 있는 링컨의 흉상 안에 집어넣었다. 11월 6일 밤에 스웨글스와 빅 짐의 패거리 두 명은 스프링필드로 가는 시카고 앤 앨튼 열차에 올라탔고 찢어진 신문 조각도 함께 가져갔다. 그들은 그 조각을 시신을 갖고 도망칠 때 빈 석관 옆에 남겨둘 계획이었다. 이 신문을 발견한 형사들은 당연히 그것을 단서로 보관할 것이다. 그러면 온 나라가 흥분하며 들썩이는 동안 일당 중 하나가 주지사에게 접근하여 20만 달러 가치의 금과 벤 보이드의 석방에 대한 대가로 링컨의 시신을 돌려주겠다고 제안한다.

그러면 주지사는 어떻게 대변인을 자칭하는 그 조직원이 사기꾼이 아니라는 걸 알 수 있을까? 그 조직원은 찢어진 런던 신문지를 가져갈 것이다. 그러면 형사들은 그들이 지닌 조각을 찢어진 페이지에 맞춰본 후 그를 도굴단의 진짜 대표로 인정하게 될 것이다.

도굴꾼들은 예정대로 스프링필드에 도착했다. 그들은 작전을 위한 최적의 시간을 선택했다. 11월 7일은 선거일이었다. 몇 달 동안 민주당은 그랜트의 두 번째 행정부에 악취를 진동시킨 공화당의 수뢰 행위와 부패를 공격했고, 공화당은 민주당의 면전에 대고 남북전쟁의 '피 묻은 셔츠'를 흔들어댔다. 그것은 미국 역사상 가장 격렬한 선거 중 하나였다. 그날 밤, 흥분한 군중들이 신문사 주변을 서성거리고 술집에 몰려드는 동안 빅 짐의 패거리들은 급히 오크리지 묘지로 이동하여 링컨 무덤 앞의 철문에 채워진 자물쇠에 톱질을 하고 안으로 들어가 석관에서 대리석 뚜껑을 들어 올린 후 목관을 반쯤 들어 올렸다.

일당 중 한 명이 스웨글스에게 기념물에서 북동쪽으

로 약 200미터 지점의 계곡에 대기시켜 놓은 말과 스프링 마차를 끌고 오라고 했다. 스웨글스는 황급히 가파른 절벽 아래로 내려갔고, 이내 어둠 속으로 사라졌다.

스웨글스는 도굴꾼이 아니었다. 그는 교화된 범죄자로 지금은 첩보부의 정보원으로 활동하고 있었다. 계곡에는 말도 마차도 없었다. 그 대신 형사 8명이 무덤 기념관에서 그를 기다리고 있었다. 그래서 그는 그곳으로 달려갔고 사전에 합의한 신호를 보냈다. 그는 성냥을 그어 담배에 불을 붙인 후 '세탁'이라는 암호를 댔다.

8명의 첩보부 요원들은 숨어 있던 곳에서 잽싸게 튀어나왔다. 모두 손에 공이치기를 당겨 세운 리볼버 권총을 들고 있었다. 그들은 스웨글스와 함께 기념물 쪽으로 돌진했고 컴컴한 무덤 속으로 들어가 도굴꾼들에게 항복하라고 외쳤다. 하지만 대답이 없었다. 첩보부의 지역 책임자 타이렐이 성냥불을 켰다. 그곳에 석관에서 반쯤 나온 관이 놓여 있었다. 그런데 도둑들은 어디로 간 것인가?

요원들은 묘지의 구석구석을 수색했다. 달이 나무 꼭대기 위로 솟아오르고 있었다. 급하게 기념물의 계단식 단 위로 올라간 타이렐은 조각상들이 무리지어 있는 곳 뒤에서 그를 노려보고 있는 두 사람의 형체를 알아볼 수 있었다. 흥분과 혼란 속에서 그는 두 개의 권총으로 그들에게 총을 쏘기 시작했다. 그들도 즉시 응사했다. 그러나 그들은 도둑이 아니었다. 타이렐은 자기 부하들에게 총을 쏜 것이었다.

그러는 사이에 30미터 떨어진 어둠 속에서 스웨글스가 말을 끌고 오기만 기다리던 도둑들은 황급히 달아났다. 그들은 열흘 뒤에 시카고에서 붙잡혀 스프링필드로 끌려와 수감되었고 밤낮으로 철저한 감시를 받았다. 한동안 대중은 격렬히 흥분하고 분노했다. 부유한 풀먼 가문의 여성과 결혼한 링컨의 아들 로버트는 도굴꾼들을 기소하기 위해 시카고 최고의 변호사들을 고용했다. 그들은 최선을 다했지만 쉽지는 않았다.

당시 일리노이 주에는 시체 절도를 처벌하는 법이 없었다. 만약 도둑들이 실제로 관을 훔쳤다면, 그 죄로 기소되었을지 모르지만 그들은 관을 훔치지 않았다. 관을 무덤 밖으로 끌어내지 않았던 것이다. 그래서 시카고 최고의 변호사들이 할 수 있는 일은 기껏해야 도굴꾼들을 75달러 가치의 관을 훔치려고 공모한 혐의로 기소하는 것이었다. 이 죄에 대한 형량은 최대 5년이었다.

하지만 이 사건에 대한 재판은 8개월 동안 열리지 않았고 그때쯤에는 국민의 분노도 잦아들었으며 정치적 영향력도 작용했었다. 첫 번째 투표에서는 배심원 4명이 실제로 무죄에 찬성표를 던졌다. 몇 차례 투표를 더 진행한 후 12명의 배심원은 타협을 통해 도굴꾼들을 1년간 조일렛 형무소에 수감하는 것으로 가닥을 잡았다.

링컨의 친구들과 링컨기념협회는 또 다른 도굴꾼들이 시신을 훔칠 것을 염려해서 시신을 철제 관에 옮긴 후 일종의 지하실인 지하묘지 뒤의 어둡고 습한 통로에 아무렇게나 놓인 판자더미 밑에 2년간 숨겨두었다. 그 시기에 수많은 참배객들이 빈 석관에 경의를 표했다.

여러 가지 이유로 링컨의 유해는 17번이나 이장되었다. 그러나 이제 더 이상 그런 일은 없을 것이다. 그의 관은 지금 강철과 속이 꽉 찬 콘크리트로 만든 거대한 구에 단단히 박혀 무덤 바닥 밑 1.8미터 지점에 안치되어 있기 때문이다. 1901년 9월 26일, 마침내 링컨은 그곳에서 편한 잠을 잘 수 있게 되었다.

그날 관이 열렸고 사람들은 마지막으로 링컨의 얼굴을 내려다보았다. 이때 그를 본 사람들은 세상을 떠난 지 36년이 흘렀지만, 방부 처리사들이 일을 어찌나 잘했는지 그 모습이 생전의 모습과 매우 흡사했고 자연스러웠다고 전했다. 얼굴빛이 조금 어두워지고 검정 넥타이의 한쪽 날개 부분에 약간 곰팡이가 피었을 뿐이었다.